RENATE HUDAK | HARALD HARAZIM

DAS GROSSE GU BUCH

Selbst- VERSORGUNG

RENATE HUDAK | HARALD HARAZIM

DAS GROSSE GU BUCH

Selbst- VERSORGUNG

Inhalt

FRÜHLING

Starten Sie jetzt in die neue Gartensaison durch. Draußen gibt es noch nicht so viel zu tun, sodass nun die richtige Zeit zum Planen Ihrer Beete ist.

GÄRTNERN MIT DER NATUR
BRAUCHTUM IM FRÜHLING

Selbst wenn es laut Kalender und Meteorologen-Ansagen noch Winter ist – sobald erste Schneeglöckchen neugierig ihre Köpfe aus dem Boden hervorstrecken, beginnt der Vorfrühling. Die erwachende Natur ist auch ein guter Anlass, draußen zu feiern.

ZEITRECHNUNG UND NATUR

Sie stimmen nicht immer überein. Deshalb sind für den Gärtner weniger die kalendarischen und meteorologischen, sondern vielmehr die phänologischen Jahreszeiten ausschlaggebend. Diese lassen sich aus den Entwicklungsstadien verschiedener Zeigerpflanzen ableiten. Sie können von Jahr zu Jahr und je nach Region variieren. Egal also, ob die Schneeglöckchen im Januar oder März blühen – mit ihnen beginnt der Vorfrühling. Sein Voranschreiten zeigen weitere Zwiebelblumen wie Krokusse an und an den Haselsträuchern erscheinen die männlichen Blütenstände als herabhängende Kätzchen. An den ersten warmen Tagen entlassen sie Schwaden von gelbem Blütenstaub. Wenn schließlich die pelzig-weichen »Palmkätzchen« der Salweide ebenfalls goldgelb bestäubt sind und zu blühen beginnen, neigt sich der Vorfrühling seinem Ende entgegen.

FÜR ALLES GIBT ES DIE RICHTIGE ZEIT

Aus diesen Beobachtungen entstand im 18. Jahrhundert der phänologische Kalender, an dem sich vor allem Bauern und Gärtner orientierten und der in vielen Bauernregeln seinen Ausdruck fand. Gärtnern auch Sie im Einklang mit diesen bewährten Erfahrungen! Achten Sie darauf, wenn in leuchtendem Signalgelb die Forsythien erblühen. Denn dann beginnt der Erstfrühling und mit ihm meist auch die ersten Arbeiten im Küchengarten. Früher Kohl, Kohlrabi und robuste Kräuter werden dann gepflanzt.

EIN STORCH BLEIBT SELTEN ALLEIN …

»Tierische« Frühlingsboten, wie die Zugvögel Storch, Star und Bachstelze, kehren nun aus ihren Winterquartieren zurück und halten nach Nistmöglichkeiten und Brutplätzen Ausschau. Warten Sie mit dem Aufstellen von Starenkästen nicht zu

»Ist der Mai kühl und nass,
füllt's dem Bauern Scheun' und Fass.«

Bauernregel

lange! Noch können die Singvögel in den kahlen Bäumen beobachtet werden, doch schon bald entfalten Birke, Rosskastanie und Rotbuche ihr Laub, der Ahorn blüht und auf den Wiesen sprießen die Gänseblümchen.
Unsere Großeltern beobachteten das Erwachen der Natur ganz genau, und sobald die Buchen grün wurden, holten sie die Steckzwiebeln hervor, um sie in die Erde zu bringen.

»IM MAI IST DER WINTER VORBEI«

Der Erstfrühling endet mit der Laubentfaltung von Linde und Ahorn. Fliederduft kündigt den Vollfrühling an. Meist ist das mitten im »Wonnemonat« Mai, wenn der Frühling in vollem Gange ist. Mitte des Monats ist »Stichtag« für alle empfindlichen Gartenkulturen: Nach den »Eisheiligen« (→ Seite 23) sollte die Gefahr drohender Spätfröste gebannt sein.
Auf den Beeten kann nun das ganze Sortiment an Gemüse, Salat und Kräutern gesät und gepflanzt werden. Das erste Grün der im März gesäten Möhren und Zwiebeln überzieht die Beete mit zartem grünem Schleier. Die Wiesen werden farbenfroher und grüner. An milden Tagen hört man fast »das Gras wachsen«.

JETZT GEHT DER FRÜHLING IN DIE VOLLEN!

Wenn in allen Gärten ringsum die Apfelbäume blühen, ist es Vollfrühling. Gartenbesitzer, die selbst Bienen halten oder einen Imker kennen, der seine Bienen in ihrem Garten platziert, sind jetzt deutlich im Vorteil.
Je mehr Bienen zur Blütezeit der Obstbäume unterwegs sind, umso mehr knackige Äpfel sind im Herbst zu erwarten. Auch die Himbeeren im Garten haben Blüten angesetzt und eindrucksvoll entfalten die Rosskastanien ebenso ihre großen Blütenkerzen. Der Gartenboden ist jetzt meist so weit aufgewärmt, dass Bohnen, Zucchini und Kürbis gesät und verschiedene Kräuter gepflanzt werden können.
Wenn schließlich die »Spätzünder« unter den Bäumen, Hainbuche und Eiche, sich als Letzte in Blätter hüllen, neigt sich der Vollfrühling seinem Ende entgegen.

AUFWÄRMEN IN DER FRÜHLINGSSONNE

Die frühlingswarmen Temperaturen im Freien heizen auch den Anzuchten im Gewächshaus kräftig ein. Von den wärmeliebenden Chilis, Paprika und Auberginen reichen meist einige Einzelexemplare. Säen Sie sie schon im zeitigen Frühling einzeln in kleine Töpfe und platzieren sie hell im unbeheizten Gewächshaus, dann haben sie beste Startchancen.

VIEL TANZ IN DEN MAI BRINGT DEN FRÜHLING SCHNELL HERBEI

Mit Freudenfeuern (Osterfeuer, Walpurgisfeuer) wird der Winter vertrieben, der Frühling mit ersten blühenden, grünenden Zweigen und Blumen begrüßt.
In der Kirche werden in der Osternacht Osterfeuer oder Osterkerzen entzündet und Speisen geweiht. In vielen christlichen Bräuchen rund ums Osterfest finden sich Elemente keltischer und germanischer Frühlingsfeste. So standen grüne Zweige, Eier, Hasen und Lämmer für die Fruchtbarkeit der wiedererwachten Natur.
In der letzten Aprilnacht entzündete man früher ein Mai- oder Walpurgisfeuer, tanzte »in den Mai« und holte den Maibaum aus dem Wald. Am 1. Mai wurde der prächtig geschmückte Baum,

> *»Wenn die Störche ziehen,*
> *werden bald die Bäume blühen.«*
>
> Bauernregel

Viele ländliche Regionen laden zum Kirsch- oder Apfelblütenfest. Machen Sie es ihnen doch einfach nach!

ursprünglich ein heidnisches Fruchtsbarkeitssymbol, im Dorf aufgestellt. Maitainz und Maibaum sind vielerorts heute noch üblich – nutzen auch Sie den »Wonnemonat« für erste Gartenfeste mit saisonalen Genüssen.
Ähnliche Bräuche gibt es auch um Pfingsten herum, wie das Pfingstfeuer oder das Schmücken der Häuser mit »Maiengrün« bzw. jungen Birkenzweigen. Auch das Lärmen und Schabernacktreiben in der Nacht auf Pfingstmontag, das böse Geister vertreiben soll, ist mancherorts üblich.

PALMKÄTZCHEN BRINGEN GLÜCK

Die Blütenkätzchen der Salweide erscheinen im zeitigen Frühling und sind traditioneller Schmuck bei Festen und Bräuchen. So auch zur Palmweihe am Sonntag vor Ostern. Da die im Mittelmeerraum als Sinnbild des Lebens geltende Palme hier nicht heimisch ist, werden stattdessen Weidenzweige oder »Palmkätzchen« zu Palmbuschen gebunden und geweiht. Diese trägt man an Stangen von der Kirche nach Hause und bewahrt sie auf, damit sie übers Jahr Glück bringen und Böses abwehren. Drohen Unwetter und Gewitter, verbrennt man die geweihten Zweige. Früher vergrub man Palmzweige mit den Schalen der Ostereier und Kohlen des Osterfeuers in den vier Ecken der Felder, um sie fruchtbar zu machen. Schneiden Sie Weidenzweige mit Bedacht: Sie sind die erste, lebenswichtige Futterquelle im Jahr für Bienen, Hummeln und andere Insekten.

AUF DIE SAMEN, FERTIG, LOS!

Die ersten Sonnenstrahlen locken nicht nur Insekten und Knospen hervor, sondern auch die Besitzer von Gemüse- und Kräuterbeeten. Sie werden langsam unruhig, spüren ein gewisses Jucken in den Fingern und es drängt sie mit Macht nach draußen.

Im Februar oder März ist draußen im Garten noch nicht allzu viel zu tun. Die Wartezeit hat aber durchaus ihr Gutes: Sie haben nun die Muße, Ihre Beete zu planen. Wie viel Gemüse und Kräuter benötigen Sie überhaupt? Wie viel Platz steht zur Verfügung? Welche Kulturen wuchsen im vergangenen Jahr auf welchen Beeten? Welche Arten ergänzen sich gut? Diese Fragen beantworten Sie sich am besten anhand eines Planes oder einer Skizze Ihrer Gemüsegartenfläche (→ Seite 16/17).

Parallel dazu stehen die ersten gärtnerischen Tätigkeiten an: Ab Februar wachsen die Sämlinge wärmeliebender Gemüse auf der warmen Fensterbank heran (→ Seite 18/19). Erste Aussaaten im Frühbeet und Gewächshaus schließen sich an (→ Seite 20/21). Ab März/April kommen Samen und Jungpflanzen robuster Gemüsearten wie Knollenfenchel, Kohlrabi oder Kohl in die Beete (→ Seite 22/23). Im Haus überwinterte Kräuter werden langsam aus dem »Winterschlaf« erweckt, bei Bedarf umgetopft und ins Freie geräumt. Kräuterpflanzen im Garten wie z. B. Oregano oder Liebstöckel werden jetzt geteilt und neu eingesetzt.

Damit Ihre ersten Gemüse sicher und gut gedeihen, verderben Sie lästigen »Mitessern« mit Schneckenzäunen, Kulturschutznetzen und Pflanzenbrühen den Appetit (→ Seite 24/25). Und gegen Ende des Frühlings ernten Sie bereits den ersten Lohn für Ihren Einsatz: Neben den letzten Wintergemüsen, wie Grünkohl, Rosenkohl, Feldsalat und Winterpostelein, sorgen junge Kräuter, knackige Radieschen, würziger Rukola und süße Zuckerschoten für erste Ernteerfolge und frühlingsfrische Geschmackserlebnisse (→ Seite 27–29).

Die Grundlagen der Beetplanung:
Säen & pflanzen Sie nach System

Im Küchengarten unserer Großeltern ging es meistens recht »geregelt« zu. Man säte und pflanzte Gemüse, Salate und Kräuter nicht »irgendwohin«, wo gerade noch ein Plätzchen frei war, sondern ging nach altüberlieferten Methoden vor. Schöpfen Sie aus diesem Erfahrungsschatz!

Die reihenweise Bepflanzung mit Arten, die sich gegenseitig begünstigen, funktioniert auch auf den äußerst praktischen Hochbeeten.

Das Wunderbare am Gemüse- und Kräutergarten ist, dass er sich Ihren Wünschen anpasst. Das beginnt bei seiner Größe. Soll Ihre Familie weitgehend aus dem eigenen Garten versorgt werden? Dann rechnen Sie etwa 40 m² Anbaufläche pro Person. Sollen nur einige Lieblingsgemüse kultiviert werden, planen Sie etwa 20–25 m² Gartenplatz pro Person ein. Diese Flächen teilen Sie in Beete ein. Nun wählen Sie aus dem Sortiment, was Ihnen »schmeckt«. Diese Liste ist die Basis für Ihren Anbauplan. Bauen Sie hierfür auf die jahrhundertelange Erfahrung früherer Gärtnergenerationen.

JEDER ART IHREN WOHLFÜHLPLATZ

Wer reich ernten möchte, sorgt dafür, dass es den Pflanzen gut geht. Jede Art hat dabei ihre eigenen Bedürfnisse: Wie hoch ist ihr Nährstoff- und Platzbedarf? Mit welchen Nachbarn oder Vorkulturen verträgt sie sich? Ein Anbauplan (→ Seite 16/17) hilft Ihnen, alle Ansprüche unter einen Hut zu bringen. Er beruht auf geschicktem Fruchtwechsel, auch Fruchtfolge genannt, sowie auf Mischkultur.

Nachhaltig gärtnern

Sammeln Sie die Samen von Bohnen, Erbsen, Chilis, Kürbis und Tomaten für die nächste Aussaat selbst! Dafür eignen sich vor allem ältere Gemüsesorten, deren Nachkommen – im Gegensatz zu F1-Hybriden – sortenecht fallen. Lassen Sie einfach die Samen einer gut ausgereiften Frucht trocknen. Von sehr fleischigen Früchten wie Tomaten legen Sie die Samen mitsamt dem sie umgebenden Fruchtfleisch einige Tage in eine Schale mit etwas Wasser ein. Anschließend die Samen waschen. Kühl und trocken lagern.

Ein Gemüsebeet im Juni/Juli in drei aufeinanderfolgenden Jahren: 1 Möhre, 2 Zwiebel 3 Kohlrabi, 4 Pflücksalat, 5 Rote Bete, 6 Buschbohne, 7 Endivie

Immer schön der Reihe nach

Unsere Gemüse- und Kräuterarten gehören unterschiedlichen Pflanzenfamilien an. Häufig »vertragen« sich Pflanzen derselben Art oder Familie (→ ab Seite 146, Porträts) nicht allzu gut. Auch zwischen einzelnen Arten kommen Unverträglichkeiten vor, z. B. zwischen Erbsen und Zwiebeln. Werden Gemüse, die sich nicht »grün« sind, ein oder mehrere Jahre nacheinander auf demselben Beet angebaut, wachsen sie schlechter und bringen weniger Ertrag. Als Auslöser dafür gelten Wurzelausscheidungen, Pflanzenrückstände und andere Stoffwechselprodukte im Boden. Diese negativen Einflüsse können Sie durch Fruchtwechsel weitgehend ausschalten: Pflanzen, die sich nicht vertragen, werden erst nach drei oder vier Jahren wieder am selben Platz im Garten angebaut.

Auf gute Nachbarschaft im Gemüsebeet

Erfreulicherweise gibt es auch das Gegenteil: Zum Beispiel gelten Buschbohnen und Kohlrabi oder Kopfsalat und Möhren als »gute Nachbarn«. Sie schützen und fördern sich gegenseitig, wenn sie nacheinander oder nebeneinander im Beet stehen. Das im biologischen Pflanzenbau entwickelte Prinzip der Mischkultur (→ Seite 302, Tabelle) macht sich diesen Aspekt bei der Platzvergabe auf den Gemüse- und Kräuterbeeten zunutze.

Von Vielfraßen und Hungerkünstlern

Ein letzter Faktor ist der Nährstoffbedarf der Gemüse- und Kräuterarten. Sie lassen sich gemäß ihres »Hungers« in Stark-, Mittel- und Schwachzehrer einteilen (→ ab Seite 146, Porträts). Bei ausgewogenem Fruchtwechsel lösen sich die Kulturen in aufeinanderfolgenden Jahren auch entsprechend ihres Nährstoffbedarfs ab (→ Seite 16/17). So schließen sich idealerweise Schwach- bzw. Mittelzehrer an stark zehrende Arten an. Nach sehr »hungrigen« Gemüsen wie Kohl, Gurken, Zucchini, Tomaten und Sellerie kommen »bescheidenere« wie Spinat, Zwiebeln, Paprika, Kohlrabi sowie Mangold und/oder die sehr anspruchslosen Erbsen, Bohnen, Radieschen und Küchenkräuter ins Beet.
Klingt kompliziert? Fangen Sie einfach an und folgen Sie den Schritten der Beetplanung (→ Seite 16/17). Erstellen Sie eine Liste der gewünschten Arten und ordnen Sie ihnen jeweils die Verträglichkeiten und den Nährstoffbedarf zu.

Im Wechsel der Jahreszeiten: So tüfteln Sie optimale Beete aus

Lassen Sie Ihren Gemüsegarten doch zunächst einmal auf dem Papier entstehen. Dabei können Sie für eventuelle Anpassungen und Korrekturen ganz einfach den Radiergummi benutzen. Durch diese Vorgehensweise ist Ihnen der spätere Erfolg auf dem Beet um einiges sicherer!

Solange die Zwiebeln wenig Platz brauchen, können Sie Radieschen als »Lückenfüller« dazwischen säen.

Ihre Wunschliste mit den nach Verträglichkeiten, Unverträglichkeiten und Nährstoffbedarf geordneten Gemüsen und Kräutern ist fertig Nun folgt der Anbauplan. Dabei handelt es sich um eine Skizze Ihrer gesamten Anbaufläche mit den einzelnen Beeten. Sie zeigt, wann welche Arten wo gesät, gepflanzt und geerntet werden.

DAS BEET IM VERLAUF DER SAISON

Um die Beete ganzjährig optimal zu nutzen, überlegen Sie, welche Gemüse sich darauf abwechseln bzw. aufeinander folgen sollen. Das ist am Anfang etwas knifflig. Doch die Tüftelei macht Spaß! Behalten Sie alljährlich Ihre Aufzeichnungen zur Bepflanzung. Mit diesen Erfahrungen fällt Ihnen die sinnvolle Anbauplanung leichter.

Die Haupt- und Nebenrollen der Kulturfolge

Neben Fruchtwechsel und Mischkultur ist die Kulturdauer für die Planung wichtig. Bei Salaten z. B. beträgt sie nur einige Wochen. Um die Abfolge der Arten auf einem Beet leichter planen zu können, teilt man sie in Haupt-, Vor-, Zwischen- und Nachkulturen ein. Notieren Sie also zu jedem Gemüse noch dessen Aussaat-, Pflanz- und Erntezeit. Das zeigt, wie lange sie die Beetfläche belegen. Als Hauptkultur bezeichnet man jene Pflanzenarten, die das Beet am längsten beanspruchen, z. B. Sellerie. Als Vorkultur dafür eignet sich Kohlrabi: Er reift im Frühling vor der Hauptkultur heran.

Lassen Sie zwischen den Kohlrabireihen ausreichend Platz. Später pflanzen Sie dorthin den Sellerie. Bis zu dem Zeitpunkt, wenn der Sellerie mehr Platz benötigt, wird der Kohlrabi bereits geerntet. Zwischen den Reihen des langsam wachsenden Selleries bleibt über den Sommer genügend Raum für eine Zwischenkultur. Dafür sind Radieschen ideal, die nur sechs Wochen bis zur Ernte brauchen. Im Spätsommer oder Herbst, wenn die Hauptkultur zur Ernte ansteht, entsteht auf dem Beet wieder Platz für eine Nachkultur wie Feldsalat.

In die Beetskizze tragen Sie ein, welche Kulturen sich im Laufe eines Jahres abwechseln. Das Beet wird nacheinander viermal bepflanzt (März/April, Mai, Juni/Juli, August/September).

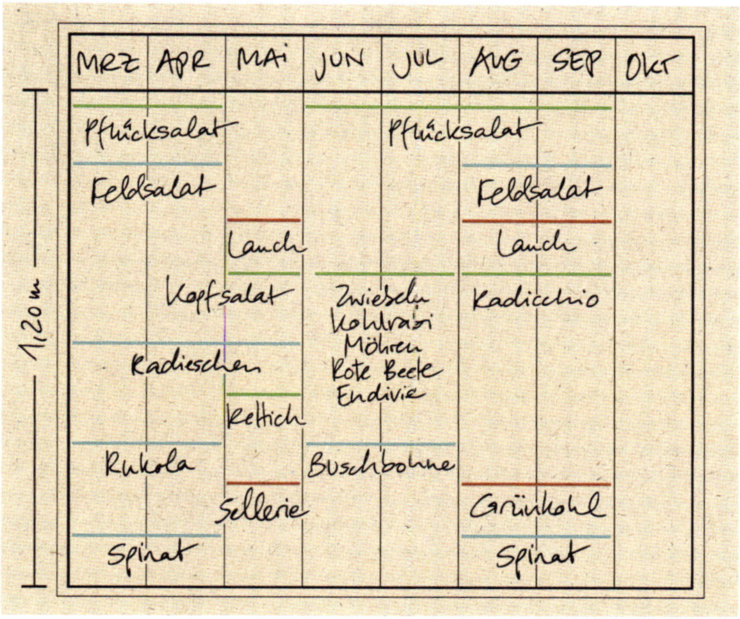

Das volle Programm – Schritt für Schritt

Mit Ihrer Wunschliste der Gemüse und Kräuter und deren jeweiligen Vorlieben machen Sie sich Schritt für Schritt an die konkrete Planung der einzelnen Beete.

- Entscheiden Sie dafür im ersten Schritt, wie viel Sie von welchen Arten anbauen möchten, z. B. ein halbes Beet Spinat, ein halbes Beet Möhren, ein Beet Kartoffeln usw. Ergänzen Sie Ihre Wunschliste mit diesen Angaben.
- Als Nächstes legen Sie die Haupt-, Neben- und Zwischenkulturen für jedes Beet fest. Bei der Zusammenstellung der Arten hilft die Mischkulturtabelle (→ Seite 302).
- Kombinieren Sie im Anschluss die Gemüse und Kräuter auf den einzelnen Beeten so, dass hierbei eine ausgewogene Zusammenstellung von Starkzehrern mit Mittel- oder Schwachzehrern zustande kommt.
- Stellen Sie in einem letzten Schritt den Fruchtwechsel sicher: Die Pflanzenfamilien auf den Beeten sollten im Vergleich zum vergangenen Jahr abgewechselt werden. Im folgenden Jahr behalten Sie diese beetweisen Kombinationen bei, wechseln aber die Flächen.

Weniger Arten – vereinfachter Plan

Wenn Sie nur wenige Gemüse kultivieren, wird die Beetplanung leichter. Teilen Sie Ihre Anbaufläche in zwei gleich große Parzellen. Auf der einen Hälfte bauen Sie Starkzehrer an, auf der anderen Mittel- und Schwachzehrer. Dann brauchen Sie den Nährstoffbedarf nicht einzubeziehen und können sich auf Kulturfolge sowie Mischkultur konzentrieren. Im Folgejahr tauschen Sie die Parzellen. Nun verteilen Sie auf Ihrem Plan alle gewünschten Arten auf die einzelnen Beete.

Notieren Sie sich zu den einzelnen Gemüse- und Kräuterarten die jeweiligen Pflanzenfamilien und wechseln Sie in den drei oder vier folgenden Jahren die Belegung der Beete der Fruchtfolge entsprechend ab.

Das gewisse Extra für den Nachwuchs

Wenn Sie Platz haben, lohnt sich ein Saatbeet zur Vorkultur. Dort säen Sie z. B. Kohl, Sellerie oder Mangold in Reihen aus. Sind sie kräftig genug, dürfen sie auf die eigentlichen Gemüsebeete umziehen.

Biologisch gärtnern

Ein Hochbeet ist bequem zu bearbeiten und liefert bis dreimal so viel Ertrag wie ein Bodenbeet, weil es sich schnell erwärmt. Den Mutterboden etwa zwei Spatenstiche tief ausheben und einen etwa 80 cm hohen Holzrahmen darum bauen. Lagenweise mit Laub, zerkleinertem Hecken- oder Strauchschnitt, Rasensoden und Kompost-Erde-Gemisch befüllen.

Frühstart auf der Fensterbank: Manche Gemüse brauchen Vorsprung

Wegen der Kälte ist im zeitigen Frühling draußen noch kaum ans Aussäen zu denken. Im warmen Zimmer dafür umso mehr. Bei dieser Vorkultur ziehen Sie die ersten Gemüse- und Kräuterpflänzchen heran. Diese wandern in den Garten, sobald die Temperaturen verträglich sind.

Einige Kräuter und Gemüse brauchen zum Saisonbeginn einen Vorsprung. Sonst dauert es einfach zu lange, bis man sie ernten kann. Obendrein reifen manche dann bis zum Winter schlecht aus. Geben Sie sich damit nicht zufrieden: Ziehen Sie diese Arten einfach vor.

KANDIDATEN FÜR DIE FENSTERBANK

Tomaten und Auberginen sind Beispiele für Gemüse, die ursprünglich aus klimatisch günstigeren Gebieten stammen. Dort fällt das Thermometer nie in den Minusbereich. Entsprechend dürfen diese Gemüse sicherheitshalber erst ins Freie, wenn mit Gewissheit keine Fröste mehr drohen, also ab Anfang/Mitte Mai. Auch Arten mit langer Kulturzeit wie Kohl oder Sellerie sind dankbar für einen »Vorsprung«. Beide Gruppen ziehen Sie besser auf der warmen Fensterbank vor. Für diese Starthilfe eignet sich ein heller Platz an einem Ost- oder Westfenster bei einer Raumtemperatur von 18 °C bis 20 °C.

Alles zu seiner (Aussaat-)Zeit

Ein Vorziehen am warmen Fensterbrett ist bei Paprika, Tomaten, Auberginen, Zucchini, Gurken, Kürbis, Sellerie, Bohnen oder Basilikum zu empfehlen. Bei den äußerst langsam wachsenden Paprika und Auberginen beginnen Sie schon etwa Mitte Februar mit der Aussaat. Mit Tomaten warten Sie besser bis etwa Mitte März. Sie werden sonst schnell zu lang- und dünntriebig. Ebenfalls ab März folgen Aussaaten von Basilikum, Kürbis und Artischocke. Im April werden noch Zucchini, Gurken, Sellerie und Bohnen am warmen Fensterbrett herangezogen. Auch Salate und Gartenkresse für die Kultur unter Glas (→ Seite 20/21) können Sie schon vorziehen.

Schalen und Töpfe als »Anzuchtbeete«

Als Aussaatgefäße eignen sich flache Saatschalen aus Holz, Styropor und Kunststoff, Ton- und Kunststofftöpfe, kompostierbare Jiffy-Pots aus Torf und Zellulose sowie Quick-Pots bzw.

Sind die Jungpflanzen groß genug, werden sie pikiert, d. h. vorsichtig in größere Töpfe gesetzt.

Multiplatten mit vielen Vertiefungen. Preiswerter sind Eierkartons, selbst gefaltete Töpfe aus Zeitungspapier (Anleitung im Internet) und Joghurtbecher mit Abflussloch.
Verwenden Sie spezielle Anzuchterde. Sie ist sehr fein, sodass die Keimlinge schnell Fuß fassen. Zudem enthält sie keinen Dünger, der sonst die jungen Wurzeln leicht verbrennen würde. Es gibt inzwischen hochwertige torffreie (Bio-)Aussaaterde, die Sie guten Gewissens verwenden können. Für die Aussaat (→ Seite 112–115) füllen Sie die Erde bis etwa 1 cm unter den Rand in die Gefäße und drücken sie leicht an. Von Zucchini, Gurke und Kürbis geben Sie jeweils einen Samen in einen Topf mit 6–8 cm Durchmesser; von Bohnensamen 1–3 Stück pro Topf. Tomatensämlinge gedeihen einzeln gut in Jiffy-Pots oder Eierkartons. Basilikum-, Kresse-, Sellerie- oder Salatsamen streuen Sie in Saatschalen, Multiplatten oder größere Töpfe.

Säen Sie große Samen wie Bohnen einzeln. In Eierkartons oder aus Zeitungspapier gefalteten Töpfchen gedeihen sie gut.

Von Licht- und Dunkelkeimern

Die Samentüte verrät, ob es sich bei den Arten um Licht- oder Dunkelkeimer handelt. Lichtkeimer, wie Basilikum, Kopfsalat und Sellerie, streuen Sie nur aus und drücken sie leicht auf der Erdoberfläche an. Dunkelkeimer dagegen bedecken Sie mit einer Schicht Erde, etwa so hoch, wie sie dick sind.

Gut »behütet« vom Samen zur Pflanze

Nach der Aussaat gießen Sie die Saaten vorsichtig mit einer kleinen Gießkanne mit feiner Tülle oder einer Sprühflasche an. Weiterhin stets leicht feucht halten. Unter einer Abdeckung aus transparenter Folie oder einer Glasscheibe entsteht hohe Luftfeuchtigkeit, welche die Samen gleichmäßiger keimen lässt. Praktischer sind »Zimmergewächshäuser« aus Kunststoff mit passender Abdeckhaube.
Nach den zwei ungeteilten Keimblättern erscheinen in 3–6 Wochen die ersten für die jeweilige Art typischen Laubblätter: Zeit, die Abdeckung wegzunehmen und die dicht wachsenden Jungpflanzen in größere Gefäße umzusetzen. Profis nennen das »pikieren«. Mit einem Holzstäbchen heben Sie die Pflanzen mit möglichst vielen Wurzeln aus der Erde. Vereinzeln Sie sie in mit Erde gefüllte Töpfe von etwa 6 cm Durchmesser oder in Quick-Pots. Ungefähr ab Mitte Mai beziehen die vorgezogenen Pflanzen ihre Plätze auf den Beeten im Garten, im Frühbeet oder im (ungeheizten) Gewächshaus.

Nachhaltig gärtnern

Ihre eigene Aussaaterde stellen Sie folgendermaßen her: Gut abgelagerten Kompost und Gartenerde (oder »Maulwurfhügel-Erde« von der Wiese!) 1:1 mischen und durch ein feines Sieb schütten. In einem gut verschlossenen, alten Kochtopf bei 120 °C etwa 30 Minuten im Backofen sterilisieren. Das beugt Pilzkrankheiten oder Unkrautbefall vor. Im Verhältnis 1:2 feinen Sand dazumischen. Abgekühlt verwenden.

Ein Fall für Gewächshaus oder Frühbeet: Gemüseanbau rund ums Jahr

Wenn der Platz für ein einfaches, unbeheiztes Gewächshaus, ein Frühbeet oder selbst einen Folien- oder Vliestunnel ausreicht, lohnt sich deren Anschaffung. Im Frühling bieten sie Ihnen mehr Möglichkeiten für die Anzucht. Über den Sommer ziehen wärmeliebene Gemüse ein.

Einfache Frühbeete mit einer transparenten Abdeckung lassen sich vielfältig für den Anbau nutzen. Sie schützen das Gemüse vor kalten Temperaturen. Zum Lüften sollten die Fenster leicht zu öffnen sein.

Unter Glas und Folie herrschen optimale Bedingungen für Gemüse- und Kräutersämlinge sowie -jungpflanzen. Dort gibt es mehr Platz zum Vorziehen als auf der Fensterbank und die Pflanzen freuen sich über das Plus an Wärme. Gewächshäuser können Sie überdies rund ums Jahr nutzen.

MEHR FLÄCHE FÜR DIE VORKULTUR

Wahrscheinlich merken Sie schnell, dass es auf Ihren Fensterbänken für die Vorkultur zu eng wird. Wohl dem, der im Garten Platz für ein Gewächshaus hat. Sollte Ihnen weniger Raum zur Verfügung stehen, versuchen Sie es stattdessen mit einem Frühbeet, das es im Gartencenter als Bausatz gibt. Alternativ spannen Sie Folie oder Gärtnervlies in Form eines Tunnels über gebogene Drahtbügel.

Prima Klima für den Nachwuchs

Erwärmte und mit Feuchtigkeit gesättigte Luft, wie sie unter Glas oder Folie entsteht, schafft für Sämlinge und Jungpflanzen die besten Wachstumsverhältnisse. Sie gedeihen gleichmäßig, werden kräftig und gesund. Witterungseinflüsse, wie ein Kälteeinbruch, Dauerregen, Wind und Gewitter, können ihnen nichts anhaben. Im zeitigen Frühling bekommen unter Glas, Folie oder Vlies ausgepflanzte oder gesäte Kulturen einen zeitlichen Vorsprung vor Salat und Gemüse im Freiland. Später, im Mai/Juni, dient ein Gewächshaus, Frühbeet oder Tunnel als Anzuchtstation für Folgesaaten. Saatschalen, z. B. mit Salat, bleiben in diesem Fall allerdings nur so lange unter Glas und Folie, bis die Pflanzen gleichmäßig aufgegangen sind und, nach den typischen Keimblättern, das erste echte Paar Laubblätter gebildet haben. Dann ist es Zeit, die vorgezogenen Pflänzchen auf Beete im Freien zu setzen.

Frische Luft und mittlere Temperaturen

Mehltau und andere Pilzkrankheiten fühlen sich bei hoher Luftfeuchtigkeit wohl. Um einem Befall vorzubeugen, lüften Sie Gewächshaus und Frühbeet bei milderen Temperaturen regelmäßig. Sobald kein Frost mehr droht, können Sie die Klappen auch nachts offen lassen. Vlies- und Folientunnel öffnen Sie zu diesem Zweck an den Enden oder Sie schieben Vlies und Folie an den Seiten nach oben.
Das ständige Öffnen und Schließen der Gewächshausklappen können Sie automatischen Lüftungsvorrichtungen überlassen. Im Fachhandel gibt es Fertigbausätze, womit sich fast alle Modelle auch im Nachhinein ausstatten lassen.
Bei intensiver Sonneneinstrahlung oder an einem sehr sonnigen Standort kann es trotz Lüftens zu warm werden. Dagegen hilft, das Gewächshaus mit Schilfmatten oder Schattiergewebe abzudecken. Zu viel Schattierung bringt bei manchen Pflanzen allerdings auch Nachteile mit sich: Viele Salatarten speichern, wenn sie wenig Licht abbekommen, verstärkt Nitrat in ihren Blättern. Beim Verzehr kann dieser Stoff zu gesundheitsschädlichen Nitrosaminen umgewandelt werden. Beugen Sie dem einfach vor, indem Sie Salate unter Glas, Folie oder Vlies vorzugsweise nachmittags ernten: Sie enthalten dann besonders wenig Nitrat, denn eine Nitratanreicherung erfolgt nachts.

Gesunder Nachschub zu jeder Jahreszeit

In Gewächshaus, Frühbeet oder Tunnel können Sie nahezu den ganzen Winter hindurch bis etwa Ende Februar/Anfang März einiges an Gemüse und Salat ernten. Besonders gut eignen sich spezielle Züchtungen für diese Bedingungen. Dazu gehören überwinternder Feldsalat, wie die Sorten 'Dunkelgrüner Vollherziger' oder 'Vit', frostharte Spinatsorten, z. B. 'Medania' oder 'Matador', Winterpostelein oder Rukola. Haben sich die Beete schließlich geleert, lockern Sie den Boden und glätten ihn mit dem Rechen. Bereits ab Februar/März zieht nämlich dann schon wieder frisches Grün ein.
Von vielen Arten gibt es speziell fürs Gewächshaus geeignete Sorten. Dazu zählen Kopfsalate wie 'Larissa', 'Briweri' oder 'Merveille des quatre saisons', Eissalat 'Stylist', Eichblattsalat 'Smile', Pflücksalat 'Lollo rosso Solmar' sowie Radieschen 'Knacker', frühe Rettiche, z. B. 'Neckarruhm' oder 'Ostergruß rosa' und violetter Kohlrabi wie 'Blaro' oder 'Azur'. Ab Ende April/Anfang Mai verwandelt sich das Gewächshaus in eine lauschige Sommerresidenz für wärmebedürftige Gemüsearten wie Tomaten, Paprika und Auberginen.
Etwa ab Mitte/Ende Mai kommen dann noch vorgezogene Salatgurken dazu. Leiten Sie diese an einer Schnur nach oben (→ Seite 214), dann wird es auch dem übrigen Gemüse nicht zu eng. Sind die Sommergäste im Herbst müde geworden, säen Sie schon wieder Feldsalat & Co., und der Zyklus beginnt von vorne.

Auch als Anzuchtstation für beispielsweise Gurken, Zucchini oder Kohlrabi ist ein Gewächshaus ideal.

Jetzt geht's los:
Endlich startet die Freiluftsaison!

Mit den ersten frühlingswarmen Sonnentagen werden Gärtner unruhig: Ob man vielleicht schon mit dem Säen und Pflanzen erster Kulturen im Garten beginnen kann? Die zauberhaften Schneeglöckchen verraten Ihnen: Sobald sie im Februar/März voll erblüht sind, ist es so weit.

Wie Sie bereits von der Aussaat auf der Fensterbank (→ Seite 18/19) wissen, stammen die bei uns angebauten Kräuter und Gemüse ursprünglich aus unterschiedlichen Regionen bzw. Klimazonen. Um im Freien gut durchstarten zu können, sind diese Pflanzen auf bestimmte Mindesttemperaturen angewiesen.

IDEALE SAAT- UND PFLANZTERMINE

Je früher Sie säen, desto früher können Sie ernten – natürlich mit Einschränkungen: Im zeitigen Frühling drohen immer noch Kälteeinbrüche, Nachtfröste, ja gelegentlich sogar einzelne verspätete Schneefälle. Doch so manche robuste Gemüseart steckt das weg. Gewusst, welche!

So steht Ihr Gemüse bald in Reih und Glied: Spannen Sie eine Schnur, die die späteren Gemüsereihen markiert, und säen an ihr entlang aus. So verfahren Sie auch mit jeder weiteren Aussaatreihe, dann wird alles schön gerade.

Ebenso verfahren Sie beim Einsetzen von Gemüsenachwuchs wie etwa Kohlrabi, Rote Bete oder Mangold: Heben Sie entlang einer Pflanzschnur für jedes Exemplar ein eigenes Pflanzloch aus.

Stellen Sie vor der Aussaat unbedingt sicher, dass der Boden nicht mehr gefroren ist, was selbst bei mildem Wetter in dieser Jahreszeit durchaus noch der Fall sein kann.
Je schwerer und feuchter der Boden ist, desto länger dauert es, bis er ausreichend abgetrocknet und gleichmäßig warm geworden ist – ein wichtiger Erfolgsfaktor für die Keimung der Samen. Bei schweren, fetten Lehmen (→ Seite 104–107) müssen Sie sich daher mit dem Aussäen etwas länger gedulden als bei leichten, eher sandigen Gartenböden.
Bei Kälteeinbrüchen oder Nachtfrösten schützen Sie Ihre Aussaaten und Keimlinge mit einer Abdeckung aus Folie oder Gärtnervlies.

Von robusten und weniger robusten Typen

Je nach ihrer Kälteempfindlichkeit säen Sie die jeweiligen Gemüsesorten (→ Seite 112–115) nach und nach aus.

- Beizeiten im Herbst gesät, überwintert Feldsalat sogar auf den Beeten. Ab Mitte/Ende Februar säen Sie frischen für die Frühlingsernte. Dazu kommen Frühsorten von Möhren und Spinat.
- Ab März sind Frühsorten von Radieschen und Rettich für die Aussaat bereit. Ebenso auch Lauch, Salat, Gartenkresse und Erbsen, die aber in der Regel mit kleineren Kälteeinbrüchen ganz gut klarkommen.
- Haben sich die Temperaturen ab Ende März/April stabilisiert, holen Sie die Samen von Chicorée, Roter Bete, Mangold, Kohlrabi, Zwiebeln und Zuckererbsen hervor. Für Ihren Kräutervorrat säen Sie Schnittlauch, Kerbel, Borretsch und Dill aus.
- Im April/Mai, wenn sich der Boden dauerhaft auf 10 °C erwärmt hat, sind Blumenkohl, Brokkoli, Bohnen und Eissalat dran. Außerdem wärmeliebende Gurken, Zucchini und Kürbisse.
- Um genau zu bestimmen, wann Bohnen ins Beet gesät werden können, warteten die Landfrauen früherer Generationen so lange, bis sie die schrillen »srih-srih«-Rufe des Mauerseglers, eines schwalbenähnlichen Zugvogels, im Frühling zum ersten Mal hörten.

Die Pflanzsaison im Garten beginnt!

Für die ersten Pflanzungen im Freiland (→ Seite 116–119) sollte der Boden frostfrei und etwas aufgewärmt sein. Am Fenster vorgezogene oder gekaufte Jungpflanzen von Fenchel, Kopfsalat, Kohlrabi oder Kohl ziehen ab März/April in die Gartenbeete um. Auch die Steckzwiebelchen kommen jetzt in die Erde. Später liefern sie das Material für prächtige Zwiebelzöpfe zur dekorativen Lagerung.
Stecken Sie die Zwiebelchen gerade so tief, dass die Spitzen nicht mehr aus dem Boden hervorschauen – dann kommen Vögel und Regenwürmer (!) gar nicht erst in Versuchung, die Zwiebelchen wieder herauszuziehen.

Gibt es noch einmal Frost oder nicht?

Die Eisheiligen – das sind die Namenstage verschiedener Heiliger vom 11. bis 15. Mai – sollte man laut altem Volksglauben abwarten, bevor man frostempfindliche Gemüse wie z. B. Tomaten, Gurken oder Zucchini und Kräuter ins Freie sät oder pflanzt. Angeblich drohen erst dann keine Nachtfröste mehr.
Da das Wetter, auf ganz Deutschland bezogen, großen regionalen Schwankungen unterworfen ist, kann diese Regel nicht immer auf die einzelnen Gebiete übertragen werden.
Wenn Sie jedoch auf Nummer sicher gehen wollen, warten Sie besser auch heute noch bis Mitte/Ende Mai, bevor Sie Lauch, Zucchini, Sellerie, Artischocke und Kürbis in die Gemüsebeete pflanzen. Behalten Sie dabei stets den örtlichen Wetterbericht im Auge!

Altes Wissen

Gefräßige Schnecken hielten unsere Großmütter von jungem Gemüse fern, indem sie Rhabarberblätter im Garten auslegten. Da sich Schnecken tagsüber gerne an kühlen, feuchten Plätzen verstecken, kann man sie morgens von der Unterseite der Blätter absammeln.

Wehret den Anfängen: Schutz vor »Mitessern« zahlt sich aus!

Eine alte Gärtnerweisheit besagt, dass man die Beete in den ersten Wochen der Saison in Schuss halten muss. Haben sich die Pflanzen einmal etabliert, passiert nicht mehr viel, was die Ernte gefährdet. Kulturschutznetze, Schneckenabwehr & Co. sind dabei eine große Hilfe.

Aller Anfang ist gut – wenn Sie Ihr junges Gemüse dabei ein wenig unterstützen. Die Pflänzchen sind eben noch sehr zart und wenig wehrhaft. Und leider locken die warmen Temperaturen sonniger Frühlingstage auch die ersten ungebetenen Gäste in den Garten. Je früher Sie eingreifen, desto besser!

Pflanzenhauben schützen einzelne Salatpflanzen vor Schnecken. Wichtig ist der Schutz vor allem nachts. An sehr sonnigen Tagen wird der Salat besser aufgedeckt.

VORBEUGEN UND AUSTRICKSEN

Lassen Sie sich von Schnecken, Schmetterlingen und Blattläusen auf gar keinen Fall um Ihren Genuss bringen! Mit altbewährten Tricks und Kniffen halten Sie die Plagegeister von Ihren Schützlingen fern oder verderben ihnen nachhaltig den Appetit daran.

Das Motto im Frühling: Schnecken raus!

Die nur 2 cm kleinen graubraunen Ackerschnecken schlüpfen bereits sehr früh aus ihren Eiern. Diese überwintern in Hohlräumen des Bodens. Durch regelmäßiges Hacken und Rechen halten Sie die Bodenoberfläche immer feinkrümelig und zerstören somit Hohlräume und Eier. Alternativ verdichten Sie den Boden etwas mit einem Brett oder einer kleinen Walze.
Für besonders schneckengefährdete Pflanzen lohnt es sich, in Schneckenzäune aus Metall oder Kunststoff zu investieren. Der Fachhandel bietet verschiedene Modelle an. Sammeln Sie aber vor der Umzäunung der Beete unbedingt die darin vorhandenen Schnecken ab. Hilfreich sind hierbei Lockmittel wie etwa halbierte Kartoffeln oder auch Bierfallen.

Feine Netze gegen fiese Falter

Kommen Sie Gemüsefliegen und Schadschmetterlingen an Rettich, Radieschen, Kohlgewächsen, Zwiebeln, Lauch oder Möhren mit entsprechenden Maßnahmen doch einfach zuvor!

Den Wurzelballen kräftiger Thymianpflanzen teilen Sie von Hand oder mit einem scharfen Messer.

Legen Sie dazu ab April/Mai feinmaschige Kulturschutznetze oder Gartenvliese locker auf die Jungpflanzenbeete auf. Sie lassen Licht und Wasser durch, halten die Schädlinge aber ab. Sichern Sie die Netze am Rand mit Steinen oder Ähnlichem. Für höhere Gemüse können Sie die Gewebe wie einen Folientunnel über gebogene Drahtstäbe spannen.

Altes Wissen

Bei der Bodenlockerung untergemischter Kalk regt die Aktivität der Bodenlebewesen an: Bei höheren pH-Werten haben sie bessere Bedingungen als bei niedrigen. Ein echter Vorteil für Frühgemüse, denn die »Arbeit« erzeugt – ähnlich wie im Kompost oder Hochbeet – Wärme.

Keine Chance für Läuse & Co.

Den sich im Frühling rasch vermehrenden Blattläusen rücken Sie am besten mit einer Brühe aus Rhabarberlaub zu Leibe.
Schneiden Sie 500 g frische Blätter klein. 24 Stunden in 3 l Wasser einweichen, aufkochen und etwa 15 Minuten lang leise köcheln lassen. Abgesiebt und abgekühlt, spritzen Sie befallene Pflanzen mehrmals hintereinander mit der unverdünnten Brühe.
Auch Brennnesseljauche verdirbt lästigen Insekten ganz und gar den Appetit:
1 kg zerkleinertes Brennnesselkraut (vor der Blüte!) mit 10 l Wasser ansetzen und 12–20 Tage vergären lassen. Im Verhältnis 1:20 mit Wasser verdünnen und über die Pflanzen spritzen bzw. Jungpflanzen damit gießen.

SONDERBEHANDLUNG FÜR KRÄUTER

Viele Küchenkräuter sind mehrjährig. Um gesund zu bleiben, bedürfen sie jetzt einer Fitnesskur.

Bringen Sie Schnittlauch & Co. in Bestform!

Kurz vor dem Austrieb im März/April schneiden Sie Kräuter wie Lavendel, Thymian, Salbei, Ysop und Bergbohnenkraut um ein Drittel bis die Hälfte zurück. So bleiben sie kompakt. Etwa ab April graben Sie Pfefferminze, Zitronenmelisse, Liebstöckel, Schnittlauch oder Estragon aus, um sie mit dem Spaten oder der Grabegabel zur Vermehrung zu teilen.
Im Haus überwinterte Arten, wie Rosmarin und Lorbeer, räumen Sie ab Mitte/Ende Mai ins Freie. Auf Schädlinge kontrollieren und kranke oder zu lang gewordene Triebe zurückschneiden. Topfen Sie zu groß gewordene Pflanzen um. Halten Sie zudem Vlies für Frostnächte bereit.

So schmeckt der Frühling:
Wilde Kräuter & junger Spinat

Zu Zeiten unserer Großeltern war eine gesunde und vitaminreiche Ernährung insbesondere während des Winters oft gar nicht so einfach. Kein Wunder, dass man den Frühling herbeisehnte! Er brachte das erste junge Gemüse und reichlich wilde Kräuter zum Sammeln.

Im Winter deckten die Menschen ihren Obst- und Gemüsebedarf einst hauptsächlich durch eingelagerte Rüben, Äpfel und Kartoffeln. Doch diese büßten im Laufe der Lagerzeit mehr und mehr an Inhaltsstoffen und Vitaminen ein. Deshalb warteten frühere Generationen sehnsüchtig auf das erste Gartengemüse. Die Natur schenkte ihnen obendrein allerhand Wildkräuter. Diese lieferten wertvolle Mineralstoffe und vor allem Vitamin C und A. Heute haben wir es viel einfacher: Das ganze Jahr über gibt es nahezu alle Arten von Gemüse und Salat zu kaufen. Wer einen Garten besitzt und dort eigenes Gemüse anbaut, kann zwar nicht alles zu jeder Jahreszeit ernten, dafür aber saisonales Gemüse mit absoluter Frischegarantie!

Jetzt ist Rhabarberzeit: Reißen Sie die Stangen mit einer leichten Drehung ab.

DER ERSTE ERNTESPASS DES JAHRES

Während einige Wintergemüse aus der vergangenen Saison immer noch etwas zum Genießen abwerfen, reift auch schon bald wieder frisches Gemüse heran.

Im Herbst gesät und jetzt geerntet

Schon im zeitigen Frühling, im Februar/März, gibt es etwas auf den Beeten zu ernten. Grünkohl, Rosenkohl, Wirsing 'Advent' und Lauch, welche Sie im Spätsommer oder Herbst gesät oder gepflanzt hatten, wandern nun endgültig in die Kochtöpfe. Auch Winterblumenkohl, z. B. die Sorte 'Walcher Winter', lässt sich bis in den Mai hinein ernten. Dank der »Winterkultur« blieb er völlig von Raupenfraß verschont.
Haben Sie noch reichlich vom Wintergemüse, so können Sie es 1–3 Minuten blanchieren und es dann einfrieren. Auch Feldsalat, Winterpostelein und Spinat, im Gewächshaus oder unter Gärtnervlies bzw. Reisig kultiviert, liefern zeitig im Jahr

frisches Grün. Die beiden Letztgenannten beernten Sie mehrmals, indem Sie nur die Blätter ringsherum abschneiden, das »Pflanzenherz« aber stehen lassen.

Vitamine frisch auf den Tisch!

Im März ausgesäte Radieschen oder Rukola können Sie nach einer Kulturdauer von nur 6–8 Wochen schon ab Mitte April ernten! Auch Feldsalat, der 7–10 Wochen braucht, oder Spinat, der 5–8 Wochen nach der Aussaat geerntet wird, bescheren Ihnen gesunde Vitamine! Spinat lässt sich gut einfrieren, nachdem Sie ihn etwa 1–3 Minuten in kochendem Salzwasser blanchiert haben.
Im Februar/März unter Glas oder Folie ausgesäte Frühretticche liefern ab Mitte/Ende April den ersten »Radi« zu einer deftigen Brotzeit.
Im Mai ernten Sie Rhabarber: Reißen Sie die kräftigen, kantigen Stiele mit einer leichten Drehung ruckartig ab. So verbleiben keine Stielreste an der Pflanze, die faulen könnten.
Auch Kopfsalat, frühzeitig gesät oder gepflanzt, ist ab Mai reif für die Salatschüssel. Feste Köpfe schneiden Sie direkt am Strunk ab. Geben Sie einzelne, locker in ein feuchtes Tuch eingeschlagene Köpfe in einen perforierten Kunststoffbeutel. So halten sie im Kühlschrank 3–4 Tage ohne allzu hohen Vitaminverlust.
Wussten Sie übrigens, dass Kopfsalat im Kühlschrank nach einem Tag bereits 20–30 % und nach 7 Tagen sogar schon 50 % seines Vitamin-C-Gehalts einbüßt? Und bei der Aufbewahrung in einer kühlen Speisekammer sind es nach einer Woche tatsächlich 80 %!

Bücken, pflücken – und verdrücken!

Als Frühlingskräuter, die seit jeher als Vitaminquelle geschätzt wurden, gelten: Brunnenkresse, Löwenzahn, Brennnessel, Giersch, Sauerampfer, Schafgarbe, Spitzwegerich, Bärlauch, Gänseblümchen und Veilchen.
Alle diese Pflanzen können Sie auch im Garten kultivieren. Dabei finden sie sogar auf einem Rasen- oder Wiesenstück, in der Nähe des Gartenteichs oder unter einer Hecke einen Platz.

Frische Radieschen liefern vor allem Kalium, Eisen, Magnesium und viel Vitamin C. Sobald Sie die ersten geerntet haben, säen Sie in freien Lücken auf den Beeten sogleich Nachschub aus.

Wichtig ist, dass Sie stets nur diejenigen Wildkräuter sammeln und verwenden, die Sie zweifelsfrei erkennen.
Insbesondere bei noch jungen Pflanzen ist die Verwechslungsgefahr mit einem möglicherweise giftigen Doppelgänger nicht zu unterschätzen. Dieses Risiko ist bei selbst gepflanzten Kräutern auf jeden Fall geringer.

Wildkräuter sammeln Sie im eigenen Garten oder an sauberen, unbelasteten Plätzen. Ernten Sie nur unbeschädigte, gesunde Pflanzen, die Sie sicher erkennen.

Von der Wiese auf den Teller

Eine gute Sammelzeit für Wildkräuter sind die späten Vormittagsstunden eines warmen Tages. Ob im Garten oder in der freien Natur: Suchen Sie möglichst saubere, schadstofffreie Standorte. Pflücken Sie immer nur gesunde, unbeschädigte Pflanzen bzw. Pflanzenteile und waschen Sie das Sammelgut anschließend gründlich und mehrmals unter fließendem Wasser.

- Von den meisten Frühlingskräutern pflücken Sie junge Blätter. Das gilt unter anderem für Brennnessel, Bärlauch, Giersch, Löwenzahn, Sauerampfer sowie Spitzwegerich. Von Gundermann, Schafgarbe und ebenfalls von der Brennnessel können Sie die Triebspitzen ernten. Aus Blättern und Trieben lassen sich aromareiche und gesunde Salate zubereiten. In diesem Fall ist die Vitaminausbeute am höchsten.

Auch kurz angedünstet oder als Suppe wirken sich die Wildkräuter ausgesprochen positiv auf das Wohlbefinden aus. Viele von ihnen wirken zudem stoffwechselanregend – geradezu ideal für eine Frühlingskur!

- Außerdem können Sie die Blüten von Gänseblümchen, Veilchen, Schlüsselblume, Spitzwegerich, Bärlauch, Wiesenschaumkraut und Löwenzahn genießen. Die Blüten dienen als essbare Dekoration ebenso wie als Zutat zu Salaten, Suppen, Kräuterquark und Kräuterbroten. Die großen Löwenzahnblüten waschen Sie im Ganzen, zupfen sie dann aber am besten auseinander und streuen die Blütenblätter einzeln über die Speisen.
- Die noch fest geschlossenen Gänseblümchen- und Löwenzahnknospen dünsten Sie mit etwas Butter in der Pfanne an und geben sie als Leckerei über Suppen oder Salate.

Pesto, Kräuterbutter & Co. für die Zukunft

Wenn Sie an den »jungen Wilden« des Frühlings noch länger Freude haben oder andere mit einem besonderen Mitbringsel überraschen wollen, machen Sie sie mit verschiedenen Methoden haltbar. Vor der Verarbeitung werden alle Kräuter verlesen, gewaschen, in der Salatschleuder geschleudert oder mit einem Küchentuch trocken getupft.

- Im Mixer oder in der Küchenmaschine lässt sich schnell mit 50 ml Olivenöl, 50 g zerstoßenen Pinien- oder Walnusskernen, Salz und etwa 2 Bund zerkleinerten Kräutern ein Pesto, also eine dickflüssige Paste, zubereiten. In Schraubgläser gefüllt, mit einer Schicht Öl bedeckt und im Kühlschrank aufbewahrt, ist das Wildkräuterpesto mindestens 3–4 Monate haltbar. Bärlauchpesto ist sehr beliebt. Probieren Sie aber ruhig einmal andere Kräuter oder vielleicht sogar einen Kräutermix aus.
- Sehr aromatische Kräuter, wie Gundermann oder Bärlauch, werden fein gewiegt und mit Butter vermischt. Die Kräuterbutter kann in kleinen Portionsdöschen eingefroren werden.
- Fein gewiegte Kräuter ergeben eine willkommene Würze für spätere Kochvergnügen, wenn man sie mit etwas Wasser in Eiswürfelbehältern einfriert.

Süße Freuden mit Kräutersirup

Aus den Blüten von Löwenzahn, Veilchen, Schlehe oder Heckenrose sowie den ersten Blättern und Trieben von Pfefferminze oder Zitronenmelisse können Sie beispielsweise einen sehr leckeren Sirup herstellen.

Dazu jeweils 250 g Blüten oder Blätter in 1 l Wasser langsam aufkochen, vom Herd nehmen, über Nacht ziehen lassen. Am nächsten Tag die Pflanzenteile abgießen, gut auspressen und die Flüssigkeit mit 1 kg Zucker und dem Saft einer Zitrone unter Rühren so lange köcheln, bis sie sirupartig eingedickt ist. Heiß in Flaschen füllen oder abkühlen lassen und einfrieren. Mit Mineralwasser oder Prosecco aufgießen bzw. Tee oder Dessert damit süßen.

DER OBSTGARTEN ERWACHT ...

Im Februar/März beginnt nach dem phänologischen Kalender (→ Seite 8–10) ja bereits der Vorfrühling. Wenn Sie zu dieser Zeit einen Blick in Ihren Obstgarten werfen, dann scheinen Bäume und Beerensträucher noch im tiefsten »Winterschlaf« zu verharren. Doch mit dem Fortschreiten der Jahreszeit und den immer wärmer und länger werdenden Tagen erwacht die Natur dort schon bald zu neuem Leben: Bäume und Sträucher beginnen langsam die ersten Blätter zu treiben.

Höchste Zeit, sich nun um die Schnittmaßnahmen an den Obstgehölzen zu kümmern (→ Seite 32/33). Schon zu diesem frühen Termin sorgen Sie nämlich mit dem entsprechenden Schnitt dafür, dass die Gewächse auf Dauer fruchtbar bleiben. Außerdem bekommen die später heranreifenden Früchte dadurch genug Licht und Wärme, um zu aromatischer Süße auszureifen. Rankende und schlingende Obstgehölze, wie Weinrebe, Kiwi oder Kletterbrombeere, schneiden Sie ab März zurück. Deren Winterschutz kann langsam entfernt werden. Achten Sie jedoch auf kalte Spätfrostnächte und decken die wärmeliebenden Kletterer dann mit einem Tuch oder Gärtnervlies ab.

Gegen Ende der Ruhephase ist für Gehölze außerdem ein günstiger Zeitpunkt zum Pflanzen und Verpflanzen (→ Seite 34/35). Denn im noch unbelaubten Zustand wachsen diese meist problemlos an.

Haben Sie Meisen- oder Starenkästen im Obstgarten hängen? Wenn nicht, sind Sie gut beraten, den fleißigen gefiederten »Schädlingsvertilgern« nun eine Bleibe herzurichten. Wenn ja, ist in den im vergangenen Jahr bewohnten Nistkästen Großreinemachen angesagt, damit sich ganz sicher auch in dieser Saison wieder fliegende »Mieter« einfinden.

Und nicht zuletzt gibt es auch unter den Früchten einige, die bereits jetzt geerntet, genossen und verwertet werden können (→ Seite 38/39).

Einsatz für zwei Klingen:
Jetzt ist Schnittzeit im Obstgarten

Wenn es nach Opas alter »Obst-Schnittregel« gehen soll, ist ein Baum so zu schneiden, dass der Bauer seinen Hut durch die Baumkrone werfen kann, ohne dass dieser an einem Ast hängen bleibt. Da ist was dran: Licht und Luft fördern die Gesundheit und die Qualität der Früchte.

Oft werden Fachleute gefragt, ob Obstgehölze denn nun wirklich einen Schnitt brauchen. Im Prinzip nicht – in der Natur gedeihen Obstbäume und -sträucher ja auch ohne Einsatz der Schere. Nur der Obstgärtner braucht den Schnitt, sonst fällt die Ernte mager aus.

Die letztjährigen Triebe der Weinrebe werden etwa einen Zentimeter über dem zweiten Auge bzw. der zweiten Blattknospe von unten zurückgeschnitten.

DER SCHNITT ALS »ERNTEHELFER«

Befolgen Sie Großvaters alte Regel, haben Sie schon viel gewonnen: Ein fachgerechter Schnitt bringt lockere, tragfähige Baumkronen hervor. Durch den besseren Lichteinfall reift das Obst gleichmäßiger aus und es entstehen keine kümmerlichen, sauren »Schattenfrüchte«. Schadpilze, die es gern feucht haben, kommen kaum zum Zug, da die Blätter nach Regenfällen schneller abtrocknen. Obendrein verlieren gut aufgebaute Kronen seltener Äste durch Windbruch. Zu guter Letzt minimiert regelmäßiger Schnitt die Alternanz, d. h. den jährlichen Wechsel von sehr hohen und sehr niedrigen Erträgen, der bei ungeschnittenen Bäumen die Regel ist.

Zu diesen Terminen schneiden Sie gut ab!

Der richtige Zeitpunkt für den Schnitt der meisten Obstbäume sind frostfreie Tage im Februar/März. Auch bei Weinrebe und Kiwi greifen Sie jetzt zur Schere. Ausnahmen sind Kirsch- und Walnussbäume, die im Sommer geschnitten werden. Ebenso sehr wüchsige Apfelbäume, deren übermäßiges Triebwachstum Sie mit einem Sommerschnitt »beruhigen«.

Das kleine Einmaleins des Obstschnitts

Eine gute Astschere und eine kleine Baumsäge sind die Grundausrüstung für den Schnitt. Schneiden Sie damit stets möglichst glatte Schnitte, die an den Rändern nicht ausfransen oder

einreißen. Setzen Sie die Schere immer dicht am Ansatzpunkt der Zweige am Stamm oder dem nächstdickeren Ast an. Dabei sollte der Astring, ein kleiner Wulst rings um den Astansatz, nicht verletzt werden.
An den Zweigen wachsen sogenannte »Augen«: Das sind Knospen oder kleine Verdickungen, woraus neue Seitentriebe hervorgehen können. Achten Sie beim Anschneiden von Zweigen darauf, über dem nächsten Auge noch ca. 1 cm des Zweiges stehen zu lassen. Dann läuft es weniger Gefahr einzutrocknen.

Junge Bäume brauchen eine Erziehung

Einen jungen Baum von Anfang an aufzubauen ist leichter, als einen älteren wieder in eine gute Form zu bringen. Den Pflanzschnitt führt meist der Gärtner in der Baumschule für Sie aus, wobei er das Grundgerüst der Baumkrone fürs Erste fachgerecht formiert. Dabei soll der Stamm möglichst gerade in den Mitteltrieb übergehen. Idealerweise wachsen aus dem Mitteltrieb drei mehr oder weniger gleich starke Seitentriebe. Diese Leitäste wählt man so aus, dass sie in verschiedenen Höhen gut um den Stamm herum verteilt sind. Die Erziehungsschnitte in den folgenden Jahren orientieren sich immer an diesem anfangs geformten Gerüst aus Mitteltrieb und den drei Leitästen.

Der Schnitt an »älteren Semestern«

Zur weiteren Erhaltung der Kronenform nach der ersten Erziehung entfernen Sie alle Äste, die nach innen, nach unten oder über Kreuz wachsen, ebenso wie abgestorbene Äste und Zweige. So entsteht ein lockeres, luftiges Kronengerüst.
Die sogenannten »Wasserschosse«, peitschenartige Triebe, die oft in großer Zahl steil nach oben wachsen, werden im August zu 60–70 % entfernt. Wenn die Leitäste Quirle oder Zwiesel, also eine doppelte Spitze bilden, lassen Sie an diesen Stellen nur jeweils einen starken Trieb stehen und entfernen die anderen. Sonst brechen oder reißen die Äste an diesen Stellen nämlich in späteren Jahren aus.

Richtig geschnitten und gepflegt, schmückt sich der Obstbaum im Frühling mit einem duftenden Blütenkleid.

Nehmen Sie Wein & Kiwi unters Messer

Ähnlich wie bei den Obstbäumen regt auch bei Weinrebe und Kiwi ein regelmäßiger Schnitt die gleichmäßige und reiche Bildung von vielen Blütenknospen an, woraus schöne Früchte hervorgehen. Bei diesen Arten ist der März ebenfalls der günstigste Zeitpunkt für den Schereneinsatz. Geschnitten werden diejenigen Triebe, die im vorausgegangenen Jahr gewachsen sind. Sie erkennen sie gut an der helleren Rinde. Schneiden Sie diese Triebe beim Wein auf 2–3 Augen und bei Kiwi auf 3–5 Augen zurück. An den daraus in diesem Jahr wachsenden Seitentrieben tragen sie dann ihre Früchte.

Das sind ja feine Aussichten:
Einmal pflanzen, jahrzehntelang ernten

Was ist schöner, als im Garten leckere Früchte zu naschen oder im Winter eigenes Kompott, Beerenessig sowie Zwetschgenmarmelade zu genießen? Obstgehölze machen zudem über viele Jahre Freude. Nun ist eine gute Zeit, einem oder mehreren im Garten eine Heimat anzubieten!

In vielen Gegenden hat sich der schöne Brauch erhalten, anlässlich der Geburt eines Kindes oder der Hochzeit eines Paares einen Baum zu pflanzen. Oft handelt es sich um einen Obstbaum, der den Menschen bzw. das Paar über Jahrzehnte hinweg begleitet. Doch eigentlich ist allein die Aussicht auf die Ernte bereits Grund genug, Obstgehölze zu setzen. Und das machen Sie am besten in diesen Wochen!

Mit einem über das Pflanzloch gelegten Holzstab stellen Sie beim Einpflanzen des Baumes sicher, dass die Veredlungsstelle etwa 10 cm über Bodenniveau liegt.

SO TREFFEN SIE EINE GUTE WAHL

Obstbäume sind langlebig. Starkwüchsige Apfelbäume erreichen schon mal ein Alter von 100–120 Jahren und Birnbäume können sogar stolze 200 Jahre alt werden! Entsprechend groß können sie werden. Überlegen Sie sich daher gut, an welchen Gartenplatz Sie Ihr Lieblingsobst pflanzen.

Nackte Wurzeln kontra Wurzelballen

Der zeitige Frühling ist eine gute Pflanzzeit für Obstgehölze (→ Seite 92/93). Gepflanzt wird, solange die Gehölze noch kein Laub ausgetrieben haben, weil sie dann kaum Wasser verdunsten und leichter anwachsen. Um diese Zeit erhalten Sie die meisten Obstgehölze im Fachhandel als »Wurzelware«, d. h. mit blanken Wurzeln. Pflanzen Sie sie möglichst noch am Tag des Einkaufs. Alternativ erhalten Sie Obstgehölze im Container oder mit Wurzelballen. Im Vergleich zu Wurzelware sind sie teurer. Dafür haben sie den Vorteil, dass Sie sie auch später noch problemlos pflanzen können (→ Seite 124–127, Pflanzanleitung).

Alles Wichtige für die Vorbereitung

Ihre Wünsche stehen beim Entwurf des Obstgartens im Vordergrund. Die Auswahl hängt davon ab, welche Früchte Sie bevorzugen, wie viel Sie für den Frischverzehr, zum Einmachen und zum Lagern ernten möchten. Dazu kommt, früh-, mittel- und spätreifende Arten und Sorten (→ Seite 254–293, Porträts) so geschickt auszuwählen, dass die ganze Saison über etwas in brauchbarer Menge zu ernten ist. Erkundigen Sie sich daher vor dem Kauf, mit welchem Ertrag Sie bei welcher Obstart und -sorte rechnen können. Bei Johannisbeeren kommen Sie z. B. pro Strauch und Jahr auf 10–12 kg Früchte. Berücksichtigen Sie außerdem, dass einige Arten eine Befruchtersorte in ihrer Nähe brauchen, um Früchte anzusetzen (→ Seite 260–299, Porträts). Nicht zuletzt entscheidet der vorhandene Platz, was Sie von Ihren Vorstellungen umsetzen können.

Ausreichend Platz zur Entfaltung

Beziehen Sie bei der Planung des Pflanzplatzes Schattenwurf, Laubfall, Grenzabstände und einen leichten Zugang für Pflege und Ernte mit ein. Die gesetzlich vorgeschriebenen Grenzabstände variieren von Bundesland zu Bundesland. Auskunft darüber erteilt das zuständige Landratsamt. Beerensträucher kommen mit je 2–3 m² aus. Bei Obstbäumen hängt der Platzbedarf dagegen von der Baumform ab. Man unterscheidet Hochstämme, Halbstämme und Buschbäume. Deren Krone setzt bei 1,8–2 m, 1–1,6 m bzw. 40–60 cm Höhe über dem Erdboden an. Ein ausgewachsener Hochstamm erreicht im Durchschnitt einen Kronendurchmesser von 8–10 m. Ein Halbstamm liegt bei 5–8 m, ein Buschbaum bei 3–5 m.
Die Wuchsstärke Ihres Baumes hängt auch von der Unterlage ab – dem Teil, der die Wurzel bildet und auf den die meisten Obstsorten veredelt sind. Unterlagen beeinflussen neben der Wuchsstärke die Frosthärte, die Gesundheit sowie die Qualität der Früchte. Eine gute Unterlage für Apfel-Buschbäume und für Spaliere ist unter der Bezeichnung M9 bekannt. Für Apfel-Halb- und Niederstämme eignen sich die Unterlagen MM 106 und M7.
Für Gärten mit wenig Platz oder für besonders wärmeliebende Arten, wie Birne oder Pfirsich, bieten sich Obstspaliere an windgeschützten und wärmespeichernden Mauern oder Wänden an.

Altes Wissen

Die Wurzeln des Löwenzahns können im Boden vorkommendes Eisen aufschließen und somit für Obstbaumwurzeln zugänglich machen. Litten die Obstgehölze früher unter Eisenmangel und bekamen deshalb gelbe Blätter, pflanzte man Löwenzahn auf die Baumscheibe.

Im April werden Kiwis gepflanzt. Halten Sie mit dem Spalier 30–50 cm Abstand von der Hauswand.

Mit eigenem Terminplan: Monatserdbeeren

Während die Pflanzzeit für großfrüchtige Gartenerdbeeren erst im Sommer beginnt, kommen Monatserdbeeren ab Mitte Mai in Beete, Balkonkästen oder Kübel. Wie ihr Name sagt, liefern sie über viele Monate süße und aromatische Früchte.

Keine Angst vor »wilden Beeren«!

Frühere Generationen sammelten gerne »wilde Früchte« wie Holunder, Hagebutte, Kornelkirsche, Felsenbirne sowie Eberesche. Einzelne dieser Gehölze pflanzte man schon damals an den Rand oder in die Nähe des Gartens. Heute fügen sie sich z. B. in Lärm- oder Sichtschutzhecken ein. Mit ihren Blüten und Früchten verwandeln sie diese in eine Attraktion, der auch Tiere und Vögel auf der Suche nach Nistraum und Futter kaum widerstehen können.

Gesunde Gewächse, bessere Früchte: Profi-Tricks zur Obstpflanzenpflege

Derzeit entscheidet sich, wie das Obstjahr ausfallen wird. Schadet ein Spätfrost den Blüten? Ist das Wetter gut genug für die Arbeit der Bestäuberinsekten? Solche Faktoren sind nicht zu beeinflussen. Für Frostschutz und Nährstoffversorgung dagegen können Sie einiges tun.

Ein Kalkanstrich schützt die Stämme jüngerer Obstbäume vor intensiver Sonne. Die Leimringe, mit denen im Herbst Frostspanner gefangen werden, können Sie nun wieder entsorgen.

Es sieht so aus, als täte sich im Obstgarten noch nicht viel. Die Säfte steigen aber bereits und lassen bestimmt bald die Knospen schwellen. Gönnen Sie Ihren »Fruchterzeugern« etwas Pflege, bevor sie in die neue Saison durchstarten. Sie danken es Ihnen mit üppiger Blüte, Gesundheit und reicher Ernte.

BESTENS GERÜSTET UND VERSORGT

Den Schnitt haben Sie nun erfolgreich erledigt. Jetzt gilt es, die Pflanzen gegen Schädlingsbefall und Frostrisse zu stärken. Zudem steht die Versorgung mit Dünger an. So können die Gewächse fit in die neue Saison gehen!

Tiere anlocken

Holen Sie sich »tierische« Verbündete, um die ersten Schädlinge im Obstgarten in Schach zu halten! Hängen Sie ab Februar/März Nistkästen für Meise, Star und Rotschwanz auf. Die Vögel sind eifrige Vertilger von Blattläusen und anderen Schadinsekten. Auch mit Stroh gefüllte Tonblumentöpfe bringt man jetzt kopfunter am Stamm hängend in Obstbäumen an. Sie dienen als Versteck für Ohrwürmer. Die nützlichen Insekten jagen Minierfliegen, Schild- und Blattläuse.

Schon vor der Obstblüte (fast) ganz in Weiß

Im zeitigen Frühling wärmt die Sonne zuweilen schon intensiv, nachts hingegen herrscht oft noch Frost. Diese Temperaturunterschiede erzeugen Spannungen im Holz und können die Rinde am Stamm aufplatzen lassen – Eintrittspforten für Schädlinge und Pilze! Beugen Sie dem im Februar vor, indem Sie Stamm und Kronenansatz mit Strohmatten umwickeln oder mit Weißanstrich versehen. Dieser »Schutzanzug« reflektiert Sonnenlicht und wirkt der Erwärmung des Holzes entgegen. Weißanstrich, eine Art »Kalkmilch«, gibt es im Fachhandel. Pinseln Sie ihn auf die trockene Rinde; aber nicht bei Regen oder Temperaturen unter 3 °C. Lassen Sie den frischen Anstrich 2–3 Stunden trocknen.

Das Düngermenü für hungrige Obstgehölze

Wer Früchte erntet, nimmt dem Gehölz Nährstoffe weg. Klar, dass man für einen Ausgleich sorgen muss. Dafür stehen Ihnen mehrere Möglichkeiten zur Verfügung:

- Steht Kompost zur Verfügung, verteilen Sie im Februar/März bei Beerenobst 2 l um die Pflanzstelle, bei Obstbäumen 4 l.
- Insbesondere alte Obstgehölze, die nur wenige neue Triebe bilden und spärlich fruchten, erhalten Ende März/Anfang April zusätzlich 100 g organischen Stickstoffdünger pro Baum oder Strauch. Dafür eignet sich z. B. Hornmehl.
- Statt Kompost und Hornmehl können Sie Mineraldünger, z. B. Kalkammonsalpeter, verwenden. Geben Sie den Obststräuchern im April je 50 g. Bei Bäumen verteilen Sie diese Menge auf zwei Gaben: Eine Gabe erfolgt Anfang April und die zweite Ende Mai.

Alle Düngerarten arbeiten Sie leicht in den Boden ein. Stehen die Gehölze auf einer Wiese oder im Rasen, stechen Sie im Abstand von 50–70 cm um den Stamm einige spatentiefe Löcher und geben den Dünger dort hinein. Sonst düngen Sie das Gras statt der Bäume! Nach dem Düngen ist kräftiges Gießen wichtig.

So werden Erdbeeren gut versorgt

Die frühesten Erdbeersorten setzen bereits im April/Mai Blüten an. Damit Sie die süßen Früchte ab Ende Mai sicher pflücken können, schützen Sie die blühenden Pflanzen mit einem Gärtnervlies gegen Spätfröste. Ganz nebenbei sorgen Sie mit dieser Abdeckung obendrein dafür, dass die Ernte noch ein wenig früher einsetzt.

Während die Erdbeeren blühen, unterlegen Sie die Pflanzen außerdem mit Stroh, Heu oder Holzwolle. Das hat gleich mehrere günstige Auswirkungen. Zum einen schaffen Sie damit eine Mulchschicht, die Unkrautwuchs unterdrückt und für ein gleichmäßiges Bodenklima sorgt. Die feinen Wurzeln der Erdbeeren, die sich hauptsächlich dicht unter der Oberfläche des Bodens befinden, sind dafür sehr dankbar. Weiterhin bleibt der gemulchte Boden länger feucht, was dem hohen Wasserbedarf der Pflanzen – insbesondere zur Fruchtausbildung – zugutekommt. Und schließlich profitieren noch die Früchte von ihrer Strohunterlage: Sie bleiben schön sauber und trocken und werden nicht so leicht von Pilzkrankheiten, z. B. Grauschimmel, befallen.

Auf Strohmulch fühlen sich die Erdbeerpflanzen wohl und Sie ernten immer schön saubere Früchte.

Die haben es in sich:
Frühreife Früchtchen, duftende Blüten

Jetzt schon ernten? Sie haben richtig gelesen. Während die meisten unserer altbekannten Obstsorten gerade mal damit beginnen zu wachsen, tragen Maibeeren und Monatserdbeeren bereits erste Früchte. Entdecken Sie außerdem die essbaren Blüten der Wildgehölze!

Überprüfen Sie vor der Verarbeitung der Holunderblüten, dass keine Tiere mehr in ihnen sitzen.

Erinnern Sie sich vielleicht noch daran? Die Generation unserer Großeltern sammelte damals noch vieles für Küche und Speisekammer draußen in der Natur. Und die hat weitaus mehr als nur Grünes zu bieten.

ALTBEKANNT & NEU ENTDECKT

Wildobst trägt Früchte. Doch die Menschen waren früher bereits an den Blüten interessiert. Sie eignen sich sowohl für die Küche als auch für die Gesundheit. Es ist Zeit, die duftenden Genüsse wieder zu entdecken! Darüber hinaus gibt es einige Obstarten, die mit früh reifenden Früchten aufwarten.

Obstgenuss im Wonnemonat

Bereits ab Mitte Mai eröffnen Maibeeren die Naschsaison im Obstgarten (→ Seite 265). Im Geschmack ähneln sie sehr süßen Heidelbeeren. Maibeeren enthalten viel Vitamin B und C und werden am besten frisch verzehrt. Diese Beeren sind winzig. Wer trotzdem fleißig pflückt, kann leckere Marmelade, Kompott oder auch Saft aus ihnen kochen.

Als weiteres »frühreifes« Obst lassen Monatserdbeeren nicht lange auf sich warten. Sie liefern bis zum Frost ständig kleine, aromatische Früchte. Experimentierfreudige haben vielleicht Lust auf Maibeer-Erdbeer-Rhabarber-Marmelade. Im Verhältnis 2:2:1 mischen und mit Gelierzucker (1 kg Früchte auf 1 kg Zucker) kochen.

Sammeln Sie die zart duftenden Blüten der Hundsrose – für feinen Tee oder Sirup.

Reife Maibeeren, auch »Sibirische Blaubeeren« genannt – die erste süße Verlockung zum Naschen.

Die Hochsaison der Wildobstblüten

Die kulinarischen Talente der Holunderblüten kennen Sie bestimmt. Früher hielt man außerdem nach den Blüten von Schlehe, Weißdorn und Heckenrose Ausschau. Für das Sammeln gilt das Gleiche wie für Wildkräuter (→ Seite 27–29).
Schlehenblüten mit ihrem feinen Bittermandelaroma ergeben einen herzstärkenden »Seniorentee«: Einfach trocknen (→ Seite 60/61) und mit Wasser aufgießen – alternativ können Sie sie auch zu Sirup verkochen (→ Seite 29).
Die etwas streng riechenden Blüten des Weißdorns werden getrocknet auch als »Herz-und-Kreislauf-Tee« verwendet.
Die süß duftenden Blüten der Hundsrose waren früher besonders begehrt und wurden ab etwa Ende Mai gesammelt. Frisch eignen sie sich für Sirup oder Likör. Getrocknet veredeln sie jede »Hausteemischung«, z. B. aus Himbeer-, Walderdbeer- sowie Brombeerblättern.

Für alle Lebenslagen: der »Hollerbusch«

Das wichtigste Wildobstgehölz war vielerorts der »Holler« oder Schwarze Holunder. Brauchte man zu anderen Jahreszeiten Blätter, Triebe, Rinde, Beeren des Holunders zu verschiedensten Zwecken, so standen Ende Mai/Anfang Juni die Blüten im Mittelpunkt. Da man Holunder schon von alters her magische Kräfte nachsagte, gab es fürs Sammeln und Ernten bestimmte Vorschriften. So sollte man ihn nicht mit Metallwerkzeugen beernten, sondern immer sorgsam von Hand pflücken. Sonst drohe die Pflanze einzugehen und ihre Heilkraft einzubüßen!
Voll erblühte Dolden werden vorsichtig gewaschen oder gut ausgeschüttelt. In der Küche backt man sie als »Hollerküchle« aus (→ Seite 41, Rezept) oder kocht Sirup daraus (→ Seite 29). Für Tee ernten Sie saubere Blütendolden, die Sie in Einzelstückchen zerzupfen. 6–7 Tage an einem warmen, schattigen Platz trocknen lassen und in Dosen oder dunkle Gläser abfüllen. Bei der nächsten Erkältung haben Sie dann gleich einen gesunden Tee zur Hand!
Im Übrigen bietet der Holunder auch Futter für zahlreiche Vogelarten und Säugetieren.

FRÜHLINGSFRISCHE GENÜSSE

Mit dem Frühling kann man endlich auch junges Gemüse, frische Kräuter und die köstlichen Holunderblüten ernten. Daraus lassen sich vorzügliche Gerichte zaubern – von herzhaft bis süß!

Gründonnerstagssuppe

Für 4 Personen (40 Min.):
1–2 Zwiebeln | 2 EL Butter | 2 TL Mehl | 1 l Gemüsebrühe | je 1 EL von 9 gewiegten Kräutern, z. B. Bärlauch, Brennnessel, Gundermann, Löwenzahn, Petersilie, Schnittlauch, Rukola, Sauerampfer und Spitzwegerich sowie ganze Gänseblümchenblüten | Salz | weißer Pfeffer | Muskat | 250 g Schlagsahne

1 Zwiebeln fein würfeln, in Butter andünsten. Mit Mehl bestäuben, bei milder Hitze hell anschwitzen. Brühe unterrühren.

2 Die Kräuter hinzugeben. Das Ganze 5 Minuten ziehen lassen und mit den Gewürzen abschmecken.

3 Sahne mit einer Prise Salz steif schlagen, unter die Suppe ziehen und servieren.

Maibowle

Für 4 Personen (15 Min. + 2 Std. Kühlzeit): 2 Flaschen trockener Weißwein | 1 Flasche halbtrockener Sekt | 3–5 g Waldmeister pro 1 l Bowle | 1 Handvoll Pfefferminz-, Walderdbeer- und Schwarze-Johannisbeerblätter sowie Walderdbeerblüten | 1 ungespritzte Zitrone | Honig nach Bedarf | Eiswürfel

1 Waldmeister einige Stunden anwelken lassen. Eine Flasche Weißwein in ein Bowlegefäß füllen und Waldmeistersträußchen an einem Bindfaden hineinhängen, sodass die Stiele herausschauen. Dann wird die Bowle weniger bitter. Blätter und Blüten hinzugeben. ½–2 Std. ziehen lassen.

2 Pflanzenteile herausnehmen. Zitronensaft oder in Scheiben geschnittene Zitrone dazugeben und mit dem gut gekühlten, restlichen Wein und Sekt auffüllen. Nach Belieben süßen und Eiswürfel dazugeben.

Holunderküchle

Für 4 Personen (30 Min.): 12 Holunderblütendolden | 2 Eier | 2 EL Mineralwasser | 4 EL Mehl | 1 EL Zucker | 1 Msp. Backpulver | 3 EL Milch | 100 g Margarine zum Ausbacken | Puderzucker

1 Holunderblüten vorsichtig waschen, gut abtropfen lassen.

2 Eier mit Mineralwasser schlagen, Mehl, Zucker, Backpulver und Milch dazugeben; zu einem nicht zu dicken Teig verrühren.

3 Dolden einzeln in den Teig tauchen, rasch in heißem Fett schwimmend ausbacken.

4 Kurz auf Küchenkrepp abtropfen lassen. Schließlich mit Puderzucker bestäuben und heiß servieren.

SOMMER

Im Garten stehen jetzt Säen, Pflanzen und Ernten an. Man hat alle Hände voll zu tun, kann aber auch schon sehen, wie die Arbeit Früchte trägt.

Heute
Kirschen
essen

GÄRTNERN MIT DER NATUR BRAUCHTUM IM SOMMER

»Im Sommer warmer Sonnenschein, macht alle Früchte reif und fein …« Im Sommer hatten die Bauern früher viel Arbeit und es gab in dieser Zeit nur wenig Feste. Heute nutzen wir gerne die langen Tage und milden Nächte zum ausgiebigen Feiern.

HOLUNDERBLÜTE

Sobald die Holunderblüte in vollem Gange ist, ist der Übergang vom Frühling zum Sommer erreicht. Die weißen, wunderbar süß riechenden Robinienblüten signalisieren ebenfalls den Beginn des Frühsommers. Jetzt beginnen die mit Winterroggen bestellten Felder zu blühen, während auf den übrigen Getreidefeldern schon langsam die ersten Ähren erscheinen.
Nach mehreren aufeinanderfolgenden möglichst warmen und auch trockenen Tagen fahren die Bauern die Heuernte ein und überall liegt dann ein süßer, würziger Duft nach Kräutern und Gräsern in der Luft.
Sobald die Kartoffeln blühen, um Johanni herum (24. Juni) die Roten Johannisbeeren erntereif sind und frühe Apfelsorten langsam mit der Ausfärbung ihrer Früchte beginnen, darf von Hochsommer gesprochen werden.

SOMMERLICHE BLUMENPRACHT

Die meisten Wiesen stehen im Frühsommer in voller Blüte. Neben Hahnenfuß, Flockenblumen, Margeriten und Rotklee blühen jetzt auch typische Gräser wie Wiesen-Fuchsschwanz. Wer nicht gerade Pollenallergiker ist, kann inmitten der Pracht aus dem Vollen schöpfen und bunte Wiesensträuße pflücken oder Kränze binden. Warten Sie aber nicht zu lange damit, denn schon bald steht die Heuernte an! Dann wandern all die Gräser, die bunten Blumen und Kräuter ins duftende Viehfutter.

DIE SÜSSE DES SOMMERS SCHMECKEN

Typische Sommerfrüchte reifen, je nach Sorte, den ganzen Sommer über: Süßkirschen, Frühzwetschgen und -pflaumen sowie Aprikosen und Pfirsiche versüßen uns so manche Hitzewelle. Mit steigenden Temperaturen werden die Früchte

*»Regnet es im Sommer kaum,
bleiben die Äpfel nicht am Baum.«*

Bauernregel

immer aromatischer. Auf den Feldern hingegen wird langsam das Ende des Sommers sichtbar: Wenn die goldgelben und hellbraunen Getreidefelder »unters Messer« der Mähdrescher kommen und schließlich Stoppelfelder das Landschaftsbild prägen, hat der Spätsommer Einzug gehalten. Wo auf sauren Böden Heidekraut wächst, zeigt dieses seine ersten Blüten und überzieht das Land mit einem rosaviolettfarbenen Teppich.

»WEITERHIN HOCHSOMMERLICH WARM«

So mögen es Menschen und Pflanzen zu dieser Jahreszeit am liebsten! Für den Gartenbesitzer bedeutet das allerdings auch »Wasser marsch!«: Bei anhaltender Trockenheit ist regelmäßiges Gießen nötig. Doch neben den gärtnerischen Pflichten kommen hochsommerliche Freuden nicht zu kurz: Lange Tage und laue Nächte eignen sich bestens für verschiedene Aktivitäten im Freien. Es ist die Zeit der Picknicks, langen Ausflüge und Gartenfeste.

Bei abendlichen Festen im Garten zaubern beispielsweise Lampions eine stimmungsvolle Atmosphäre. »Würzige« Windlichter sind ganz schnell kreiert, indem man z. B. leere Marmeladengläser mit Rosmarinzweigen umwickelt. Kleine Kräuter-(Blumen-)Sträußchen können als flotte, duftende Tischdekoration dienen.

An Straßen und Plätzen locken die Lindenblüten mit ihrem süßen Duft nicht nur zahlreiche Bienen an, sondern »versüßen« einem auch das Spiel und so manchen Aufenthalt im Schatten ihrer ausladenden Kronen.

BÄUME WERFEN »BALLAST« AB

Apfelbäume und auch andere Obstgehölze produzieren nach der Befruchtung im Frühling oftmals mehr Früchte, als der jeweilige Baum eigentlich versorgen und ernähren kann. Im Hochsommer, während des sogenannten »Juni-Fruchtfalls«, entledigt sich der Baum dann der überzähligen Früchte und wirft eine ganze Menge etwa walnussgroßer, meist noch grüner Äpfelchen ab. Auch verwurmte Äpfel fallen meist deutlich vor der eigentlichen Reifezeit vom Baum. Doch keine Sorge: Die Früchte, die jetzt noch am Baum verbleiben, werden im Laufe des Sommers weiter ausreifen und können schließlich im Herbst geerntet werden.

Die verfrüht abgeworfenen Äpfel sollten Sie möglichst schnell aufsammeln und diese umgehend in der Biotonne entsorgen. Somit sind Sie zugleich auch die Schädlinge los ...

FRÜCHTE DES SPÄTSOMMERS

Frühe Zwetschgensorten locken in dunklem Blauviolett; Frühäpfel in Gelbgrün und Hellrot und ein wahres Leuchtfeuer in Orangerot entfachen die Vogelbeeren bzw. Ebereschenfrüchte. Den Vögeln schmecken sie jetzt schon – daher auch ihr volkstümlicher Name –, doch für menschlichen Genuss sind sie erst einige Wochen später nach Frosteinwirkung geeignet.

JOHANNISFEUER UND MITTSOMMERNACHT

Zur Sommersonnenwende am 21. Juni beginnt laut Kalender der Sommer und am 24. Juni, dem Johannistag, feiert die Kirche den Geburtstag Johannes des Täufers.

Schon in vorchristlicher Zeit wurden diese Tage mit großen Feuern auf den Bergen und Sonnwendfesten gefeiert. Vor allem im schwedischen Mittsommerfest haben sich noch viele alte Bräuche erhalten. Das Johanniskraut steht zu diesem

»Was im August und September soll geraten, muss in der Juli-Hitze braten.«

Bauernregel

Wird das Grillgut am offenen Feuer gegart, lockt dieses später zum fröhlichen Mittsommertanz.

Zeitpunkt in voller Blüte und in den Nächten sind Schwärme von Glühwürmchen oder Johanniskäfern unterwegs.
Man glaubte, dass die Natur in der Mittsommernacht magisch wäre, man Elfen und Trollen begegnen könnte und zu diesem Datum gesammelte Kräuter besonders heilsam wären. Die Ernte sollte umso besser werden, je mehr Schnaps und Bier am Mittsommerfest getrunken wurde.

DER HOCHSOMMER STEHT IM ZEICHEN DER KRÄUTER

Würzkräuter sind zu dieser Jahreszeit so aromatisch wie nie und Heilkräuter besonders wirksam. Daher weiht man am 15. August zu Mariä Himmelfahrt, auch Frauendreißiger bzw. Maria Würzweih genannt, selbst gefertigte Kräuterbüschel in der Kirche.

Fürs Büschel werden, je nach Region, verschiedene Getreidearten und eine bestimmte Anzahl Kräuter gesammelt: 7, 9 oder 99! Diese einst »magischen« Zahlen weisen darauf hin, dass der Ursprung des Brauches wohl aus vorchristlicher Zeit stammt. Königskerze, Johanniskraut, Schafgarbe, Pfefferminze, Thymian und andere Kräuter werden in geweihten Buschen getrocknet und im Haus aufbewahrt. Drohte ein Unwetter, warf man einige Kräuter ins Feuer; erkrankten Menschen oder Tiere, gab man ihnen Kräuter ins Essen oder ins Futter. Und vom geweihten Getreide mischte man immer etwas zum neuen Saatgut.

SOMMER IST HOCHSAISON

Im Juni beginnt der Sommer. Das bedeutet für Nutzgärtner, dass sie alle Hände voll zu tun haben – ihre Arbeit aber auch schon »Früchte« trägt! »Schnellwachser« wie Radieschen, Rukola, Spinat, Feldsalat, Gartenkresse, Mairüben, ebenso wie Blatt- und Kopfsalate können Sie während des Sommers sowohl ständig ernten als auch laufend nachsäen (→ Seite 50/51). Ähnlich verhält es sich mit den meisten Würzkräutern. Hier ersetzt eine regelmäßige Ernte sogar den nötigen Rückschnitt. Haben Sie wirklich genug Kräuter für die aromatische Sommerküche? Bei Bedarf säen oder pflanzen Sie den ganzen Sommer über Kräuter nach.

Mit dem Pflanzen oder der Aussaat von »Langtagspflanzen« (→ Seite 51), z. B. Chinakohl, Endivie und Knollenfenchel, warten Sie tatsächlich den kalendarischen Sommerbeginn am 21. Juni ab. Früher kultivierte Pflanzen dieser Gemüsearten »schossen« und sind dann unbrauchbar. Doch es gibt genug anderes Gemüse, welches in den Sommermonaten bereits erntereif ist (→ Seite 58/59). Möhren, Kohlrabi, Frühkohl, Erbsen, Bohnen, Gurken, Auberginen und natürlich Tomaten sorgen während der Sommermonate für kontinuierliche Erntefreuden.

Eine der wichtigsten Pflegemaßnahmen im sommerlichen Garten (→ Seite 52/53) besteht im regelmäßigen Gießen. »Gewusst, wie« erspart Ihnen dabei einiges an Zeit, Aufwand – und natürlich Wasser! Zweitwichtigstes Utensil des erfolgreichen Küchengärtners neben der Gießkanne ist die Hacke. Rücken Sie frühzeitig dem Unkraut zu Leibe und sorgen Sie für eine gute Bodenstruktur. Gemüse und Kräuter werden es Ihnen danken. Haben Sie ein Auge auf Krankheiten und Schädlinge: Je früher Sie einen Befall entdecken, desto besser die Aussichten auf eine erfolgreiche Bekämpfung.

Was nicht sofort gegessen werden kann, wandert in Lagerräume, Tiefkühlfächer und Einmachgläser oder wird zu leckeren haltbaren Produkten wie Kompott oder Pesto verarbeitet.

Schichtwechsel im Gemüse- & Kräuterbeet: Dauerbrenner & Herbstkandidaten

Jetzt geht es rund: Der sommerliche Gemüsegarten beschert Ihnen eine üppige Ernte. Während Sie darin schwelgen, denken Sie auch an die nähere Zukunft: Bestellen Sie die frei werdenden Beete oder Beetreihen gleich wieder für späte Genüsse.

Im Gemüsegarten greift stets eins ins andere: Die eine Art braucht Monate bis zur Reife, die andere ist schon nach fünf, sechs Wochen bereit, geerntet zu werden. Praktisch: Vorkulturen und Blitzgemüse räumen im Sommer das Beet und schaffen Platz für ihre Nachfolger, die dann im Herbst geerntet werden.

DER REIGEN SETZT SICH FORT

Nehmen Sie sich beim Festlegen der Folgekulturen (→ Seite 16/17) auf freien Beetflächen wieder Ihre Planungs- und Mischkulturübersichten vom Frühling vor (→ Seite 14/15). Falls Sie Arten für die Gemüsenachfolger im Anbauplan noch nicht bestimmt haben, finden Sie damit den Beetplatz, an dem sie am besten gedeihen. So springt junger Grünkohl für Erbsen ein, Lauch löst Salate ab und späte Möhren füllen einstige Radieschenreihen.

Ideale Nachfolger für freie Stellen

Rukola, Spinat, Feldsalat, Gartenkresse, Radieschen und die kleinen Herbst- oder Mairüben bieten sich ab Juni in der Mischkultur als unkomplizierte Folgesaat an. Die Samen von Kopfsalat, Radicchio, Möhren, Kohlrabi, Blumenkohl und Buschbohnen können im Juni/Juli noch in die Erde. Petersilie, die im Frühling oft nur lückenhaft aufgeht, keimt im August bei sommerlichen Temperaturen sogar viel sicherer und gleichmäßiger. Das Gleiche gilt für Schnitt- oder Stielmangold. Noch bis Anfang August steht typisches Wintergemüse wie Wirsing, Grünkohl oder Winterrettich zur Aussaat an. Und Mitte August kommen die Samentütchen von Feldsalat und Spinat ein letztes Mal zum Einsatz.

Pflanzenarten für »lange Tage«

Im Hochsommer säen oder pflanzen die Gärtner die als »Langtagspflanzen« bezeichneten Salate

Legen Sie die Pflanzen entlang einer vorbereiteten Pflanzrille im richtigen Abstand aus, dann geht das Einsetzen nachher schnell von der Hand.

Gartenarbeit – so leicht wie nie: Sowohl das Einpflanzen als auch die Pflege sowie die spätere Ernte lassen sich am Hochbeet bequem bewerkstelligen.

und Gemüsearten. Dazu zählen Chinakohl, Endivie und Knollenfenchel. Erhalten diese über einen bestimmten Zeitraum täglich länger als 12 Stunden Licht, beginnen sie zu »schossen«. Das heißt: Sie setzen Blüten an, werden holzig und somit ungenießbar. Der Anbau im Frühling oder Frühsommer, wenn die Tage länger werden, ist demnach ein Risiko.
Als Folgekultur nach frühen, zu Sommerbeginn erntereifen Gemüsearten sind diese Kulturen jedoch ideal. Der Stichtag für die Aussaat oder Pflanzung der Langtagsgewächse ist der 21. Juni. Das ist der längste Tag in unseren Breiten; danach nimmt die Tageslänge wieder allmählich ab. Perfekt für Chinakohl und Endivie, die auf Buschbohnen, frühe Möhren, Blumenkohl oder Dicke Bohnen folgen können. Knollenfenchel gilt als gute Nachkultur für Spinat, Erbsen, Bohnen und frühen Blumenkohl.

Schnelles Naschgemüse und Lückenfüller

Leckeres und schnell wachsendes Naschgemüse können Sie ebenfalls noch bis in den August hinein aussäen. Dafür eignen sich Sommersorten von Radieschen und saftigem Brotzeit-Rettich, ebenso wie Spinat, Rukola, Rote Bete und einjährige Kräuter wie Kerbel, Dill oder Borretsch. Als »Dauerbrenner« säen Sie Gartenkresse bis August ständig nach. Diese unkomplizierte und schnell wachsende Pflanze eignet sich bestens dafür, Lücken zwischen Reihen von Gemüse mit längerer Kultur zu füllen.

Diese Arten können Sie noch pflanzen

Von Juni bis August haben Sie obendrein die Möglichkeit, kräftige Jungpflanzen zu setzen. Infrage kommen Kopf-, Eis- und Pflücksalat, Chicorée, Kohlrabi, Blumenkohl, Winterlauch, Rosenkohl, Wirsing, Grünkohl sowie alle mehrjährigen Gartenkräuter. Vor allem Kohlarten eignen sich als Nachkultur zu frühen Möhren, Buschbohnen, Erbsen oder Frühkartoffeln. Frisch gepflanzte Gemüse brauchen aufmerksame Pflege (→ Seite 52/53).

Nachhaltig gärtnern

»Einmal hacken spart zweimal gießen«, lautet eine alte Gärtnerregel. Tatsächlich schränken Sie damit die Verdunstung des Wasservorrats im Boden ein. Das Wasser steigt in sehr feinen Röhren, den Kapillaren, nach oben. Diese werden durch Hacken der obersten Bodenschicht zerstört. So kann das in tiefere Schichten versickerte Wasser nicht aufsteigen und bleibt den Pflanzenwurzeln erhalten.

Appetitliche Aussichten: Gesundes Gemüse dank guter Pflege

Sommer im Gemüsegarten! Alles passiert jetzt auf einmal: Ernten, Säen, Pflanzen – und es macht richtig Spaß. Damit das so bleibt, denken Sie daran, Ihre Schützlinge regelmäßig zu pflegen. So bleiben Ihre Pflanzen fit. Und Sie selbst können Ihrem Gemüse täglich beim Gedeihen zusehen.

Werden Kartoffelpflanzen sorgfältig angehäufelt, entwickeln sich unter dem Erdwall besonders viele der gesunden Knollen.

Es ist eine Lust! Salat in Hülle und Fülle, die Tomaten reifen heran – der Gemüsegarten zeigt nun, was in ihm steckt. Als Gegenleistung erwartet er von Ihnen etwas Pflege. Aber gerne!

EINMAL BEET-SERVICE, BITTE!

Selbst wenn so mancher Sommer eher verregnet daherkommt: Gießen ist in diesen Monaten oberste Gärtnerpflicht. Dabei gibt es ein paar Tricks, die Ihnen Wasser und Arbeit sparen.

Sommer, Sonne, Wasser marsch!

Mal Trockenheit, mal Regenguss: Starke Schwankungen hinsichtlich der Bodenfeuchte nehmen viele Pflanzen übel. Sorgen Sie also im Gemüsegarten für einen möglichst gleichmäßig feuchten Boden. Der Witterung angepasstes Wässern ist dafür das eine Erfolgsgeheimnis, die Erde vor Verdunstung zu schützen das andere.

Gießen Sie morgens und abends lieber einmal durchdringend als mehrmals täglich in kleineren Mengen. Sonst bilden die Gewächse keine tief reichenden Wurzeln, die sich Wasser aus den unteren Schichten erschließen.

Für die meisten Kulturen ist es vorteilhaft, einzelne Pflanzen gezielt im Wurzelbereich zu gießen, jedoch ohne oberirdische Teile zu benetzen. So haben Pilzkrankheiten deutlich weniger Chancen, sich auszubreiten.

Um die Verdunstung einzudämmen, haben Sie die Wahl: Entweder Sie schwingen regelmäßig die

Altes Wissen

Anstelle von Insektensprays dienten früheren Generationen Tomaten mit ihrem speziellen Blattduft zur Abwehr von Stechmücken. Man stellte immer einige Exemplare in Töpfen ans Küchenfenster, um dort abends Ruhe vor den Plagegeistern zu haben.

Hacke (→ Bild, Seite 52). Oder Sie legen eine dünne Mulchschicht aus verrottetem Kompost, kurz geschnittenem Heu oder Rasenschnitt auf die Gemüsebeete. Beides wirkt der Austrocknung des Bodens entgegen und hält nebenbei das Unkraut in Schach. Frei werdende Beete, die Sie nicht wieder bestellen, decken Sie ebenfalls mit einer Mulchschicht ab. Alternativ säen Sie bis spätestens August Gründüngerpflanzen wie Phacelia, Gelbsenf und Roggen, die auch für ein gutes Bodenklima sorgen.
Frisch gepflanzte Gemüse und Kräuter gießen Sie besonders sorgsam. Schattieren Sie den Nachwuchs außerdem bei großer Hitze. Stülpen Sie dafür einfach Obstkistchen aus Holz über die Jungpflanzen.

Spezialpflege für Tomaten und Gurken

Tomaten, des »Gärtners liebstes Kind«, werden nun laufend »ausgegeizt«: Entfernen Sie die kleinen Triebe, die in den Blattachseln entstehen. So bilden sich weniger Blätter, dafür aber mehr Früchte. Den Haupttrieb binden Sie an einer Stütze fest. Stehen Ihre Tomaten im Freien, schützt eine Überdachung vor Regen und somit vor der Ausbreitung des Braunfäulepilzes. Regelmäßiges Gießen und eine letzte Düngung, etwa Mitte August, stellen sicher, dass genügend Früchte ausgebildet werden.
Wie Tomaten sind Gurken wärmeliebend, nährstoff- und wasserbedürftig. Bei Wassermangel werden angesetzte Früchte bitter. Ziehen Sie Salatgurken am besten im gut gelüfteten Gewächshaus und leiten sie an einer Schnur nach oben. Entfernen Sie zur Vorbeugung gegen bodenbürtige Pilze die unteren Blätter bis zu einer Höhe von 30 cm. Knipsen Sie die Spitze der Gurkentriebe nach dem dritten oder fünften Blattpaar ab. Dann haben Sie Aussicht auf zahlreichere und schönere Früchte.

So bleibt Ihr Gemüse gesund

- Erbsen, Bohnen, Gurken sowie Kohl häufeln Sie im Juni/August an: Schieben Sie die Erde am Fuß der Pflanze zu einem Hügel bzw. einem Wall entlang der Pflanzenreihe auf. Das fördert die Seitenwurzelbildung. Bei Möhren und Kartoffeln verhindert es grüne Stellen sowohl an Rüben als auch an Knollen. Lauch bildet durch Anhäufeln schöne weiße Stangen.
- Haben sich Weiße Fliegen an Ihren Kohlpflanzen eingenistet, besprühen Sie die Pflanzen morgens blattunterseits mit einem Rapsölpräparat.
- Mithilfe von Gemüseschutznetzen halten Sie weitere ungebetene Gartengäste fern, z. B. Kohlfliege, Kohlmotte, Möhrenfliege, Kohlweißling, Erdflöhe an Kohl, Möhren, Rettich, Radieschen, Lauch.
- Ab Ende Juni, nach der Erntezeit, düngen Sie Rhabarber mit Kompost oder Hornmehl.

Regelmäßiges Hacken sorgt für eine gute Durchlüftung des Bodens und wirkt Verdunstung sowie Unkrautwuchs entgegen.

Rankhilfen & Co.: Passende Unterstützung für Pflanzen

Viele Pflanzen im Garten brauchen im wahrsten Sinne »Unterstützung«, um ranken zu können oder nicht umzuknicken. Hierzu lässt sich das im Herbst und Winter anfallende Schnittgut von Sträuchern und Bäumen wunderbar als Rankhilfe, Stützschere oder Pflanzenhalter verwenden.

Selbst gebaute Haltekonstruktionen, die an Pflanzenart, -größe und Verwendungszweck individuell angepasst sind, schaffen beste Voraussetzungen für ein gutes Gedeihen Ihrer Pflanzen.

PFLANZENHALTER

Er eignet sich für einzelne Triebe genauso wie für mehrtriebige Pflanzen, da die Schlingenweite individuell angepasst werden kann. Schneiden Sie zuerst einen etwa handgelenkdicken Ast auf die gewünschte Länge, d. h. etwas höher als die Pflanze. Anschließend entrinden und anspitzen. Einen frisch geernteten Bambustrieb (etwa bleistiftstark) entblättern und knapp oberhalb eines Knotenpunktes am dicken Ende schräg anschneiden. Bambus hat den Vorteil gegenüber Weide, Haselnuss oder Schneeball, dass er zunächst schön biegsam ist, dann aber gut aushärtet und seine Form behält. Außerdem steht er so stark unter Zug, dass der Bambushalm nicht extra fixiert werden muss, sondern von selbst hält. Jetzt wählen Sie einen zum Bambusdurchmesser passenden Bohrer und bohren ins obere Ende der Stütze quer ein Loch. Dieses entgraten und den Bambus einfädeln. Dann formen Sie den Bambushalm zu einer Schlinge in der gewünschten

Mit einer selbst gebauten Pflanzenstütze bekommt die Tomatenpflanze die nötige Unterstützung, um aufrecht und gerade zu wachsen und nicht umzuknicken.

Haltekonstruktionen wie diese Scherenstützen sollten Sie vor dem Wintereinbruch aus den Beeten entfernen und trocken überwintern, dann halten sie jahrelang.

Größe und schneiden ihn auf diese Länge zurecht. Jetzt wieder passenden Bohrer aussuchen und an der gewünschten Stelle weiter unten an der Stütze ein weiteres Loch bohren, dieses glätten und den Bambus wieder einfädeln. So weit hindurchziehen, bis die Bambusschlaufe fest sitzt und nicht wieder herausrutscht.

SCHERENSTÜTZEN

Um tief hängende Triebe, z. B. von voller Früchte hängenden Beerensträuchern, vom Boden fern zu halten, eignen sich Scherenstützen. Schneiden Sie zuerst einen unterarmdicken Ast auf die gewünschte Länge und spalten Sie diesen dann mit einer Machete oder einem schweren Messer vorsichtig der Länge nach in der Mitte auf. Beim Spalten kann die Richtung durch entsprechendes Drehen des Messergriffs immer etwas ausgeglichen werden, sodass der Ast möglichst mittig gespalten wird.

Zur längeren Haltbarkeit beide Hälften entrinden und unten anspitzen. Jetzt werden beide Hälften aufeinandergelegt und in der Mitte des oberen Drittels wird quer durch beide Hälften einmal hindurchgebohrt. Die Bohrlöcher abrunden, damit Wasser besser abfließen kann, genau übereinanderlegen und anschließend eine Schlossschraube (6–8 mm) hindurchstecken. Mit Unterlegscheibe und Flügelmutter locker so verbinden, dass die Schere beweglich bleibt.

Stellen Sie die Astgabelschere nun unter den zu tief hängenden Ast, richten Sie die benötigte Höhe durch entsprechendes Spreizen der Schere aus und fixieren Sie diese dann durch Anziehen der Flügelmutter.

Die Schere kann bei Bedarf mit den Spitzen in weichem Boden fixiert werden, hält aber meist durch das auf ihr lastende Gewicht der Äste auch gut von selbst, sogar auf Pflasterflächen oder anderen festen Untergründen.

RANKHILFEN

Für Rankhilfen benötigen Sie möglichst lange, schlanke Äste; sie sollten 2–3 m lang und 4–7 cm stark sein. Zunächst alle Seitentriebe abschneiden oder absägen. Danach entfernen Sie zur längeren Haltbarkeit die Rinde. Um die Rankhilfe direkt im Beet zu platzieren, spitzen Sie die Stange am stärkeren Ende an; je länger zulaufend die Spitze ist, umso leichter lässt sie sich im Erdreich versenken. Soll die Rankstange in hartem Boden befestigt werden, empfiehlt sich die Verwendung von Schirmhaltern oder anderen Bodenankern. Dann können Sie auf das Anspitzen verzichten; Sie müssen die Stangendicke nur auf den durch den Schirmhalter vorgegebenen Durchmesser bringen. Schirmhalter sind auch bei Rasenflächen ratsam, um unnötig große Löcher zu vermeiden. Außerdem halten die Rankhilfen erheblich länger, da sie keinen direkten Bodenkontakt haben und nach Regen abtrocknen können.

Kräuter in Bestform:
Rückschnitt, Pflege & Vermehrung

Die üblichen Gartenkräuter bedürfen keiner aufwendigen Pflege. Hinsichtlich Wasser und Dünger geben sie sich recht bescheiden. Den Einsatz der Schere danken Ihnen die meisten allerdings mit neuen, aromatischen Trieben sowie mit kräftigem und kompaktem Wuchs.

Als pflegeleichte Geschöpfe gedeihen Kräuter meist ohne viel gärtnerisches Zutun. Ausschlaggebend, vor allem bei den mediterranen »Sonnenkindern«, sind warme Plätze und leichte, nicht zu feuchte Böden.

Ist der Lavendel verblüht, greifen Sie zur Schere und schneiden die Blüten mitsamt den Stielen zurück. Dann bleibt der Halbstrauch schön buschig.

MINIMALE ANSPRÜCHE

An für sie geeigneten Standorten beschränkt sich die weitere Pflege der Kräuter im Wesentlichen darauf, sie regelmäßig zurückzuschneiden.

Regelmäßig zum »Gartenfriseur«

Mehrjährige Kräuter, wie Lavendel, Thymian, Salbei, Ysop und Bergbohnenkraut, brauchen nach der Blüte einen Formschnitt. Kürzen Sie die Pflanzen über das Abgeblühte hinaus um etwa ein Drittel ein. Oregano, Majoran, Zitronenmelisse und Pfefferminze schneiden Sie 2- bis 3-mal im Laufe des Sommers bis knapp über dem Boden zurück. Ein »Ernteschnitt« von Triebspitzen reicht völlig aus für Basilikum, Petersilie, Kerbel und Koriander, Liebstöckel, Estragon, Wermut und Beifuß. Schnittlauch schneiden Sie beim Ernten regelmäßig etwa auf 2 cm zurück.

Wasser und Dünger für Kräuter?

Viele Kräuter vertragen keine Staunässe. Einige, z. B. Lavendel, Thymian und Salbei, gedeihen zudem sogar bei längerer Trockenheit gut. Diesen Arten genügt eine Wassergabe alle 2–3 Tage. Topfkräuter hingegen sollten Sie regelmäßig gießen. Staunässe vermeiden Sie hier durch eine Dränageschicht aus Tonscherben oder Kies auf dem Topfboden.
Liebstöckel, Petersilie, Schnittlauch und Pfefferminze zählen zu den etwas »nährstoffhungrigeren« Kräutern. Geben Sie jeder einzelnen

Wüchsige Kräuter, z. B. Thymian oder Eberraute, können Sie mit der Heckenschere beherzt zurückschneiden. Sie bilden danach wieder kräftige Triebe und behalten eine kompakte Form.

Pflanze 1- bis 2-mal bis Mitte August 2–3 gehäufte Esslöffel reifen Kompost oder Hornspäne als Dünger. Danach stellen sich die Kräuter auf die Winterruhe ein. Keinen frischen tierischen Dünger geben: Die hohe Nährstoffkonzentration schadet den Kräutern.

SO GIBT'S KRÄUTERNACHWUCHS

Im Sommer können Sie viele Kräuter bis Ende August durch Stecklinge vermehren. Oder Sie ernten Samen für die nächste Aussaat.

Stecklinge selber bewurzeln

Schneiden Sie von Lavendel, Salbei, Rosmarin, Bergbohnenkraut, Ysop oder Lorbeer 5 cm lange Triebspitzen mit 3–4 Blattpaaren kurz unterhalb eines Blattes ab. Entfernen Sie dann die untersten Blätter. Den Steckling stecken Sie in ein Töpfchen mit Anzuchterde. Nun drücken Sie die Erde fest und gießen vorsichtig an. Eine durchsichtige Plastikhaube schafft ein gutes Klima für die Wurzelbildung. Stellen Sie den Steckling an einen hellen Platz und halten Sie die Erde leicht feucht. Zeigt sich erstes Wachstum, wird die Tüte entfernt und die Pflanze kann versetzt werden.

Eigene Petersilien-»Nachzucht«

Petersilie bildet im ersten Jahr lediglich Triebe. Sie blüht erst im zweiten Jahr ab Juli. Ernten Sie die Samenstände in ganzen Dolden und trocknen Sie diese anschließend an einem warmen, schattigen Ort. Die sich herauslösenden Samen verwenden Sie für die nächste Saat.

Altes Wissen

Gegen lästige Ameisen im Gemüsebeet empfahl Großmutter einen starken Tee: 2 EL Kräuter, z. B. Thymian, Lavendel, Pfefferminze, Rosmarin oder Majoran, 8 Min. in ¼ l heißem Wasser ziehen lassen. Nach dem Abkühlen ins Beet gießen. Das soll die Tiere in die Flucht schlagen.

Gartenfrisch auf den Tisch:
Hochsaison für Gemüse & Kräuter

Nichts geht über sonnenwarm und am Strauch voll »errötet« gepflückte Tomaten. So hat jedes Kraut und jedes Gemüse seinen eigenen besten Erntetermin. Dennoch: Vieles reift auf einmal heran. Pfiffig verwertet oder gut gelagert, haben Sie in Zukunft auch noch etwas davon!

Stangenbohnen werden nach und nach geerntet, nämlich immer dann, wenn ausreichend Schoten reif sind. So haben Sie lange etwas vom Erntevergnügen.

Als Küchengärtner haben Sie den riesengroßen Vorteil, Kräuter und Gemüse dann zu ernten, wenn sie auf ihrem Höhepunkt sind. Nutzen Sie diese Phase unbedingt aus!

Richtig ernten und lagern

Versuchen Sie, Salat, Gemüse und Kräuter »gartenfrisch« zu ernten. In den frühen Morgenstunden oder am frühen Vormittag sind Blätter und Früchte noch knackig. Bis zur Verarbeitung heben Sie die Ernte im Gemüsefach des Kühlschranks oder im kühlen Keller auf. Für längere Lagerung eignen sich Frühgemüse, wie Kartoffeln und Kohl, nicht gut.
Für Kräuter gilt zudem: Je mehr Sonne und Wärme sie bekommen, umso intensiver ist ihr Duft und desto reicher sind ihre Inhaltsstoffe. Das Maximum liegt in der Regel kurz vor der Blüte. Dann werden Blätter und Triebe geerntet, da sie sehr geschmackvoll, weich und zart sind. Später werden sie härter und herber.

Das ganz große Erntevergnügen

- Den Auftakt des großen Erntereigens im Sommer bestreiten verschiedene Salate, Kohlrabi und Möhren.
- Frühkartoffeln schmecken kurz vor der Vollreife am allerbesten. Wichtig: Bevor das Laub stirbt, wird geerntet.
- Auch den ersten Frühkohl schneiden Sie ab, sobald Ihnen die Größe der Kohlköpfe zusagt.

Gehen Sie bei der Kartoffelernte vorsichtig zu Werke, um die Knollen nicht zu verletzen.

Erntereifer Kohlrabi lässt sich mit einer Gartenschere leicht vom harten, holzigen Strunk befreien.

Warten Sie aber nicht zu lange damit, sonst platzen die Köpfe auf.

- Seit jeher endet die Rhabarberernte traditionell mit dem Johannistag (24. Juni). Danach steigt der Oxalsäuregehalt auf ein ungesundes Maß an.
- Später stehen Erbsen, Bohnen, Gurken, Auberginen und Zuckermais sowie Sommerkürbis zur Ernte an.
- Dann sind Zucchini, Rondini und Patissons an der Reihe. Je kleiner Sie die Gemüse ernten, desto feiner schmecken sie.

Tomaten in Hülle und Fülle

Ab Anfang Juli sind meist die frühesten Tomaten reif. Dazu zählen Cherry- oder Cocktailtomaten. Bei Strauch- und Fleischtomaten, die größere Früchte bilden, müssen Sie sich naturgemäß bis zur Vollreife noch ein wenig länger gedulden.

- Im Kühlschrank verlieren Tomaten viel Aroma. Sie lagern besser im Dunklen bei 14–16 °C.
- Tomaten sollten Sie nicht mit anderem Obst oder Gemüse lagern, da dieses sonst schneller reift und anschließend verdirbt.
- Im Ganzen oder zu Mus püriert, lassen sich Tomaten auch sehr gut als leckere Soßengrundlage einfrieren.
- Als würzige Zutat für Pastasoßen dient eingedickter Tomatensugo. Dafür die gewaschenen und abgetrockneten reifen Früchte einfach halbieren. Geben Sie diese in einen Kochtopf. Unter ständigem Rühren um circa ein Drittel des Saftes reduzieren. 25 Minuten bei 80 °C eingekocht und in Schraubdeckel- oder Weckgläser gefüllt oder tief gefroren, hält sich der Sugo 6–10 Monate.

Scharfe Knollen trocken lagern

Zwiebeln und Knoblauch zeigen, wann sie erntereif sind: Ihr Laub, die sogenannten Schlotten, welken. Lockern Sie den Boden mit einer Grabegabel auf und ernten die Zwiebeln und Knoblauchknollen mitsamt Laub. Locker in Holzkisten gelegt oder zu Zöpfen geflochten, werden sie 4–6 Wochen lang an einem warmen, regengeschützten Ort getrocknet. Dann können sie dunkel und trocken bei etwa 0–1 °C eingelagert und meist mehrere Monate aufbewahrt werden.

DIE GROSSE AROMAVIELFALT

Ob einst oder jetzt: Ohne Kräuter geht in der Küche (fast) gar nichts. Und oft genug beschenken sie den Gärtner mit einer so reichen Ernte, dass richtig viel fürs Haltbarmachen übrig bleibt. So schwelgen Sie in den kräuterarmen Zeiten trotzdem im Aroma.

Für eine nachhaltige Ernte

Wählen Sie zur Ernte einen warmen, trockenen Tag. Schneiden Sie Blätter und Triebe mit einem Küchenmesser oder einer Haushaltsschere ab oder zupfen oder knipsen sie von Hand ab.

- Schnittlauch, Pfefferminze und Zitronenmelisse schneiden Sie am besten 2–3 cm über dem Boden ab, dann treiben sie besonders kräftig wieder aus.
- Lassen Sie bei Petersilie das »Pflanzenherz« in der Mitte möglichst stehen. Daraus entwickeln sich frische Blätter.
- Ernten Sie Basilikum stängelweise, bis auf die untersten Blattpaare. Aus deren Blattachseln treibt die Pflanze wieder neu aus.

Zauberhafte Blüten-Küche

Das sollten Sie probieren: Die Blüten der meisten Kräuter sind essbar. Viele haben ein süßliches, feines Aroma, andere schmecken mild-würzig, ähnlich wie das dazugehörige Kraut. Daher passen die Blüten von Salbei, Lavendel, Thymian, Oregano, Basilikum, Dill oder Schnittlauch zu Gerichten, die Sie auch mit den Blättern der Pflanzen würzen würden. Essbare Dekorationen für Salate und Desserts in auffälligen Farben liefern Ringelblume, Kapuzinerkresse, Goldmelisse und Borretsch. Wachsen in Ihrem Ziergarten Polsternelken, ist der aromatische »Nelkenzucker« zu empfehlen: Schichten Sie möglichst saubere Blüten, die Sie in diesem Fall nicht waschen, abwechselnd mit feinem Haushaltszucker in ein Schraubglas. Der Zucker bildet die oberste Lage. 3–5 Wochen durchziehen lassen, Blüten absieben oder drinlassen. Eine feine Würze für Desserts! Versuchen Sie eine Variante mit Lavendelblüten.

Tipps zum Lagern und Haltbarmachen

Alle Blätter, Triebe und Blüten werden, bevor Sie sie in der Küche verarbeiten, mehrmals gründlich unter fließendem Wasser gewaschen und in der Salatschleuder trocken geschleudert.

- In ein feuchtes Tuch eingewickelt und in eine Plastiktüte verpackt, halten sich frische Kräuter 3–5 Tage im Kühlschrank.
- Im Ganzen oder klein gehackt in Gefrierbeuteln oder mit etwas Wasser in Eiswürfelbehälter gefüllt, lassen sie sich auch problemlos einfrieren. Insbesondere Petersilie, Dill, Basilikum, Estragon und Schnittlauch sind dafür geeignet.
- Vermengen Sie klein geschnittene Kräuter und Blüten mit weicher Butter, salzen nach Belieben und lassen alles ½–1 Tag im Kühlschrank zie-

Die blauen Blüten des Borretschs, in Eiswürfelbehältern mit ein wenig Wasser eingefroren, verschönern jede Sommerbowle.

Sie können Kräuter auch trocknen, indem Sie jeweils 3–5 Zweige zu lockeren Büscheln binden und sie an einem hellen und luftigen Ort aufhängen.

hen – fertig ist aromatische Kräuterbutter!

- Auch Pesto können Sie aus nahezu allen Kräutern oder einer Mischung mehrerer Arten herstellen (→ Seite 29). In Schraubgläsern im Kühlschrank hält sich Pesto mindestens 3–4 Monate, wenn die Oberfläche im Glas immer gut mit Öl bedeckt bleibt.
- Für ein aromatisches Würzöl eignen sich Salbei, Thymian, Oregano, Liebstöckel, Basilikum oder Ysop. Lassen Sie die Kräuter einzeln oder in Kombination 3–5 Wochen lang in Oliven- oder Sonnenblumenöl ziehen. Anschließend die Kräuter absieben oder nach Wunsch auch im Öl lassen und in dunkle Flaschen füllen. Haltbarkeit etwa 6–8 Monate.
- Die gleiche Zubereitung und Haltbarkeit gilt für Estragonessig aus Estragon und Weinessig. Feine Varianten: Basilikum-Knoblauch- oder Thymian-Estragon-Essig, dem 3–5 Knoblauchzehen pro Liter beigefügt werden. Dill, Rosmarin, Salbei, Zitronenmelisse, Minzearten, Schnittlauch- und Borretschblüten eignen sich auch für Würzessig.

Ganz klassisch: Kräuter trocknen

Basilikum und Petersilie verlieren beim Trocknen relativ viel Aroma. Frieren Sie diese besser ein oder konservieren Sie sie in Öl (→ oben). Die meisten anderen Tee- oder Küchenkräuter behalten ihre Würzkraft, wenn man sie sorgsam und schonend trocknet. Verzichten Sie in diesem Fall auf das Waschen! Breiten Sie Triebe, Blätter oder Blüten an einem luftigen, warmen, schattigen Ort aus. Früher diente dafür ein warmer, dunkler Dachboden. Nach 4–6 Tagen sind die Pflanzenteile meist ausreichend getrocknet und werden luftdicht in dunkle Gläser oder Dosen verpackt. Zum Trocknen aufgehängte ganze Kräuterbüschel brauchen etwa 3 Wochen. Alternativ lassen sich Kräuter in 3–6 Stunden auf niedrigster Stufe im Backofen trocknen. Klemmen Sie einen Kochlöffel in die Backofentür, dann kann die überschüssige Feuchtigkeit entweichen.

BEEREN & FRÜHÄPFEL

Welch eine Freude, im Sommer zwischen Obstbäumen und Beerensträuchern oder am Erdbeerbeet entlang durch den Garten zu schlendern! Hier eine Handvoll Beeren im Vorbeigehen naschen, dort eine süße Frucht abpflücken – das sind paradiesische Gartenfreuden! Zu Sommerbeginn machen die Erdbeeren den Anfang und liefern zahlreiche süße Früchte zum Naschen. Haben Sie sich an den roten Vitaminspendern ausgiebig gestärkt? Dann können Sie gleich zur Gartenarbeit übergehen: An die Erntesaison der Erdbeeren schließt sich deren Pflanz- und Vermehrungszeit an (→ Seite 64/65). Oder brauchen Sie noch ein paar Beerensträucher mehr in Ihrem Garten? Im Sommer gelingt es leicht, sie über Absenker zu vermehren (→ Seite 65). Auch der Sommerschnitt der Obstgehölze steht nach der Ernte auf dem Programm (→ Seite 65).

Neben Erdbeeren liefern die Sträucher von Johannis-, Stachel-, Himbeeren & Co. den ganzen Sommer über Früchte satt (→ Seite 66/67), insbesondere wenn Sie verschiedene Sorten mit unterschiedlichen Reifezeiten gepflanzt haben. Die schmecken – ganz bestimmt nicht nur Kindern – gerade vom Strauch gepflückt am besten. Was übrig bleibt, kommt dann in den Kuchen oder wird in Marmelade, Gelee und Sirup oder auch Saft verwandelt.

Nach den Beerensträuchern sind die Obstbäume an der Reihe. Deren Erntezeit beginnt mit Süß- und Sauerkirschen, nach und nach reifen Zwetschgen und Pflaumen, frühe Apfel- und Birnensorten und schließlich Holunder und Felsenbirne heran.

In diesen Monaten gilt es, einmal in Großmutters alten Rezeptsammlungen zu blättern. Schließlich waren sie und ihre Familie früher darauf angewiesen, den aktuellen Überfluss haltbar zu machen. Der Winter hatte einst nun einmal nicht sonderlich viel an vitaminreichem Obst zu bieten, von einigen Lagersorten bei Äpfeln und Birnen abgesehen.

Heute pflegen, morgen ernten: Sommerprogramm für Obstgewächse

Denken Sie jetzt schon ans nächste Jahr! Erdbeerpflanzen, Obstbäume und -sträucher wollen in diesen Wochen ein wenig gehätschelt werden, damit sie ausreichend Kraft für den Ansatz neuer Blüten haben. Diese Aufmerksamkeit belohnen sie mit reichlicher Ernte im kommenden Jahr.

Mit einer Schere schneiden Sie die Ausläufer der Erdbeermutterpflanze ab, da sie ihr ansonsten zu viel Kraft entziehen.

Obstpflanzen sind langlebig. Um deren Fruchtbarkeit zu fördern und zu erhalten, bereitet man sie schon jetzt auf die nächste Saison vor. Das gilt sogar für Erdbeeren, obwohl sie eigentlich keine Gehölze sind.

HEISS GELIEBTE ERDBEEREN

Kaum sind alle süßen Erdbeerfrüchte gepflückt, ist es an der Zeit, die Ernte für das kommende Jahr zu sichern. Das gelingt durch Düngen und Nachpflanzen.

Jetzt schon für mehr Früchte sorgen

Erdbeeren (→ Porträts Seite 268/269) setzen im September/Oktober die Blüten für das Folgejahr an. Dafür brauchen die Pflanzen Kraft. Geben Sie ihnen also Ende Juli/Anfang August eine Gabe Kompost oder organischen Spezial-Volldünger. Schneiden Sie zudem gegen Ende August die alten Blätter ca. 10 cm über dem Boden ab.

Altes Wissen

Schon früher trank man gerne Bohnenkaffee – und nutzte den Satz gleich als Dünger. Er senkt den pH-Wert, d. h. den Säuregrad, des Bodens. Als Moorbeetpflanzen schätzen Heidelbeeren saure Böden. Legen Sie Ihren Sträuchern also zuweilen etwas Kaffeesatz zu »Füßen«.

Für Neupflanzungen gilt Juli bis Anfang August als idealer Termin. Zu spät gepflanzt, setzen Erdbeeren weniger Blüten an! Markieren Sie die Pflanzreihen mit einer Schnur, an der entlang Sie die Erdbeerpflanzen einsetzen. Die Pflanzlöcher sollten genug Platz für die Wurzeln bieten. Achten Sie beim Einsetzen darauf, dass die »Herzknospe« knapp über der Erde sitzt. Reichlich gießen und einige Tage mit Schattiermatte oder Holzobstkistchen schattieren.

Stolz auf den eigenen Erdbeernachwuchs

Im Juni/Juli bilden Erdbeerpflanzen an Seitentrieben, den sogenannten Ausläufern, Tochterpflänzchen. Sobald diese ausreichend Wurzeln haben, »nabeln« Sie sie von der Hauptpflanze ab und setzen sie in ein frisches Beet. Oder Sie lassen die jungen Pflänzchen in mit Erde gefüllten Töpfen wurzeln, die Sie um die Mutterpflanze aufstellen. Darin bilden sich Wurzelballen, die das Umpflanzen im Juli/August vereinfachen. Wer keine Jungpflanzen braucht, entfernt die Ausläufer trotzdem: Sie kosten die Mutterpflanze unnötig Kraft.

OBSTGEHÖLZE BEI LAUNE HALTEN

Auch wenn der Winter allgemein als bester Termin für den Baumschnitt gilt: Die Gartenschere ist nun ebenfalls ein wichtiges Pflegegerät. Unter anderem werden jetzt »Wasserschosse« an starkwüchsigen Apfelbäumen entfernt (→ Seite 33).

Beerensträucher: Ernten, schneiden – fertig!

Beerenobst schneiden Sie gleich bei oder kurz nach der Ernte zurück, um die Fruchtbarkeit zu fördern.

- An Johannis-, Josta- und Stachelbeersträuchern entfernen Sie bis auf 8–10 Haupttriebe bodennah alle mindestens 3-jährigen Triebe. Sie erkennen die älteren Triebe an der dunkleren Rinde.
- Schneiden Sie Himbeerruten gleich bei der Ernte kurz über dem Boden ohne Stummel zurück. Ausnahme sind herbsttragende Sorten: Ihr bodenebener Schnitt erfolgt im Spätherbst (Oktober/November) oder zeitigen Frühling (März).
- Auch an den Brombeeren entfernen Sie so viele abgeerntete Triebe, dass 4–5 Neutriebe pro Pflanze stehen bleiben. Sind diese zu lang, können Sie sie ruhig auf etwa 2 m einkürzen.

Beerenobst vermehren ist ganz leicht

Johannis-, Stachel- und Jostabeeren vermehren Sie durch Absenker: Biegen Sie einen Trieb bis zum Boden, fixieren Sie ihn mit einer Drahtklammer und häufeln Sie Erde über diese Stelle. Im nächsten Frühling hat die Pflanze Wurzeln gebildet und Sie können den Trieb abschneiden und neu einsetzen.

Sommerpflege für Obstbäume

Bei zu groß gewordenen Kronen von Kirsch-, Walnuss- oder Apfelbäumen schneiden Sie im August zu dicht stehende Äste heraus. Bei Kirschbäumen dürfen ausnahmsweise kurze Aststummel stehen bleiben: Das wirkt Gummifluss, dem an der Schnittstelle austretenden Saft, entgegen. Fallobst einsammeln und im Biomüll entsorgen. Unreife Früchte sind von Schädlingen, wie Apfelwicklerlarven, befallen. So beugen Sie deren Ausbreitung vor.

Schneiden Sie die alten Himbeerruten (braun) der sommertragenden Sorten bodennah zurück.

Paradiesische Zeiten für Naschkatzen: Beeren & Früchte in Hülle & Fülle

Erst bücken, dann strecken: Erst sind die Erdbeeren erntereif, dann locken die Beerensträucher und schließlich die Obstbäume mit ihrer süßen Last. Jetzt zahlt sich aus, dass Sie verschiedene Obstarten sowie früh-, mittel- und spätreifende Sorten kombiniert haben!

Einfach nur abzupfen: Bei der Himbeerernte stören keine lästigen Stacheln!

Nun heißt es zugreifen: Von Ende Juni bis August kommen Obstfreunde auf ihre Kosten. Nie ist das Angebot unserer Vitaminlieferanten vielfältiger und größer als jetzt. Da bleibt ganz sicher etwas für später übrig!

AUF ZUM FRÖHLICHEN ZUPFEN!

Während des ganzen Sommers reift alles heran, was Beerenliebhaber glücklich macht. Den Anfang machen Erdbeeren, gefolgt von verschiedenem Strauchobst.

Erdbeeren frisch oder verarbeitet genießen

Pflücken Sie die druckempfindlichen Früchte am besten morgens. Wenn Sie sie mit kurzem Stiel, auf jeden Fall mit dem »Blattkranz« an der Frucht ernten, halten sie sich im Kühlschrank einige Tage. Frische Beeren eignen sich für Obstsalat, als Naschobst, Tortenbelag oder für Erdbeerbowle. In der Vorratskammer erfreuen sie später als Marmelade, Gelee, Kompott, Likör oder Rumtopfbeigabe. »Schockfrosten« ist besonders schonend. Dafür breiten Sie gewaschene und abgetupfte Früchte auf einem Tablett aus und frieren sie schnell ein. Dann in einen Gefrierbeutel umfüllen. So gibt's beim Auftauen ganze Früchte und keinen »Matsch«!

An die Sträucher, fertig, los!

Von Ende Juni bis etwa Mitte August reifen nach und nach die Beeren der verschiedenen Sträucher.

Für leckeren Walnusslikör werden die noch grünen Nüsse verwendet. Das Rezept dazu finden Sie auf Seite 69.

- Ernten Sie Johannisbeeren nach Möglichkeit als ganze »Traube« und streifen die Beeren erst nach dem Waschen mit einer Gabel von den Stielen. Dann verlieren sie weniger Saft.
- Stachel- und Jostabeeren mit einem kurzen Stück Stiel abpflücken. Erst vor Gebrauch waschen und das Stielchen sowie das braune »Büschel« an der Frucht entfernen. Grün geerntete Stachelbeeren reifen an einem kühlen Ort ausgebreitet nach.
- Heidelbeeren reifen oft ungleichmäßig. Pflücken Sie unbedingt nur die ganz reifen, dunkelblauen Früchte.
- Himbeeren vorsichtig so abpflücken, dass die Beeren sich von dem Zapfen in der Mitte ablösen.

Allerlei Leckeres aus dem Beerengarten

Alle Beeren halten sich im Kühlschrank einige Tage, lassen sich gut einfrieren oder zu Gelee, Marmelade, Likör oder Rumtopf verarbeiten. Wenn viel Verschiedenes reift, passt Rote Grütze auf dem Plan. Kochen Sie 1 kg gewaschene, entstielte Früchte mit ½ l Wasser auf. Den abgekühlten Saft abgießen und mit Wasser auf 1 l auffüllen. Davon ½ Tasse abnehmen, den Rest mit 250 g Zucker aufkochen. 60 g Speisestärke mit dem zurückbehaltenen Saft kalt anrühren, mit den Früchten unter den heißen Saft rühren und anschließend kalt stellen.

Von Hand gepflückte Äpfel halten länger als Fallobst. Wenn möglich, beernten Sie die Bäume in mehreren Etappen: Die Früchte reifen nicht gleichzeitig. Umso besser, dann hält das Vergnügen daran umso länger!

BAUMSCHMUCK ZUM ANBEISSEN

Es ist fast wie im Schlaraffenland: Äpfel, Birnen, Kirschen, Pflaumen, Nüsse scheinen uns von den Bäumen in den Mund zu wachsen. Sie müssen ihnen auf der Leiter nur etwas entgegenkommen.

Jetzt ist richtig gut Kirschen essen ...

Pünktlich zum Sommerbeginn laden die Kirschbäume zum Pflücken ein. Die Erntezeit erstreckt sich über »sieben Kirschenwochen«, je nach Sorte, Region und Witterung von Anfang Juni bis Mitte August. Kirschen schmecken vollreif am leckersten: Sobald sie süß und saftig sind, beginnt die Ernte. Den Stiel erst nach dem Waschen abzupfen, um das Aroma nicht auszuwaschen. Sauerkirschen zum Sofortverzehr oder zur baldigen Verarbeitung dürfen Sie ohne Stiel pflücken. Im Kühlschrank halten die Früchte 2–3 Tage. Sie bieten sich für Marmelade, Konfitüre, Gelee, Rote Grütze, Kompott, Kuchenbelag, Saft (Dampfentsafter), Likör oder Rumtopf an. Kirschen lassen sich leichter entsteinen, wenn sie vorher einige Minuten im Tiefkühlfach waren.

Von Pflaume bis Zwetschge

Ab Juli reifen die Frühsorten von Pflaumen, Zwetschgen, Mirabellen und Renekloden (→ Seite 280–283, Porträts). Den optimalen Erntezeitpunkt erkennen Sie bei Zwetschgen daran, dass sie am Stielansatz etwas schrumpfen. Bei Pflaumen warten Sie bis 2 Wochen nach der Blaufärbung. Möchten Sie die Früchte gleich essen oder verarbeiten, pflücken Sie sie ohne Stiel oder schütteln sie sogar vom Baum.

Die Frühsorten sind meist sehr saftig und wegen des hohen Zuckergehalts nicht lange haltbar: im Kühlschrank etwa 1 Woche. Gut steinlösende Sorten bieten sich für Marmelade, Kompott, Mus, Rumtopf und Kuchenbelag an.

Start in die Apfel- und Birnensaison

Ab Mitte Juli reifen die frühen Sorten der Äpfel und Birnen (→ Seite 270–273, Porträts). Frühäpfel sind kaum lagerbar, liefern aber knackige, meist säuerlich-saftige Früchte zum Direktverzehr. Süß und schmelzend sind hingegen die Früchte der Sommerbirnen. Auch sie müssen bald verzehrt oder zu Gelee oder Kompott verarbeitet werden. Aus größeren Mengen pressen Sie Saft, nach Obstart getrennt oder gemischt. Viele Obst- und Gartenbauvereine betreiben eine Obstpresse, in der man gegen Entgelt seine Früchte zu Saft verarbeiten und diesen oft auch sterilisieren und abfüllen lassen kann. Kleinere Mengen Saft stellen Sie zu Hause aus sauberen Früchten mit einer elektrischen Saftpresse oder mechanischen Korbpresse her. 1 kg Früchte ergibt ca. ½ l Saft. Roh hält er im Kühlschrank etwa 2 Tage. Im großen Einmachtopf 3–5 Minuten auf 78–80 °C erhitzt und sofort in heiß ausgewaschene Flaschen abgefüllt, hält der Saft 12–18 Monate.

Omas Spezialität: Grüner Walnusslikör

Um Johanni (24. 6.), solange die innere Schale noch nicht verholzt ist, erntet man Walnüsse samt grüner Fruchthülle für einen Likör. Dafür 8–10 Nüsse mit 1 l Obstler, 250 g Kandiszucker, 1 Vanille- und 3 Zimtstangen in eine weithalsige Flasche füllen; 2–4 Wochen ziehen lassen (→ Bild, Seite 67). Nüsse abfiltern – fertig!

Wiederentdeckt: »Wilde« Früchte

Im August reifen die Schwarzen Holunderbeeren. Roh lieber nicht essen: Sie können Verdauungsbeschwerden verursachen. Beim Kochen wird das dafür verantwortliche Sambunigrin zerstört. Der erwärmte Saft aus den Vitamin-C-reichen Früchten war früher ein bewährtes Hausmittel gegen Erkältungskrankheiten. Waschen Sie ganze Dolden gründlich unter fließendem Wasser und streifen Sie mit einer Gabel die einzelnen Beeren ab. Für einen gehaltvollen »Erkältungssaft« werden die Beeren im Dampfentsafter entsaftet, der Saft heiß in Flaschen abgefüllt und im Winter nach Belieben mit Honig, etwas Apfelsaft und vielleicht einem Schuss Rum gesüßt und erwärmt getrunken. Schon etwa Ende Juli färben sich die Beeren der Felsenbirne dunkelblau und entwickeln ihr fein süß säuerliches Aroma. Genießen Sie sie roh, als Marmelade oder Kuchenbelag.

SOMMERLICHE GAUMENFREUDEN

Sommer, Sonne … Jetzt ist genau die richtige Zeit für leichte Kost, sprich: für knackige Salate, kalte Suppen und köstliche Desserts – erfrischend und fruchtig zugleich! Einfach genießen!

Kräutersalat

Für 4 Personen (20 Min.): 200 g verschiedene Blattsalate | 150 g Rukola | 1–2 Handvoll gemischte Kräuter, z. B. Kerbel, Dill, Estragon, Thymian, Salbei, Schnittlauch, Oregano, Ysop, Basilikum, Zitronenmelisse, Minze | Blüten von Ringelblume, Schnittlauch, Basilikum, Salbei u. a. | 120 ml Olivenöl | 2 EL Balsamico | Saft von ½ Zitrone | Salz, Pfeffer

1 Blattsalate putzen, Kräuter verlesen, waschen, in der Salatschleuder trocken schleudern.

2 Kräuter klein schneiden, Salate in mundgerechte Stücke rupfen, alles vermischen.

3 Aus Öl, Essig, Zitronensaft und den Gewürzen ein Dressing bereiten. Über den Salat geben. Mit verlesenen, gewaschenen Blüten garnieren.

Zimt-Pfirsiche

Für 4 Personen (40 Min.): 8 große Pfirsiche | 1 l Apfelsaft | 12 EL Honig | 4 Zimtstangen

1 Die Pfirsiche waschen, mit heißem Wasser übergießen und die Schale abziehen. Kleine Früchte lassen Sie ganz, große werden entsteint und in gefällige Stücke geschnitten.

2 Den Apfelsaft mit Honig und Zimtstangen aufkochen. Dann die Pfirsiche hinzugeben und das Ganze 12–15 Min. köcheln lassen.

3 Vom Herd nehmen, heiß in Schraubgläser füllen und verschließen. Die Früchte müssen dabei vollständig mit Flüssigkeit bedeckt werden. Zimt-Pfirsiche halten sich etwa 3–6 Monate.

Gazpacho

Für 4 Personen (45 Min.): 1,5 kg Tomaten | 1 große Salatgurke | je 1 grüne und rote Paprika, entkernt | 1 kleine Chili, entkernt | 1 Zwiebel | 2 Zehen Knoblauch | 1 eingeweichte Semmel | 250 ml kalte Gemüsebrühe | Olivenöl, Balsamico | Salz, Pfeffer, Kümmel, Zucker | Weißbrot- und Fetawürfel

1 Tomaten kurz in heißes Wasser geben, Haut abziehen. Die Gemüse waschen. Zwiebel und Knoblauch schälen, klein schneiden. Alles im Mixer pürieren. Mit Semmel und Gemüsebrühe nochmals fein pürieren.

2 Mit je einem Schuss Essig und Öl sowie Salz, Pfeffer, Kümmel und Zucker abschmecken. Mindestens 30 Min. kalt stellen, mit Weißbrot- und Fetawürfeln servieren.

Erdbeereis

Für 4 Personen (30 Min. + 3 Std. Kühlzeit): 250 g Erdbeeren | 250 g Quark | 200 g Sahne | 100 g Zucker

1 Quark, Sahne und Zucker mit dem Handrührgerät zu einer cremigen Masse verrühren. Die Hälfte beiseitestellen.

2 Erdbeeren waschen, entstielen. ¼ der Früchte aufheben. Den Rest mit dem Mixstab pürieren. 1 Tasse Erdbeermus zurückbehalten, den Rest mit einer Hälfte der Quarkmasse vermischen.

3 Restliche Erdbeeren klein schneiden. Zur anderen Hälfte der Quarkmasse geben.

4 Quarkmasse und Mus schichtweise in Eisförmchen füllen; 3 Std. tiefkühlen.

HERBST

Im Herbst liegt das Hauptaugenmerk ganz auf der Ernte. Es wird eingelagert, aber auch noch gesät und gepflanzt – dank Gewächshaus und Frühbeet.

GÄRTNERN MIT DER NATUR BRAUCHTUM IM HERBST

Laub und Früchte fallen, die Tage werden kürzer – es wird Herbst. Das Getreide ist abgeerntet und das letzte Gras ist geschnitten. Schon von alters her wurden nun an den Tagen der Herbst-Tag-und-Nacht-Gleiche Erntefeste gefeiert.

VOM SOMMER ZUM HERBST

Den Übergang vom Sommer zum Herbst zeigen die Früchte des Schwarzen Holunders an. Wer im Frühsommer nicht alle Blüten zu Sirup, Sekt oder Holunderküchle verarbeitet hat, kann zum Sommerende und Herbstbeginn noch einmal kräftig ernten. Die Zweige der Kornelkirsche, eines weiteren heimischen Wildgehölzes, neigen sich ebenfalls unter der Last der Früchte. Die kirschroten, ovalen Beeren schmecken fein süßsauer. Nicht nur für den sofortigen Genuss, sondern auch zum Lagern geeignet sind Haselnüsse. Sie enthalten viele pflanzliche Fette und Öle, weshalb sie früher der Landbevölkerung in mageren Zeiten als Wintervorrat dienten. Wildfrüchte, Nüsse, aber auch Gartenobst wird ebenfalls von zahlreichen Tieren verzehrt oder »gehamstert«, wenn es darum geht, sich eine winterliche Speckschicht oder Vorräte zuzulegen.

VOM BAUM DIREKT INS GLAS

Im Frühherbst reifen späte Zwetschgen- und Birnensorten für Birnenkompott, Zwetschgenmus und andere Köstlichkeiten. Wohl dem, der genug Weck- und Marmeladengläser hat! Im Gemüsegarten und auf den Feldern bricht die Zeit der Kartoffellese an. Früher entfachte man »Kartoffelfeuer«, um das abgestorbene Laub der Pflanzen zu entsorgen. Futterrüben werden geerntet, Raps fürs nächste Jahr gesät, Pilze gesammelt. Sind Lager und Keller gefüllt, ist es Vollherbst.

FARBENPRACHT IM ALTWEIBERSOMMER

Herbst-Astern und Dahlien erglühen in leuchtenden Farben. Dazwischen lassen sich junge Baldachinspinnen an zarten Gespinstfäden in der Herbstsonne treiben. Sie haben der herbstlichen Übergangszeit auch zu ihrem Namen verholfen:

»Sitzen die Birnen fest am Stiel, bringt der Winter Kälte viel.«

Bauernregel

Altweibersommer. Im Volksglauben sah man in den zum Jahresende gealterten Schicksalsgöttinnen, den Nornen oder Parzen, die Verursacherinnen der glitzernden Fäden. Die Nornen weben oder »weiben« (altdeutsch) an den Schicksalsfäden der Menschen.

»VIELE EICHELN, VIEL HOLZ ...«

Neben dem Einlagern von Garten- und Feldfrüchten sollte man spätestens jetzt einen Brennholzvorrat anschaffen und trocken aufschichten. Heizte man auf dem Land früher fast ausschließlich mit Holz, betreibt man Holz- oder Kaminöfen heute oft nur für die behagliche Atmosphäre. Um die Größe des nötigen Holzvorrats abzuschätzen, beobachteten unsere Großväter im Herbst die Natur. Kam der Vollherbst mit reichlich Bucheckern und Eicheln daher, welche von Mäusen, Eichhörnchen und anderen Tieren gesammelt wurden, dann prophezeite man einen harten Winter. Dementsprechend legte man den Holzvorrat in größeren Dimensionen an.

Am Haus ist ein reichlicher Holzvorrat für den Kachelofen angelegt – dann kann der Herbst und Winter ruhig kommen!

DER VOLLHERBST KOMMT IN ORANGEROT DAHER

Im Vollherbst färbt sich das Laub und »goldene Oktobertage« bieten sich für farbenprächtige Spaziergänge und Wanderungen an. Was jetzt noch auf Feldern und Beeten steht, ist nun an der Reihe: Kürbis, Sonnenblumen, Mais. Entlang der Äcker stapeln sich geerntete Zuckerrüben in riesigen Haufen. Auf den leeren Feldern werden Wintergerste und Winterroggen ausgesät, andernorts beginnt die Weinlese. In den Obstgärten ist die Apfelernte in vollem Gange, es wird Most angesetzt, Saft gepresst und Apfelmus eingekocht. Die grünen Schalen der Walnüsse öffnen sich und entlassen die hellbraunen Nüsse, die in der Herbstsonne noch schön trocknen, bevor sie für den Winter gelagert werden. Sind Obst und Nüsse unten, verlieren auch die Gartenbäume ihr Laub.

SPÄTHERBST IST LATERNENZEIT

Die immer früher anbrechenden Abende werden nicht erst zu St. Martin (11. November) vom Licht der Laternen und Lampions erhellt. Derweil fegen spätherbstliche Stürme die Blätter der Wildgehölze hinweg, zuletzt die der Stieleiche. Auf dem Acker zieht der Bauer die »Winterfurche«, um die schwere Erde vom Frost auflockern zu lassen. Der Herbst ist endgültig vorbei.

ERNTEDANKFEST

Mittlerweile findet das Erntedankfest in Deutschland am ersten Sonntag im Oktober statt. Kirchen und Festplätze werden mit Erntekronen und -kränzen geschmückt. Analog findet im jüdischen Kulturkreis zum Dank für die Ernte und zur Erinnerung an die Flucht aus Ägypten das Laubhüttenfest statt. Neben der Danksagung für die Gaben aus Garten und Feld wird vielerorts mit Festessen und Tanz gefeiert. In Schottland pflegt man noch immer die Tradition des »Hotchpotch«, einer Erntesuppe aus frischem Fleisch und bestem Gartengemüse. Früher band man auf dem Feld aus den letzten Getreidegarben eine »Erntepuppe«, die als »Opfergabe« stehen blieb.

VON DRACHEN & MARTINSGÄNSEN

Reißen die Herbstwinde Ende September die ersten Blätter von den Bäumen, ist es Zeit, bunte Drachen steigen zu lassen. In vielen Orten wird dann auch »Michaeli« gefeiert. Am Tag des heiligen Michael, des »Seelenwägers« und »Drachtöters«, veranstalteten die Kinder früher Wettbewerbe im Drachensteigen. Im Oktober freuen sich Kinder aufs Kürbisschnitzen: Am 31. Oktober, dem Vorabend zu Allerheiligen, wird heutzutage auch bei uns das aus USA stammende »Halloween« gefeiert. Ursprung ist vermutlich »Samhain«, ein keltisches Neujahrsfest, dessen Bräuche irische Einwanderer nach Nordamerika brachten. Die Kürbisfratzen sollten böse Geister fernhalten. Zum Martinstag am 11. November tragen Kinder stolz ihre Laternen, während Erwachsene sich Martinsgans und neuen Wein schmecken lassen.

APFELSCHRUMPFKOPF STATT GRUSELKÜRBIS

Äpfel bereichern mit ihren Vitaminen und Nährstoffen nicht nur unseren Speiseplan. Mit ihnen lässt sich auch vortrefflich »künstlerisch« tätig werden und später dienen sie noch den Vögeln im Garten als leckerer Snack! Denn was vom herbstlichen Kürbisschnitzen schon bekannt ist, ist auch mit Äpfeln möglich: Viel leichter und schneller und mit geringerem Verletzungsrisiko können schaurige Gruselgesichter hergestellt werden, die dann winterliche Blumenkästen, Töpfe oder Kübel bevölkern. Sie brauchen Folgendes: Apfel, Sparschäler, Teelöffel, Holzspieß (ca. 15 cm lang), Kürbiskerne, Rosinen, Reiskörner, Grashalme, Hagebutten, Ahornsamen.

Halloween mal anders: schaurig schöne Apfelschrumpfköpfe statt ausgehöhlte Kürbisköpfe.

Und so wird's gemacht:

- Zunächst den gewaschenen Apfel mit einem Sparschäler schälen. Die Schale darf gleich verzehrt werden. Sie enthält viele Vitamine.
- Dann vorsichtig mit einem Teelöffel ein Gesicht mit Augenhöhlen und Mund in den Apfel schnitzen. Das Fruchtfleisch darf gegessen werden.
- Den Apfelkopf auf den Holzspieß stecken. Als Spieß kann auch ein dünnerer Ast dienen.
- Kürbiskerne, Rosinen, Reiskörner eignen sich prima für Augen und Zähne, Grashalme für struppige Haare, Ahornsamen für abstehende Ohren und Hagebutten mit Stiel verwandeln sich in eine lustige Nase!

*»Wenn rau und dick der Hasen Fell,
dann sorg für Holz und Kohle schnell.«*

Bauernregel

ERNTESPASS OHNE ENDE!

Im Herbst liegt das Hauptaugenmerk eindeutig auf der Ernte. Auf den Beeten und im Gewächshaus reifen noch die letzten Sommergemüse, Kräuter und Salate heran, ebenso wie Herbstgemüse zum Einlagern.

Dennoch: Säen und Pflanzen ist weiterhin möglich. Im Freien (→ Seite 80/81) säen Sie Feldsalat und andere »Schnellwachser« oder auch den gesunden Bärlauch. Rhabarber wird im Herbst verpflanzt, damit Sie im Frühling wieder zahlreiche der sauren Blattstiele ernten können. Gewächshaus und Frühbeet kommen wieder verstärkt zum Einsatz (→ Seite 82/83). Dort können kältetolerante Salate und Gemüse noch gesät oder gepflanzt werden.

Auch andere Vorsorge für die kalten Monate ist zu treffen. Decken Sie Kulturen, die über den Winter auf den Beeten bleiben, mit Vlies oder Reisig ab (→ Seite 84/85). Dann sind sowohl die Pflanzen geschützt als auch eine bequeme Ernte im Winter möglich. Auf unbepflanzten Beeten säen Sie schnell noch eine Gründüngung aus, die dem Boden guttut. Einen ähnlichen Zweck erfüllen auch Lockern, Umgraben, Mulchen oder Kompostausbringen. Und wenn im Garten draußen alles gut auf den Winter vorbereitet ist, ziehen schließlich noch die mediterranen Kräuter wie z. B. Lorbeer oder Rosmarin in ihr Winterquartier ins Haus.

Achten Sie vor allem bei Gemüse, das länger gelagert werden soll, auf den richtigen Erntezeitpunkt. Dann ist Ihre »Beute« auch wirklich aromatisch und gut haltbar. Dabei spielen auch Luftfeuchtigkeit und Temperatur des Lagerraumes eine wichtige Rolle. Haben Sie vielleicht noch einen altbewährten »Kartoffelkeller«? Oder gar keinen geeigneten Platz im Haus? Wie wäre es dann mit einer Erdmiete im Garten? Als Alternativlösung kommt auch ein im Winter frostsicher abgedeckter Frühbeetkasten infrage. Auf jeden Fall stehen Ihnen verschiedene Möglichkeiten offen, selbst geerntetes Gemüse für den Winter einzulagern (→ Seite 86–89).

Endspurt im Beet:
Letzte Saaten & Pflanzungen

Hätten Sie gedacht, dass es im Herbst noch etwas zu säen und zu pflanzen gibt? Noch können Sie Kräuter und Gemüse säen. Andere kommen als Jungpflanzen in die Erde, oder sie werden gesteckt wie Zwiebeln und Knoblauch. Für Rhabarber ist nun die beste Zeit zum Verpflanzen.

Aus jeder im Herbst gesetzten Zehe der Knoblauchknolle entsteht bis zum Frühjahr eine neue Pflanze.

Wenn die Temperaturen langsam sinken, wachsen die Pflanzen nicht mehr so rasant wie im Frühling und Sommer. Aber sie wachsen!

VITAMINE AUF LANGE SICHT

Einige jetzt gesäte Kräuter und Gemüse reifen bereits in wenigen Wochen. Von anderen Pflanzen können Sie sogar während der kalten Jahreszeit zehren. Weiterhin beginnt nun eine gute Pflanzzeit für Arten, die Ihnen im kommenden Jahr die Ernte sichern.

Herbstliche Vitaminspender

Anfang September gesäte Gartenkresse, Pflücksalat 'Lollo Rosso', Kerbel, Bataviasalat 'Bionda', Rukola 'Ruca', Spinat 'Emilia', Feldsalat 'Verte de Cambrai' und Radieschen 'Knacker' sind schnell erntereif. Sie sollten ausreichend gießen und, vor allem bei Salaten, regelmäßig den Boden lockern: Dann wachsen sie schneller. Endivie der Sorten 'Grüner Escariol' oder 'Golda' pflanzen Sie bis Mitte September.
Sogar Kopfsalat lässt sich bis Ende September setzen. Es macht nichts, wenn er keine Köpfe mehr bildet – ernten Sie die einzelnen Blätter wie bei Schnittsalat!

Frisches Grün für den Winter

Für den Winterbedarf wird Feldsalat 'Dunkelgrüner Vollherziger' von Anfang Oktober bis Mitte November gesät, Winterspinat, z. B.

'Matador' oder 'Medania', letztmalig im Oktober. Diese Pflanzen sind völlig winterhart, ebenso Winterportulak, der im September/Oktober gesät wird. Zur Keimung benötigt er eine Bodentemperatur unter 12 °C.
Bis in den Oktober pflanzen Sie noch Winterwirsing wie 'Advent' oder 'Winterfürst'. Halten Sie den Boden gleichmäßig feucht und schützen Sie die Winterkulturen vor Frost mit einer Reisig- oder Vliesabdeckung.

Vorsorge treffen fürs nächste Jahr

Mehrjährige Kräuter, wie Salbei, Thymian, Minze, Oregano, Ysop und Melisse, pflanzen Sie im September/Oktober.
Für frühe Zwiebelernten setzen Sie im September Ihre Steckzwiebeln reihenweise im Abstand von 5–6 cm. Die Zwiebelchen wurzeln im Herbst an und überstehen den Winter problemlos.
Das Gleiche gilt für Knoblauch, dessen Zehen im September und Oktober (oder im zeitigen Frühling) in die Erde kommen. Beide sind dann etwa 4 Wochen früher erntereif als im Frühling gesteckte, etwa im Mai. In der Küche übrig gebliebene Knoblauchzehen treiben leider oft schlecht oder überhaupt nicht aus. Oder sie sind nicht winterhart, z. B. wenn es sich um südfranzösische Sorten handelt.

»Ewige Zwiebeln« & »bäriger Lauch«

Anfang Oktober gepflanzte Etagen- oder »Ewige Zwiebeln« treiben im Frühling frisches Zwiebelgrün. Sowohl Etagenzwiebeln als auch Knoblauch bilden anstelle von Blüten kleine Brutzwiebeln an der Stängelspitze. Die können Sie im Sommer abnehmen und im Herbst stecken. Der »wilde« Bruder des Knoblauchs, der Bärlauch, ist ein dankbarer Gartengast. Er gedeiht unter Sträuchern und Hecken im Halbschatten. Jetzt gesäter Bärlauch braucht drei Jahre bis zur ersten Ernte. Soll es flotter gehen, müssen Sie im Frühling Jungpflanzen setzen.

Nutzen Sie die Gelegenheit und pflanzen Sie im September noch ein allerletztes Mal in diesem Gartenjahr Salat.

Altes Wissen

Wühlmäuse im Garten vertrieb man früher mit leeren Weinflaschen, die man zwischen den Beeten bis zum Flaschenhals in die Erde eingrub. Streicht der Wind darüber, entsteht ein den Nagern unangenehmes Pfeifen. Auch Katzenhaare im Gang sollen sie vertreiben.

Rhabarber verpflanzen

Rhabarber teilen Sie im September und verpflanzen anschließend die Einzelstücke. Sie brauchen einen Standraum von 1 m^2. Beim Versetzen geben Sie etwa 5 l gut verrotteten Kompost mit ins Pflanzloch. Bei leichtem, durchlässigem Boden dürfen Sie bereits im folgenden Frühling mit kräftigen Stangen rechnen.

Gewächshaus & Frühbeet: Klarmachen für den Schichtwechsel!

Nachdem während der heißen Sommermonate im Gewächshaus typische »Sonnenkinder« wie Tomaten, Gurken, Auberginen unter sich waren, bevölkern im Herbst nun wieder verschiedene Salate und andere Gemüse die mollig warme Residenz unter Glas und Folie.

Winterspinat keimt im Gewächshaus nicht nur zuverlässig, er kann dort später auch bequem geerntet werden.

Manche Kräuter und Gemüse kommen ohne größeren Schutz zurecht. Schneller wachsen sie aber unter Glas und Folie. Dort gedeihen zudem die etwas frostempfindlicheren Arten.

PASSEND FÜR JEDE GARTENGRÖSSE

Ob Sie nun stolzer Besitzer eines Gewächshauses sind oder lediglich Platz für ein Frühbeet haben – beides ermöglicht eine gute Ernte.

Sanfter Übergang im Gewächshaus

Eigentlich scheint das Gewächshaus voll besetzt zu sein: Die letzten Früchte der Tomaten, Paprika und Auberginen brauchen noch etwas Zeit bis zur Reife. Lassen Sie die Pflanzen ruhig stehen: Denn dazwischen gibt es auch noch ausreichend Platz für die Wintergäste.
Zwischen Tomaten, Auberginen und Paprika säen Sie schnell wachsende Kresse, Rukola und Radieschen, z. B. die Sorte 'Cherry Belle'. Sie können sie auch erst in Saatkisten säen und später auf die frei werdenden Gewächshausbeete setzen. Während eine erste herbstliche Kaltfront bei diesen Kulturen im Freien die Keimung verzögern oder stören kann, gedeiht das Gemüse unter Glas

Nachhaltig gärtnern

Hängen an Ihren Tomaten im Gewächshaus noch viele grüne und halbreife Früchte, die so spät im Jahr nicht mehr richtig ausreifen? Pflücken Sie sie ab und legen Sie sie im Haus nebeneinander auf ein helles, warmes Fensterbrett. Licht und Wärme lassen die Früchte nach und nach reifen. Oder stellen Sie eine Kiste mit Äpfeln oder Birnen ins Gewächshaus: Diese verströmen das »Reifegas« Ethylen, das den Tomaten innerhalb einiger Tage zu ihrer roten Farbe verhilft.

unbehelligt. Falls Sie lediglich einen Folien- oder Vliestunnel haben, lässt sich dort im Herbst analog zum Gewächshaus ebenso noch einiges säen und pflanzen.
Haben Tomaten & Co. die Gewächshausfläche endgültig geräumt, können weitere Gemüse Einzug halten. Entfernen Sie alle Reste der abgeernteten Pflanzen und lockern Sie den Boden gut auf. Sollte er durch stark zehrende Gemüsearten ausgelaugt oder mit bodenbürtigen Pilzkrankheiten verseucht sein, tauschen Sie den Boden am besten aus. Dafür ist die erste Septemberhälfte ein sehr guter Zeitpunkt.
Nachdem Sie den Boden gut vorbereitet und vorab durchdringend gewässert haben, säen Sie Feldsalat 'Dunkelgrüner Vollherziger', Spinat 'Matador' und Winterportulak. Letzterer keimt selbst im November und Dezember, wenn es unter 12 °C hat. Ein zusätzliches Vlies auf diesen Kulturen garantiert Ihnen eine winterlange Ernte. Spätestens Anfang September pflanzen Sie Endivie 'Bubikopf' oder 'Diva' und Kohlrabi 'Lanro'; bis Ende des Monats Zuckerhutsalat 'Pluto', Chinakohl 'Bilko', Kopfsalat 'Larissa', 'Britney' oder 'Unico' und Radicchio 'Indigo'. In milden Gegenden ist Radicchio sogar winterhart, jedoch sollten Sie die Pflanzen im Winter auf jeden Fall mit Vlies schützen. Weitere Aussaaten von Radieschen 'Neckarperle' oder 'Lucia', Rukola und auch Rettich, z. B. die Sorte 'Neckarruhm weiß', sind bis Ende September noch möglich.

Das Frühbeet wird jetzt zum »Spätbeet«

Für den Herbst- und Frühlingsanbau erfüllt ein Frühbeetkasten denselben Zweck wie ein Gewächshaus. Auch dort lassen sich Feldsalat, Spinat, Winterportulak für eine Winterernte aussäen. Sie können im September zudem Winterlauch 'Eskimo', Rosenkohl 'Ideal', Grünkohl und Petersilie ins Frühbeet pflanzen und das Gemüse dort überwintern. Es übersteht den Winter meist auch im Freien, doch im Kasten ist es besser geschützt und lässt sich während des Winters jederzeit bequem ernten. Denken Sie daran, die Kästen bei akuter Frostgefahr gut abzudecken, z. B. mit Noppenfolie oder Strohmatten. Soll der Frühbeetkasten über den Winter unbepflanzt bleiben, können Sie ihn prima als Lager für Gemüse nutzen (→ Seite 86/87).

Frisches Schnittgrün für den Winter

Wollen Sie im Winter Schnittlauch ernten? Kein Problem! Graben Sie dazu zweijährige Schnittlauchpflanzen im September aus und lagern sie an einem regensicheren und luftigen Platz im Freien. Die Pflanzen dürfen ruhig Frost abbekommen. Etwa im November pflanzen Sie dann den Schnittlauch in Töpfe und stellen diese im Frühbeet oder Folientunnel auf. Zum Antreiben holen Sie die Töpfe bei Bedarf im Dezember oder Januar herein und geben ihnen einen Platz auf der warmen Fensterbank. Nur mit lauwarmem Wasser gießen. Schon nach etwa 1 Woche ernten Sie frischen Schnittlauch!

Im Herbst leisten einfache Gewächshäuser gute Dienste für den Anbau letzter frischer Gemüse.

Die ersten Fröste nahen: So wird Ihr Küchengarten winterfit

Ehe es im Garten ruhiger wird, stehen noch ein paar Handgriffe an. Winterkulturen, von denen Sie zuweilen etwas ernten möchten, sowie mediterrane Kräuter brauchen einen Kälteschutz. Beete werden abgeräumt und der Boden bereits auf den nächsten Frühling vorbereitet.

Bevor das Thermometer Minusgrade anzeigt und ruhigere Zeiten anbrechen, gibt es für den Küchengärtner noch einmal einiges zu tun.

VORBEUGEN UND VORBEREITEN

Neben dem Schutz vor Kälte steht die Vorbereitung der Beete für die nächste Saison an. Dabei kann man so manchem Schädling ein Schnippchen schlagen.

Von Freiluftfans & Frostempfindlichen

Typische »Wintergemüse« sowie »Winterkräuter« für die Ernte bis zum zeitigen Frühling dürfen ruhig stehen bleiben. Winterlauch, Winterwirsing, Spinat, Feldsalat, Winterportulak, Petersilie, Rosenkohl und Grünkohl überstehen Kälte von minus 12–15 °C. Die letzten beiden schmecken nach Frosteinwirkung sogar erst richtig gut.

- Vor strengeren Frösten schützen Sie alle diese Kulturen mit Reisig oder Vlies.
- Gegen späte Gemüsefliegen helfen insbesondere bei Kohl und Lauch Gemüseschutznetze.
- Triebspitzen des Rosenkohls im September abbrechen, damit die kleineren Röschen aufholen.
- »Adventkohl« (überwinternde Weißkohlsorte) und Winterblumenkohl, die erst im April/Mai erntereif sind, decken Sie am besten mit Folie oder Vlies ab. Damit wachsen sie im Frühling auch schneller.
- Zuckerhut und auch Radicchio vertragen etwa minus 8 °C und gedeihen unter Vlies und Folie deutlich besser.
- Mediterrane Kräuter, wie Lorbeer und Rosmarin, räumen Sie im Oktober an eine helle, 6–8 °C kühle Stelle im Haus. Robuster Rosmarin, z. B. 'Arp', kann mit einer Abdeckung draußen bleiben.
- Artischocken schneiden Sie Ende Oktober völlig zurück. Bedecken Sie die Pflanzen mit einer dicken Stroh- oder Heuschicht und schützen Sie diese mit Reisig vor dem Wegwehen. Alternativ überwintern Sie den ganzen Wurzelstock in einer Kiste mit Sand im Keller.

Den Boden mit der Grabegabel lockern: Einstechen und einfach mehrmals vor und zurück bewegen.

Pflanzenreste liegen im Herbst oft noch auf den Beeten. Waren die Gemüse von Pilzkrankheiten oder Schädlingen befallen, heißt es aufräumen, sonst überwintern die Erreger auf den abgestorbenen Pflanzenteilen. Überreste in der Biotonne entsorgen.

Beete auf den Winter vorbereiten

Abgeerntete Gemüsebeete sind jetzt bereit für eine Bodenbearbeitung oder -verbesserung.

- Im Oktober ausgebrachter Kompost (→ Seite 104–107) wirkt positiv auf die Bodenstruktur.
- Ist der Kalkgehalt und somit der pH-Wert zu niedrig (→ Seite 108–111), arbeiten Sie im Herbst am besten kohlensauren Kalk leicht in den Boden ein. Etwa 100 g Kalk auf 10 m^2 hebt den ph-Wert um 0,5 an.
- Kompost und Kalk sollten Sie nicht gleichzeitig ausbringen, sonst gehen Nährstoffe verloren.
- Tiefgründiges Umgraben ist nur bei schweren, lehmigen Böden mit viel Ton nötig (→ Seite 104–107). Der Frost bricht dann die festen Strukturen auf; bis zum Frühling wird die Erde locker und krümelig. Leichtere Böden lockern Sie nur mit Sauzahn oder Grabegabel und mulchen z. B. mit Obstbaumlaub.

Biologisch gärtnern

Bei Schneckenplagen oder Wühlmausproblemen lieber nicht mulchen, sondern im Oktober eine winterharte Gründüngung, wie Winterroggen, auf die Beete säen. Der »Schneckeninvasion« im Folgejahr beugen Sie jetzt vor: Warten Sie mit der Beetbearbeitung bis nach den ersten Frösten. Durch Lockern bzw. Umgraben gelangen die schon in Ritzen und Spalten des Bodens abgelegten Schneckeneier wieder in die obersten Bodenschichten und erfrieren dann.

Mit Grabegabel und Erntemesser: Letzte Gemüse & Kräuter sind dran

Im Herbst erreicht die Erntesaison im Küchengarten ihren Höhepunkt. So viel kann man gar nicht direkt aufessen! Geschickterweise warten auf den Beeten jetzt insbesondere solche Gemüsearten und -sorten darauf, geerntet zu werden, die sich bestens für den Winter einlagern lassen.

So kennt man den Herbst: Er beschenkt uns mit einem wahren Füllhorn voll von leckerem Gemüse. Bevor der Winter Einzug hält, gilt es das, was nicht draußen bleiben kann, zu ernten.

VITAMINE AUF VORRAT

Fast alles, was noch auf den Beeten steht, wird im Herbst nach und nach geerntet. Manches können Sie direkt verzehren, anderes verarbeiten, z. B. Kohl zu Sauerkraut. Und wieder anderes lagern Sie ganz nach alter Gärtnerväter-Sitte ein.

Fertig für den Kochtopf

Zum Direktverbrauch holen Sie Kohlrabi, Möhren, Blumenkohl, Herbstlauch, z. B. die Sorten 'Catcher' oder 'Miracle', und Knollenfenchel von den Beeten. Knoblauch und Zwiebeln müssen spätestens im September aus der Erde, damit sie noch einige Wochen im Freien trocknen können (→ Seite 58/59), bevor sie ins Lager kommen.

Winterfrischkost »unter der Haube«

Einige Gemüse vertragen leichte Minusgrade und dürfen deshalb noch draußen bleiben.

Es darf schon das erste Mal Grünkohl probiert werden – die Haupternte beginnt aber erst nach dem Frost!

■ Schnitt-/Stielmangold: Lassen Sie die Herzblätter bei der Herbsternte stehen. Dann überwintern die Pflanzen auf dem Beet und liefern im Frühling schon zeitig junge, zarte Blätter.

■ Salat, Radieschen, Mangold und Chinakohl vertragen zwar kurzzeitig Temperaturen von minus 2–3 °C, mögen es jedoch nicht viel kälter. Haben Sie diese Kulturen rechtzeitig mit Vlies oder einem Folientunnel abgedeckt, dann können Sie das Gemüse noch lange bis in den späten Herbst hinein ernten.

■ Besonders hart im Nehmen ist z. B. Winterendivie der Sorte 'Grüner Eskariol'. Auch bei Radicchio und Zuckerhutsalat, die beide bis etwa minus 8 °C frosthart sind, lässt sich die Erntesaison unter einer Abdeckung noch recht lange ausdehnen.

■ Sinken die Temperaturen noch weiter, dann graben Sie Endivie, Zuckerhut, Chicorée und Winterlauch der Sorte 'Blaugrüner Winter' mitsamt der Wurzeln aus und schlagen sie im Frühbeet oder im Gewächshaus ein. Zu diesem Zweck heben Sie einen knapp eine Handbreit tiefen Graben aus, setzen die Pflanzen mit den Wurzeln dicht an dicht hinein und häufeln anschließend die Erde seitlich an.

Schließen Sie die Fenster über die Nacht und lüften Sie tagsüber, so oft es möglich ist. Wann immer Sie Appetit auf frisches Gemüse haben, holen Sie sich die Pflanzen wieder einzeln aus dem Lager.

Kohlköpfe ernten und lagern

Herbstzeit ist Kohlerntezeit. Kopfkohl (Weißkohl und Rotkohl) ist im September/Oktober an der Reihe. Warten Sie nicht, bis die Köpfe auf dem Beet aufplatzen, dann sind sie bereits überreif. Gute Lagersorten sind 'Dauerrot' und 'Marner Lagerweiß'. Ernten Sie sie spätestens vor dem ersten Frost und mit mindestens 10 cm Strunk. Lagern Sie die Köpfe in mit Säcken abgedeckten Obstkisten im kalten Keller oder in der Garage. Oder Sie entfernen beschädigte Außenblätter und hängen sie kopfüber mit dem Strunk nach oben im Keller an eine Leine.

Lassen Sie geerntete Zwiebeln zum Trocknen einige Tage im Freien liegen, bevor sie eingelagert werden.

Kohl lässt sich auch gut einmieten. Heben Sie dazu im Garten oder im Frühbeetkasten eine etwa 1 ½ Spaten tiefe Grube aus. Etwas Sand hineinstreuen und die Köpfe mit dem Strunk nach oben hineinschichten, ohne dass sie sich berühren. Mit Gartenerde abdecken und mit einer Laubschicht und einer Strohmatte gegen strengen Frost schützen. In dieser Miete halten sich die Köpfe bis zum Frühling.

Eine ideale Form der Haltbarmachung ist die Herstellung von Sauerkraut (→ Seite 100). Die Sorte 'Filderkraut' ist dafür gut geeignet.

Den ersten Wirsing können Sie ab September ernten – nämlich dann, wenn er auf Daumendruck nicht mehr nachgibt. Winterwirsing, Rosen- und Grünkohl hingegen bleiben für eine spätere Ernte noch auf den Beeten.

Wurzelgemüse ernten und lagern

Wurzeln und Knollen eignen sich zum Lagern besonders gut. Kein Wunder: Schließlich dienen diese Pflanzenteile den Gewächsen in der Natur oft als haltbare »Dauerorgane«.
Lagermöhren, z. B. die Sorten 'Bolero' oder 'Rodelika', Rote Bete, Knollensellerie und Winterrettich 'Runder Schwarzer Winter' ernten Sie im September/Oktober. Lagern Sie nur gesundes, unbeschädigtes Gemüse ein. Bei Möhren entfernen Sie das Laub und säubern sie mit einer trockenen Bürste. Nicht waschen! Danach packen Sie die Wurzeln in eine Kiste mit Sand und bewahren sie in einem kühlen, frostfreien Keller oder einem ähnlichen Raum auf. Alle anderen Wurzeln und Knollen befreien Sie ebenfalls von ihren Blättern und bürsten grobe Erdklumpen trocken ab. So vorbereitet, warten sie in luftigen Obstkisten in einem frostfreien Lagerraum auf ihren Einsatz in der Küche. Faulende Exemplare sollten Sie unbedingt regelmäßig aussortieren!

Die Vielfalt der Kürbisse ist immer Anlass zum Staunen. Konnten die farbenfrohen »Riesenbeeren« im Garten lange genug ausreifen, halten sie sich im geeigneten Lager monatelang.

An alle Wurzeln: Ab in die Miete!

Wer keinen passenden Lagerraum hat, kann im Garten Erdmieten (→ Seite 87) einrichten. Zum Einlagern eignen sich Wurzel- und Knollengemüse wie Rote Bete, Möhren, Knollensellerie und Winterrettich. Schichten Sie in der Erdmiete abwechselnd Gemüse und Sand übereinander. Zum Schluss bedecken Sie alles mit Erde und einer Laub- oder Strohschicht, die die Pflanzen gut gegen Fröste schützt.
Als absolut »mäusesichere« Variante kann eine in der Erde eingegrabene, alte Waschmaschinentrommel fungieren, in die Sie das Lagergemüse wie oben beschrieben einschichten.
Haben Sie nur eine kleinere Menge Gemüse zum Einlagern, ist auch ein genügend großer, alter Topf ausreichend, den Sie im Garten eingraben. Ob Topf oder Waschmaschinentrommel – decken Sie beides zum Abschluss zur Isolierung gegen Minusgrade jeweils mit Erde sowie mit einer Stroh- oder Laubschicht ab.

»Ran an die Kartoffeln«

Die tollen Knollen verraten, wann sie geerntet werden möchten: Wenn das Laub abgestorben ist, warten Sie noch ca. drei Wochen, bevor Sie die Kartoffeln ausgraben und einlagern. Das ist bei späten Sorten, wie 'Nicola', 'Linda', 'Bamberger Hörnchen' oder 'Agria', im September/Oktober der Fall.
Heben Sie mit einer Grabegabel die ganze Pflanze vorsichtig aus der Erde und sammeln Sie anschließend die Knollen ab. Gehen Sie beim Herausheben der Pflanzen sorgsam vor: Zum Einlagern eignen sich nur unbeschädigte Knollen. Lagerräume für Kartoffeln sollten dunkel sowie

Kartoffeln möglichst vorsichtig mit der Grabegabel »herausheben«, um die Knollen nicht zu verletzen.

möglichst kühl und trocken sein. Damit die Kartoffeln schmackhaft bleiben und möglichst lange halten, lagern sie idealerweise bei einer Temperatur um 5 °C und einer Luftfeuchtigkeit um 55 %. Ist es im Lagerraum wärmer, besteht die Gefahr, dass die Kartoffeln keimen und somit ungenießbar werden. Schmecken eingelagerte Knollen beim Verzehr besonders süß, dann war es im Kartoffellager zu kalt. Bei tiefen Temperaturen wandelt sich nämlich die Stärke in den Kartoffeln in Zucker um!

Die Ernte der »Riesenbeeren«

Ende September und Mitte Oktober reifen die Winterkürbisse. Klopfen Sie zum »Reifetest« auf die Frucht: Klingt es hohl oder dumpf, ist sie so weit! Weitere Reifemerkmale sind ein trockener Stiel und eine harte Schale, die man nicht mehr mit dem Fingernagel einritzen kann. Schneiden Sie den Kürbis mit einem scharfen Messer oder einer Gartenschere so ab, dass noch ein Stück vom Stiel an der Frucht bleibt. Lagern Sie den Kürbis bei einer Temperatur um 10 °C. Je mehr warme, trockene Tage die »Riesenbeere« im Freien gedeihen konnte, umso länger ist sie haltbar. Wenn Sie Kürbisse wegen allzu kaltem und feuchtem Wetter vorzeitig ernten mussten, lassen Sie sie, bevor Sie sie einlagern, an einem warmen Platz entsprechend lange nachreifen.

Einmal noch Kräuter frisch aus dem Beet

Die letzten Kräuter haben den Höhepunkt ihrer Aromakonzentration bereits überschritten und eignen sich nicht mehr zum Konservieren. Ernten und verbrauchen Sie, was noch auf den Beeten steht. Thymian im Topf stellen Sie ins Gewächshaus.

ERNTEN UND SCHNEIDEN

Im Herbst steht Ihnen die schönste Tätigkeit im Obstgarten bevor: die Ernte (→ Seite 96–99)! Diese läuft nun auf Hochtouren. Spät- und Lagersorten von Äpfeln und Birnen, späte Zwetschgen und Pflaumen, duftende Quitten und süße Herbsthimbeeren sind jetzt reif. Sonnenverwöhnte Weinreben und Kiwipflanzen hängen voller Früchte. Und wem die Erntefreuden im eigenen Garten noch nicht reichen, der pflückt nach den ersten Frösten noch herbe Schlehenfrüchte von den dornigen Wildsträuchern. Nach der Ernte geht es schließlich ans Verarbeiten, Verwerten und Einlagern all der herbstlichen »Gartenschätze«.

Vom September bis in den November steht im Obstgarten allerdings auch noch einiges an Arbeiten an. Jetzt beginnt die klassische Pflanzzeit für Obstgehölze. Gärtnereien und Gartencenter bieten im Herbst meist das größte Sortiment an. Insbesondere preisgünstigere wurzelnackte Ware (→ Seite 92/93), also Gehölze ohne Wurzelballen, wird jetzt gepflanzt. Oder wollen Sie Ihre Beerensträucher selbst vermehren (→ Seite 95)? Dann haben Sie dazu im Oktober/November eine gute Gelegenheit. Aus Steckhölzern entstehen bis zum nächsten Herbst kleine neue Sträucher.

Für eine reiche Ernte im kommenden Jahr lassen Sie dem Beerenobst jetzt letzte Pflegemaßnahmen angedeihen (→ Seite 94/95). Dazu gehören Mulchen, Düngen und der Rückschnitt abgetragener Triebe.

Auch die Obstbäume werden mit einigen pflegenden Handgriffen gut auf den Winter vorbereitet. Ganz wichtig ist dabei das Aufsammeln und Entsorgen von Falllaub, Fallobst und fauligen Früchten. Damit beugen Sie auf einfache und effiziente Weise einem Schädlings- und Krankheitsbefall in der nächsten Saison vor. Manche Schadinsekten können Sie obendrein dazu bringen, Ihnen buchstäblich »auf den Leim« zu gehen: Durch rechtzeitiges Anbringen von Leimringen fangen Sie sie leicht und umweltfreundlich ab.

Lasst uns ein Apfelbäumchen pflanzen: Jetzt ist der beste Termin dafür

Möchten Sie im kommenden Jahr Ihr Obstsortiment erweitern oder vielleicht noch mehr Äpfel, Birnen und Beeren ernten? Dann machen Sie sich am besten gleich an die Vorbereitung: Der Herbst gilt als die ideale Zeit für die Pflanzung von Baum- und Beerenobst.

Für die Himbeerhecke heben Sie entlang einer Schnur einen knapp spatentiefen Graben aus, in den Sie die Sträucher in einer Reihe setzen. Den Graben wieder mit Erde füllen, festtreten und angießen.

Für Obstliebhaber der älteren Generationen war schon immer sonnenklar: »Die beste Pflanzzeit für Obstgehölze ist der Herbst!« Allerdings können Obstgehölze auch im zeitigen Frühling gepflanzt werden (→ Seite 34/35).
Darüber hinaus bieten Baumschulen und Gartencenter Obstbäume und Beerensträucher das ganze Jahr über im Topf oder Container an. Diese können nahezu ganzjährig eingesetzt werden (→ Seite 124–127, Pflanzung).

GUTE GRÜNDE DER ALTVORDEREN

Dennoch gibt es einige nicht von der Hand zu weisende Vorteile, die dafür sprechen, neue Obstgehölze im Herbst in den Garten einziehen zu lassen, insbesondere als wurzelnackte Pflanzen. Bei dieser »Wurzelware« handelt es sich um Pflanzen im laublosen Zustand mit blanker Wurzel, ohne Ballen oder Topf. Sie kostet meist nur ein Drittel oder halb so viel wie Containerpflanzen vergleichbarer Größe und Qualität. Allerdings sollte sie nach Möglichkeit direkt nach dem Einkauf gepflanzt werden, während Containerpflanzen geduldiger sind.

Die Vorteile der Herbstpflanzung

Im Herbst gesetzte Gehölze etablieren sich meistens etwas leichter. Die Gründe dafür:

- Der Boden ist meist noch warm vom Sommer und erhält im Winter genügend Feuchtigkeit.
- Durch die tieferen Temperaturen wachsen die Pflanzen langsam und vertrocknen nicht so leicht.
- Sollten beim Transport eventuell Wunden an Stamm oder Ästen entstehen, so heilen diese wieder sehr schnell.
- Wenn der Boden nicht gefroren ist, bilden frisch gesetzte Obstgehölze sogar im Winter neue Faserwurzeln. Im Frühling, wenn die Pflanzen austreiben, verschaffen ihnen diese Faserwurzeln einen enormen Startvorteil: Ihre Wasser- und Nährstoffversorgung ist schon von Anfang an voll funktionstüchtig.

■ Als Gartenbesitzer haben Sie außerdem in einem sehr warmen Frühling weniger Zeitdruck, Baum- und Beerenobst schnell in die Erde bringen und in den Folgewochen regelmäßig wässern zu müssen.
■ Der Fachhandel bietet im Herbst meist eine größere Auswahl wurzelnackter Obstgehölzen an. Da können Sie richtig aus dem Vollen schöpfen.

Lieber bis zum Frühling warten ...

... sollten Sie mit der Pflanzung wärmeliebender Obstgehölze. Dazu gehören z. B. Weinreben oder Großfrüchtige Kiwi, aber auch Aprikose, Pfirsich, Walnuss, Quitte, Mispel und die Kornelkirsche. Damit niedrige Wintertemperaturen, Spätfröste oder extreme Wintertrockenheit die Obstgehölze nicht gleich im ersten Winter nach der Pflanzung schädigen oder ihnen sogar den Garaus machen, setzen Sie diese Arten am besten im März oder April, sobald nicht mehr mit starken Frösten zu rechnen ist.

Welches Obst soll's denn sein?

Überlegen Sie vor dem Einkauf neuer Pflanzen gut, welche Obstarten und -sorten in Ihren Garten und zu Ihren Ansprüchen passen. Entweder Baum- oder Spalierobst? Entweder stark oder schwach wachsende Bäume? Früh- oder Lagersorten (→ Seite 254–291, Porträts)?

So pflanzen Sie Obstgehölze richtig!

Frostharte Obstarten können Sie von September bis zum Frost pflanzen. Das gilt für Apfel, Birne, Kirsche und Zwetschge sowie Johannisbeere, Jostabeere und Stachelbeere. Nur mit den etwas empfindlicheren Brombeeren warten Sie bis zum Frühling.
■ Lockern Sie den Boden vor der Pflanzung zunächst gut auf und verbessern Sie ihn gegebenenfalls mit Kompost.
■ Stellen Sie die Pflanzen vor dem Einsetzen einige Stunden in einen Eimer mit Wasser und schneiden Sie direkt vor dem Setzen Wurzeln und Triebe um etwa ein Drittel zurück (→ Seite 32/33, Pflanzschnitt).
■ Heben Sie die Pflanzgrube so breit und tief aus, dass die Wurzeln gut hineinpassen, ohne umgeknickt zu werden. Die Veredlungsstelle, an der Verdickung am unteren Stammende kenntlich, soll etwa 10 cm über Bodenniveau liegen.
■ Pflanzpfahl mindestens 50 cm tief gleich zusammen mit dem Gehölz einsetzen. Mit Erde auffüllen, diese gut antreten und ausgiebig gießen.

Himbeeren am laufenden Meter

Auch wurzelnackte Himbeerpflanzen kommen jetzt in den Boden. Für 1 m Himbeerspalier benötigen Sie etwa 6–7 Ruten. Kürzen Sie die Ruten vor dem Pflanzen auf etwa 20 cm ein und achten Sie darauf, dass der Wurzelhals nicht tiefer als 5 cm in die Erde kommt. Die dicht unter der Erdoberfläche wurzelnden Himbeeren danken es Ihnen, wenn Sie den Boden nach dem Pflanzen mit Laub bedecken.

Stehen wurzelnackte Obstgehölze vor der Pflanzung einige Stunden in Wasser, wachsen sie besser an.

Noch einmal Ärmel hochkrempeln: Vorbeugen & Vermehren

Schauen Sie während der Herbstmonate in Ihrem Obstgarten noch einmal nach dem Rechten. Mit etwas Vorbeugung gegen Schädlings- und Krankheitsbefall und einigen Pflegemaßnahmen legen Sie die Grundlagen für gutes Gedeihen und gesunde Früchte im kommenden Jahr.

Mit Draht fixieren Sie einen Johannisbeertrieb am Boden, damit dieser Absenker dort Wurzeln bildet.

Eigentlich steht der Herbst ganz im Zeichen der Obsternte. Aber was so ordentlich Früchte abwirft, verdient es jedoch auch, jetzt noch etwas gepflegt zu werden.

GESUNDHEIT UND FRUCHTBARKEIT

Gerade bei den langlebigen Obstgehölzen lohnt es sich, etwas Zeit zu investieren. Durch Mulchen und Düngen schöpfen sie Kraft für eine weitere Saison. Beerengehölze lassen sich zum jetzigen Zeitpunkt zudem vermehren.

Weg mit allem, wo der Wurm drin ist!

Frühzeitig heruntergefallene Früchte sind meist von den Larven des Apfelwicklers, Pflaumenwicklers oder anderer Schadinsekten befallen. Lassen Sie das Fallobst einfach liegen, kriechen die Tiere demnächst aus den Früchten heraus und verpuppen sich bzw. überwintern hinter der Rinde der Stämme. Beugen Sie der Schädlingsinvasion im nächsten Jahr vor, indem Sie das Fallobst aufsammeln. Verwerten Sie davon, was möglich ist. Den Rest entsorgen Sie keinesfalls über den Kompost, sondern über die Biotonne. Dorthin gehören auch verfaulte Früchte, die noch im Baum hängen: Die Erreger vieler Pilzkrankheiten überwintern ansonsten darauf und sorgen im Frühjahr für eine erneute Ausbreitung der Infektion.
Entfernen und entsorgen Sie auch mit Pilzkrankheiten befallenes Laub, z. B. die mit orangegelben Flecken übersäten Birnbaumblätter, die einen Befall mit Birnengitterrost anzeigen.

Schädlinge gehen Ihnen leicht auf den Leim!

Frostspanner-Weibchen klettern bald die Stämme der Obstbäume zur Eiablage empor. Ihre Raupen fressen im Frühjahr das Laub bis auf die Blattrippen kahl. Bringen Sie deshalb spätestens Ende September Leimringe in 80–100 cm Höhe an den Stämmen an. Und versehen Sie gegebenenfalls

auch die Baumpfähle damit! Etwa Mitte/Ende März nehmen Sie die Leimringe wieder ab und entsorgen sie über den Hausmüll.
Tricksen Sie Wühlmäuse aus: Der Bewuchs unter Obstbäumen sollte im Spätherbst nicht zu hoch werden, dann finden die Wühlmäuse dort kein Winterquartier. Wühlmäuse nisten sich auch in dicken Mulch am Fuß der Gehölze ein. Bringen Sie also auf den Baumscheiben flach wurzelnder Gehölze für den Winter nur eine ca. 2 cm dünne Schicht aus verrottetem Kompost, Grasschnitt, Stroh oder Heu aus.

Dies & das fürs Beerenobst

Abgeerntete Ruten der Herbsthimbeeren schneiden Sie bodennah ab und entsorgen sie über den Biomüll. Damit beugen Sie der Himbeerrutenkrankheit vor. Von den neuen Jungtrieben lassen Sie 8–10 pro Meter stehen und binden sie an Spanndrähten fest. Mulchen Sie die Himbeeren nun mit Laubkompost, verrottetem Stallmist oder Rindenhumus.
Im Erdbeerbeet schaffen Sie jetzt beste Voraussetzungen für eine reichliche Ernte im nächsten Jahr. Lockern Sie im September/Oktober den Boden mit einer Grabegabel, entfernen Sie auch das Unkraut und verteilen Sie 4–5 l Kompost und 60–80 g Hornspäne pro m^2. Anstelle von Kompost und Hornspänen können Sie ebenso gut einen chloridfreien Erdbeerdünger (40–50 g/m^2) in den Boden einarbeiten.
Erdbeeren mulchen Sie am besten mit dünnen Schichten aus zerkleinertem Rasenschnitt oder mit Laubhäckseln.

Aus eins mach zwei, drei ...

Stachel-, Johannis- und Jostabeeren lassen sich nun leicht über Absenker (→ Bild Seite 94 + Anleitung Seite 65) oder über Steckhölzer vermehren. Schneiden Sie für Steckhölzer einjährige, gerade Triebe in etwa 25 cm lange Stücke mit je 5–6 »Augen«. Die unteren Enden schneiden Sie etwa 1 cm über einem Auge schräg ab, die oberen gerade. Diese Steckhölzer kommen in die Erde, sodass nur das oberste Auge herausschaut. Gut gießen und über den Winter mit einer Laub- oder Strohschicht abdecken. In einem Jahr treiben die bewurzelten Steckhölzer aus und werden an den vorgesehenen Platz gepflanzt.

Tiere anlocken

Igeln stellen Sie jetzt ein Winterquartier bereit. Ideal sind halb verrottete Komposthaufen bzw. Totholzhaufen, Reisig, Laub oder dichte Hecken und Sträucher mit hohem Unterbewuchs. Igelhäuschen gibt es zudem zu kaufen. Ihre Winterquartiere suchen Igel bei anhaltenden Bodentemperaturen um 0 °C auf. Ab Mitte November schlummern sie meist tief und fest und sollten dann auch nicht mehr gestört werden.

Entsorgen Sie Fallobst und -laub, damit darin nistende Schädlinge und Pilzkrankheiten nicht im Garten bleiben.

Ernten, naschen, einlagern:
Herbst ist Erntezeit im Obstgarten

Die frühen Obstarten und -sorten sind längst gegessen und verarbeitet. Dafür stehen jetzt die spätreifenden Äpfel und Birnen zum Einlagern an. Auf frisches und süßes Naschobst brauchen Sie dennoch nicht zu verzichten: Weintrauben, Kiwis und letzte Beeren liefern noch Nachschub.

Das ist der Lohn Ihrer ausdauernden Pflege: Spätreifende Obstarten warten darauf, gepflückt zu werden. Jetzt heißt es: Zugreifen!

GUTES FÜR HEUTE UND MORGEN

Während Sie manche Obstsorten frisch verzehren und verwerten können, brauchen andere noch ein bisschen Zeit zum Nachreifen. Deren Vorteil ist jedoch: Richtig gelagert, haben Sie noch lange etwas davon!

Auf eine Schnur aufgefädelte Apfelringe brauchen an warmen, trockenen Orten ca. 8 Tage zum Trocknen.

Lageräpfel und -birnen sind pflückreif!

Ab Oktober sind die späten und zum Lagern geeigneten Apfel- und Birnensorten bereit für die Ernte. Die Früchte eines Baumes reifen nicht gleichzeitig. Zum Glück haben Sie als Obstgärtner das Privileg, dann zu pflücken, wenn die Früchte genau richtig sind – wenn es nötig ist, in Etappen. Schließlich brauchen typische Herbstäpfel wie 'Jonagold', 'Roter Herbstkalvill', 'Prinz Albrecht von Preußen', 'Boskoop', 'Berlepsch', 'Alkmene', 'Weißer Winterglockenapfel', 'Korbiniansapfel' und 'Berner Rosenapfel' Zeit, um ihr typisches Aroma zu entwickeln. Bleiben sie allerdings zu lange am Baum, verkürzt sich ihre Haltbarkeitsdauer im Lagerraum. Um festzustellen, ob ein Apfel bzw. eine Birne pflückreif ist, machen Sie den Kipp-Test: Drehen Sie dazu die Frucht am Zweig vorsichtig um etwa 90°. Löst sich der Fruchtstiel leicht vom Ast, ist der Zeitpunkt ideal. Ernten Sie die Früchte mit Stiel, dann halten sie sich länger. Mit einer stabilen Obstbaumleiter und einem sogenannten »Obstpflücker«, einer langen Stange mit einem Körbchen am oberen Ende, geht die Ernte leicht von der Hand. Rechtzeitig vor den ersten Frösten müssen dann schließlich auch die allerspätesten Sorten geerntet sein. Birnen sind nicht so lange haltbar wie Äpfel. Sorten wie 'Birne aus Tongern' und 'Köstliche von Charneu' lassen sich etwa 2 Wochen lagern, 'Conference' etwa 4 Wochen und 'Gräfin von Paris' bis

Die am allerbesten duftenden Früchte hat eindeutig die Quitte. Pflücken Sie sie, sobald sie sich zitronengelb färben und etwas glänzend werden, dann sind sie genau richtig. Großmutter legte gerne einzelne Früchte in den Wäscheschrank.

Anfang Januar. Die alte Winterbirnensorte 'Pastorenbirne' hält in geeigneten Lagerräumen sogar bis in den März hinein.

Jetzt heißt es: Ab in den Keller!

Sind Sie in der glücklichen Lage, einen kühlen Lagerkeller zu besitzen? Geeignete Räume sind luftig und kühl (2–8 °C) und weisen eine Luftfeuchtigkeit von etwa 90 % auf. Insbesondere die nicht lange haltbaren Birnen brauchen 2–3 °C. Lagern Sie nur unbeschädigte, gesunde Früchte ein und sortieren Sie regelmäßig fauliges Obst aus! Packen Sie Äpfel und Birnen mit dem Stiel nach oben in 1–2 Lagen in luftdurchlässige Drahtkörbe, Holz- oder Kunststoffkisten bzw. einzeln auf die Lattenroste eines Obstregals. Möchten Sie nur kleine Mengen Äpfel lagern, füllen Sie sie in Plastikbeutel.
Pro Kilogramm Früchte versehen Sie die Beutel mit einem Loch. Dann halten sie 4–8 Wochen. Lagern Sie Äpfel stets getrennt von anderen Obstarten sowie von Gemüse. Deren Haltbarkeit verringert sich durch den »Reifestoff« Ethylen, der von den Äpfel abgegeben wird.

Reife Quitten sind einfach dufte!

Ab Ende September sind die aromatischen Quitten bereit für die Ernte. Ob es so weit ist, können Sie an der Schalenfarbe erkennen: Schlägt sie von Goldgelb nach Zitronengelb um, müssen die Früchte runter vom Baum. Bleiben reife Quitten nämlich zu lange hängen, entstehen im Fruchtfleisch oft braune Flecken. Frisch gepflückt sind die Früchte steinhart und ungenießbar. Sie brauchen noch eine Nachreifeperiode im Haus von 2–4 Wochen. Vollreif geerntet halten sie in kühlen Räumen bis zu 10 Wochen.
Quitten lassen sich – aufgrund ihrer Härte nicht ganz ohne gewissen Kraftaufwand – zu Gelee, Saft, Konfitüre und Likör verarbeiten.

Jetzt ist der passende Zeitpunkt! Selbst wenn die süßesten Trauben ganz weit oben hängen – mit einer Gartenschere ernten Sie sie am besten im Ganzen mit einem Stück Stiel.

Späte Pflaumen und Zwetschgen

Nun sind 'Hauszwetschge', 'Anna Späth', 'Königin Victoria', 'Graf Althanns Reneclaude' reif. Pflücken Sie die Früchte einzeln von den Zweigen, wenn sie sich leicht vom Stiel lösen. Die Spätsorten halten im Kühlschrank etwa 2 Wochen. Sie können sie zu Marmelade, Kuchenbelag, Zwetschgenmus oder Zwetschgenknödeln verarbeiten. Oder machen Sie Dörrobst daraus! Bei unseren Großmüttern sehr beliebt war diese relativ einfache Form des Konservierens, für die man die sowieso vorhandene Wärme eines Kachelofens oder Holzherdes nutzte. Steht Ihnen keine solche Wärmequelle im Haus zur Verfügung, leistet ein Dörrapparat gute Dienste. Die gewaschenen und nach Belieben entsteinten oder halbierten Früchte kann man auch im Backofen bei 40–50 °C trocknen. Dazu ein Blech mit Backpapier bedecken, Obst mit den Schnittflächen nach oben darauflegen. Einen Holzkochlöffel in die Backofentür klemmen, damit die Feuchtigkeit entweichen kann. Nach 6–14 Stunden ist das Dörrobst fertig. Die Früchte sollen sich ledrig anfühlen, sich biegen lassen, ohne zu brechen, und bei Druck keine Feuchtigkeit mehr abgeben. In Schraubgläser gefüllt und dunkel gelagert, halten sie 6–10 Monate.

Von Trauben, Kiwis und anderen Beeren

Paradiesisch: Einige Herbstfrüchte scheinen uns jetzt schier in den Mund zu wachsen. Andere sorgen noch einmal für Abwechslung.

- Im September/Oktober beginnt die Traubenernte – und das nicht nur in Weinbaugebieten. Frühreifende Sorten sind z. B. 'Lakemont', 'Boskoop's Glory', 'Regent' sowie 'Piroschka'. Schneiden Sie die ganzen Trauben am besten mit einer Gartenschere ab. Sie werden entweder frisch verzehrt oder zu Marmelade, Gelee und Saft verarbeitet.
- Im Oktober reift auch die 'Weiki' oder Mini-Kiwi. Naschen Sie die stachelbeergroßen Früchte direkt vom Strauch. Sie brauchen sie nicht einmal zu schälen wie die Großfrüchtigen Kiwis. Letztere werden umso aromatischer, je länger sie hängen. Drohen erste Fröste, müssen sie allerdings schleunigst gepflückt werden! Früchte, die dann noch hart sind, packen Sie zur Nachreife in Obstkisten und stellen diese in einen kühlen Keller. Legen Sie immer nur eine Lage Früchte in die Kisten. Nach etwa 4 Wochen sind die ersten Kiwis weich und aromatisch; die härtesten nach etwa 10 Wochen.
- Herbsthimbeeren, z. B. 'Autumn Bliss', erntet man noch von September bis zum ersten Frost. Essen Sie die Früchte roh oder verarbeiten Sie sie zu Gelee, Roter Grütze (→ Seite 67) und Likör.
- Wilde Schlehensträucher hängen im September/Oktober voller Beeren. Mit der Ernte warten Sie, bis der erste Frost darübergegangen ist: Die Kälte entzieht den Beeren die Bitterstoffe. Aus Schlehen lässt sich ein gehaltvoller Likör herstellen (→ Seite 101).

Jetzt sind die wilden Beeren dran

Auch viele Wildgehölze hängen jetzt voller Früchte. Die Hagebutten der Hundsrose und aller weiteren Wildrosenarten werden gepflückt, sobald sie gut ausgefärbt sind. Sie lassen sich zu gesundem »Hiffenmus« (Hagebuttenmarmelade) verarbeiten, nachdem Sie Kerne und feine Härchen im Inneren der Früchte entfernt haben. Ebereschenbeeren erntet man wie Schlehenbeeren nach dem ersten Frost: Sie eignen sich für Likör oder Gelee.

Aus Zwetschgen schmackhaftes Dörrobst selbst herzustellen ist gar nicht so schwer.

GESUNDE HERBSTGENÜSSE

Die Tage werden kürzer, draußen wird es kälter. Jetzt ist es an der Zeit, sich mit typischen Herbstzutaten wie Kürbis zu verwöhnen, leckere Bratäpfel zu genießen und wärmenden Schlehenlikör zu trinken.

Sauerkraut einlegen

Für 4 Personen (2,5 Std. + 6 Wo. Lagerzeit): 5 kg Weißkohl, z. B. 'Filderkraut' | 100 g Salz | 10 Pfefferkörner | 10 Wacholderbeeren | 5 Lorbeerblätter | nach Belieben Zucker

1 Die äußeren Blätter entfernen und beiseitelegen; Kohl fein hobeln.

2 In einen Steintopf abwechselnd eine Lage Kraut und eine Lage Salz schichten. Jede Schicht so lange »einstampfen«, bis die austretende Flüssigkeit den Kohl überdeckt. Zu den einzelnen Schichten die Gewürze und etwas Zucker geben.

3 Einige Kohlblätter oben auflegen. Mit sauberem Tuch abdecken und mit großem Stein beschweren, der 2–3 cm mit Flüssigkeit bedeckt sein soll. 4–6 Wochen bei ca. 15 °C gären lassen.

Bratapfel

Für 4 Personen (20 Min.): 4 mittelgroße Äpfel | 50 g Mandeln | 50 g Rosinen | 4 TL Honig | 3 EL Zimtzucker | 1 TL Vanillezucker | 250 ml Calvados | Butter

1 Backofen auf 175 °C Umluft vorheizen.

2 Äpfel waschen, abtrocknen, Kerngehäuse herausstechen. Mandeln, Rosinen, Honig mit der Hälfte des Zimtzuckers vermischen. Mit einem TL in die Öffnung der Äpfel füllen.

3 Äpfel in eine gefettete Auflaufform setzen, auf jeden ein Butterflöckchen geben, 20–30 Min. backen, bis die Schale aufplatzt.

4 Calvados mit Zimt- und Vanillezucker mischen, darübergießen. Warm servieren.

Quark-Kürbiskuchen

Für 6 Personen (30 Min. + 45 Min. Backzeit): 500 g Kürbis (z. B. Hokkaido), geschält, entkernt und gewürfelt | 500 g Quark | 100 g Zucker | 200 g Sahne | 4 Eier | 1 TL abgeriebene Zitronenschale | 400 g Blätterteig | Mehl | 1 Zweig Rosmarin | Puderzucker

1 Backofen auf 200 °C Umluft vorheizen.

2 Quark mit Zucker, Sahne, Eiern und Zitronenschale glatt rühren.

3 Blätterteig ausrollen, auf mit Backpapier belegtes Backblech legen; Rand formen. Quarkmasse daraufstreichen, Kürbiswürfel und Rosmarinblättchen darübergeben.

4 40–45 Min. goldbraun backen. Abkühlen lassen und mit Puderzucker bestäuben.

Schlehenlikör

Für 4 Personen (30 Min. + ca. 10 Wo. Ziehzeit): 500 g Schlehen | 250 g Haushalts- oder Kandiszucker | 1 Vanillestange | 10 Schlehenkerne | 750 ml Wodka oder Gin

1 Schlehenkerne im Mörser zerstoßen. Gewaschene Schlehen mit Zucker, aufgeschlitzter Vanillestange und Kernen abwechselnd in eine weithalsige Schraubflasche füllen.

2 Wodka oder Gin darübergießen. Die Schraubflasche fest verschließen und kräftig schwenken, bis sich alle Zutaten gut vermischt haben und vom Alkohol komplett bedeckt sind. Die Flasche anschließend auf ein Fensterbrett stellen und täglich einmal durchschütteln.

3 Den Likör nach 8–12 Wochen abfiltern und ihn in kleinere Flaschen füllen.

GARTEN-PRAXIS

Ob Gemüse, Kräuter oder Obst: Hier finden Sie die wichtigsten Pflegemaßnahmen, damit Ihrem Ernteglück nichts mehr im Wege steht.

Schwerer Boden, leichter Boden:
Die Basis für gutes Wachstum schaffen

In der Erde finden die Pflanzenwurzeln Halt sowie Wasser und Nährstoffe. Dabei ziehen Obst- und Gemüsegewächse meist durchlässige Böden mit guter Wasser- und Nährstoffspeicherfähigkeit vor. Diese Qualität erreichen Sie durch entsprechende Pflege- und Bearbeitungsmaßnahmen.

Wissen Sie, welche Art Gartenboden Sie haben? Ein »Schnelltest« schafft Klarheit: Kneten Sie eine Handvoll leicht feuchter Erde. Lässt sich eine locker zusammenhaltende Kugel formen, deutet das auf einen gut strukturierten, lehmhaltigen Gartenboden hin. Er ist für fast alle Kulturen geeignet.
Fällt die Erde gleich wieder auseinander, ist der Boden sehr sandhaltig. Entsteht ein harter, fester Klumpen, enthält er einen hohen Tonanteil. Je lehmiger, umso schwerer lässt der Boden sich bearbeiten, je leichter, umso mehr muss der Boden gegossen werden.

Machen Sie das Beste draus

Verbessern Sie leichte Böden durch Einarbeiten von Kompost (10–20 l/m^2) und Steinmehl (100–300 g/m^2) im Oktober, schwere durch Kompost und Sand (20–30 l/m^2). Sehr schwere Böden können Sie durch Umgraben im Herbst lockern (→ Seite 84/85).
Vermeiden Sie starkes Austrocknen des Bodens durch ganzjährigen Bewuchs mit Gründüngungspflanzen oder eine Mulchschicht (→ Seite 52/53).
Die Gründüngung ist eine sehr alte Methode der Bodenverbesserung mithilfe grüner Pflanzen wie etwa Bienenfreund und Senf. Der Boden wird durch die dichte oberirdische Pflanzendecke vor Verdunstung geschützt.
Manche Gründüngungspflanzen wurzeln sehr tief. Durch ihre Ausscheidung tragen sie dazu bei, Nährstoffe aus den Mineralien des Bodens zu lösen. Machen Sie sich diese unterirdische Wirkung der Gründüngung zunutze: Wurzeln möglichst nicht ausreißen, sondern im Boden belassen oder untergraben.
Wird die Gründüngung vor der Bepflanzung der Beete eingearbeitet, liefert sie organisches Material, das den Boden belebt und lockert, durchlüftet, strukturiert und langfristig verbessert.
Regelmäßiges Hacken und Lockern der obersten Bodenschicht (10–15 cm) während der ganzen Gartensaison durchlüftet und lockert den Boden. Dadurch können die Pflanzenwurzeln Wasser und Nährstoffe gut aufnehmen.

So bereiten Sie Gemüsebeete vor

Etwa Anfang März ist ein guter Zeitpunkt, neue Beete anzulegen bzw. vorhandene Beete fürs Säen und Pflanzen vorzubereiten. Der Boden hat dann noch etwa 3–4 Wochen Gelegenheit, sich zu setzen. Wählen Sie eine ebene, sonnige Stelle und eine Beetbreite von ca. 150 cm.
Vorhandenen Bewuchs oder Rasen umgraben und grobe Bestandteile, Wurzel- und Pflanzenreste entfernen. Auf bereits vorhandenen Beeten genügt meist ein etwa spatentiefes Lockern mit der Grabegabel. Anschließend wird die Beetoberfläche mit dem Rechen geglättet.

Hilft bei verfestigten und ausgelaugten Böden: Gründüngung z. B. Bienenfreund und Senf, ein halbes Jahr später untergraben.

Die wichtigsten Handgriffe für einen fruchtbaren Boden

1 Das Umgraben der Beete ist nur auf sehr schweren Böden wirklich sinnvoll. Hier arbeitet die Kälte mit: Sie bewirkt die »Frostgare«, d. h., schwere, verfestigte Erde verwandelt sich über die Wintermonate in lockeren, krümeligen Boden.

2 Zum regelmäßigen Lockern der oberen Bodenschicht zwischen den Pflanzen oder zur oberflächlichen Einarbeitung von Kompost, Steinmehl u. Ä. zur Bodenverbesserung leistet ein »Sauzahn« besonders gute Dienste.

3 Graben Sie sehr leichte Böden nicht um, sonst wird deren gute Struktur zerstört. Das Lockern mit einer Grabegabel reicht hier völlig aus. Dabei die Zinken einfach nur einstechen und etwas hin und her bewegen.

4 Sehr schwere Böden mit hohem Tonanteil verbessern Sie durch das Einarbeiten von Sand mit dem Rechen. Die Bodentiere mischen den Sand mit der Zeit unter. Die Erde wird leichter und durch ässiger.

5 So bereiten Sie Saat- oder Pflanzflächen vor: Ist der Boden ausreichend gelockert, entfernen Sie grobe Teile mit dem Rechen und ziehen die Oberfläche schön glatt.

6 Unkraut raubt den Kulturpflanzen Wasser und Nährstoffe, den Sämlingen Licht und es bietet Schnecken Unterschlupf. Gegen Unkraut und Schnecken hilft regelmäßiges Hacken oder Jäten.

Gesunde Pflanzenernährung: Kompost & andere Düngerformen

Garten- und Küchenabfälle, Herbstlaub, Gras- und Strauchschnitt sind wertvolles »Futter« für den Kompost. Er »verdaut« alles innerhalb einiger Monate zu gehaltvoller Gartenerde bzw. einem reichhaltigen Nährstofflieferanten. Für Letzteres kommen auch weitere Düngerformen infrage.

Einen »Haufen« Vorteile bringt Ihnen ein Komposter ein. Er recycelt Abfälle zu einem organischen Dünger und geschätzten Bodenverbesserer. Mikroorganismen wie etwa Bakterien und Pilze sowie Kleintiere wie beispielsweise Würmer zersetzen das organische Material zu humusreicher Komposterde.

Richtig kompostieren

Beim Kompostieren beginnen Sie am besten mit einem Haufen oder Behälter und sammeln dort rohe, pflanzliche Küchenabfälle, angetrockneten Rasenschnitt, zerkleinerten Baum- und Strauchschnitt sowie Falllaub und Gartenabfälle. Die letzten beiden Anteile sollten frei von Krankheits- oder Schädlingsbefall sein.
Wichtig ist eine gute Durchmischung der Materialien. Nach etwa einem halben Jahr setzen Sie diesen Haufen um und starten an der alten Stelle einen neuen Komposthaufen.
Nach einem weiteren halben Jahr ist dann der erste Haufen reif und wird durch ein grobes Sieb geschaufelt. Nun kann der Kompost im Garten verwendet werden.
Mit dem anderen Haufen verfahren Sie ebenso und beginnen immer wieder einen neuen Komposthaufen.
»Reifekompost« versorgt als Dünger den Boden mit Nährstoffen, insbesondere mit Phosphor und Kalium. Er gibt die Nährstoffe nur langsam ab und ist deshalb als Langzeitdünger geeignet.

Was sonst noch Nährstoffe enthält

Wie Kompost gehören Mist, Guano und Hornmehl zu den organischen Düngern. Die in ihnen enthaltenen Nährstoffe werden von den Pflanzen nach und nach aufgenommen.
Schneller wirkend sind anorganische bzw. mineralische Dünger, bei denen die Nährstoffe meist in Form von Düngesalzen vorliegen. Ihr Einsatz ist nur in Form von Einzelnährstoffdüngern (beispielsweise Stickstoffmagnesia, Kalkammonsalpeter, Thomasphosphat, Kalimagnesia, kohlensaurer Kalk) ratsam. Setzen Sie diese gezielt nur dann ein, wenn im Gartenboden ein Mangel an einzelnen Nährstoffen besteht.

Eine Bodenprobe macht Sinn

Die Untersuchung einer sogenannten Bodenprobe liefert wichtige Hinweise darauf, ob in Ihrem Gartenboden Nährstoffgehalte zu hoch oder der pH-Wert (Säuregrad) zu niedrig ist (→ Adressen, Seite 309). So kann man reagieren, noch bevor den Pflanzen Nährstoffüberschuss oder -mangel anzusehen ist, und zu hoch dosierte oder falsche Düngergaben vermeiden. Es genügt, den Boden alle 3–4 Jahre untersuchen zu lassen. Bodenproben kosten in der Regel nicht viel Geld und Sie erhalten dabei zusammen mit dem Ergebnis auch eine auf Ihre Gartennutzung abgestimmte, bedarfsgerechte Düngeempfehlung.

Kürbis und Kapuzinerkresse gedeihen auf dem Kompost gut, verbrauchen aber viele Nährstoffe. Besser daneben pflanzen!

So wird der »Abfallhaufen« Schritt für Schritt zu Dünger

1 Wählen Sie für den Komposter möglichst eine schattige Stelle im Garten mit direktem Bodenkontakt. Sie können den Komposthaufen in Holz- oder Gitterrahmen oder frei stehend aufsetzen.

2 Etwa 2–6 Monate nach dem Anlegen, am besten im Frühling, wird umgesetzt. Dabei wird grobes, feines, altes und frisches Material vermischt.

3 Fertig gereiften Kompost schaufeln Sie durch ein Sieb. Das ist immer gut, gilt aber besonders dann, wenn Sie ihn für Pflanzgefäße oder im Gewächshaus nutzen wollen.

4 Je nach Witterung und Temperatur ist der Kompost nach 6–12 Monaten fertig für den Einsatz. Nun können Sie ihn z. B. im Gewächshaus, auf Beeten und Baumscheiben ausbringen. Sie brauchen 0,5–3 l pro m^2, je nach Pflanzenart und Nährstoffversorgung des Bodens.

Im Haus, unter Glas oder im Beet: Aussaat macht den Gärtner stolz

Gemüse und Kräuter selbst auszusäen, kann sich lohnen. So verschaffen Sie manchen Kulturen einen Vorsprung. Zudem erhalten Sie viele Pflanzen zum kleinen Preis. Im Haus und unter Glas ziehen Sie die Sämlinge in Schalen und Töpfen vor. Draußen säen Sie dagegen direkt ins Beet.

Für die Aussaat am Fensterbrett (→ Seite 18/19) oder im Gewächshaus (→ Seite 20/21) eignen sich Saatschalen oder -kistchen oder auch Töpfe. Saatschalen sind platzsparend. Die Sämlinge stehen darin jedoch sehr dicht und müssen daher rasch pikiert werden. Besonders praktisch sind kompostierbare Behältnisse wie Torfquelltöpfe: Sie werden von den Sämlingen durchwurzelt und einfach mit verpflanzt.

Die optimale Keimtemperatur liegt bei den meisten Kulturen bei 15–20 °C. Basilikum, Fenchel, Tomate, Paprika, Chili, Aubergine, Zucchini, Gurke und Kürbis brauchen 20–25 °C. Damit die Sämlinge auf dem Fensterbrett keine »kalten Füße« bekommen, legen Sie am besten einige Schichten Zeitungspapier oder Styropor unter die Aussaatgefäße.

Aussaatschalen oder -kistchen dürfen gerne auch verschiedene Pflanzenarten beherbergen. Säen Sie z. B. Kopfsalat und Kohlrabi jeweils reihenweise nebeneinander in eine Saatschale. Das spart Platz auf der Fensterbank und meist ist eine geringere Menge Pflanzen auch völlig ausreichend. Vergessen Sie aber bitte nicht, die Reihen dann entsprechend zu beschriften!

So kommen die Samen in das Beet

Vom Frühling bis in den Herbst hinein können Sie viele Pflanzenarten direkt ins Beet säen. So bleibt Ihnen das aufwendige Pikieren und Verpflanzen erspart.

- Bei der Reihensaat ziehen Sie mit einem Pflanzholz entlang einer gespannten Schnur eine Rille und legen die Samen von Hand aus. Verziehen bzw. dünnen Sie die Sämlinge auf den jeweils richtigen Abstand aus (→ Porträts, ab Seite 146). Das Pflanzgut darf nämlich nicht zu dicht aneinandergesetzt werden, da die Jungpflanzen Luft, Licht und genügend Nährstoffe brauchen, um einen guten Start für ihre Entwicklung zu haben. Bei Saatbändern haben die Samen bereits den nötigen Abstand, hier muss man die Sämlinge nicht verziehen.
- Feldsalat, Spinat oder Kresse säen Sie breitwürfig gleichmäßig aus dem Handgelenk aus.
- Sehr feines Saatgut vermischen Sie mit Sand. Sie sollten mindestens das 10- bis 20-Fache des Saatgut-Volumens an Sand untermischen. Das vereinfacht die gleichmäßige Aussaat.
- Bei Busch- und Stangenbohnen, Erbsen und Gurken empfiehlt sich die sogenannte Horst- oder Dibbelsaat, das heißt, das Aussäen mehrerer Samen an der gleichen Stelle des Saatbeetes. Stecken Sie am besten jeweils 3–7 Samen an einer Stelle in die Erde.

Abschließend bedecken Sie alle Saaten mit Erde bzw. schließen die Saatrillen mit dem Rechen. Drücken Sie dann die Erde leicht an, wässern Sie sie gut und halten Sie sie feucht.

Wurde sorgsam ausgesät und die Saat gleichmäßig feucht gehalten, erscheinen schon bald die ersten Sämlinge.

Ob drinnen oder draußen – so kommen die Samen in die Erde

1 Befüllen Sie die Aussaatgefäße bis ca. 1 cm unter dem Rand mit Aussaaterde oder einem ungedüngten, selbst gemischten Substrat. Erde etwas andrücken und dann die Samen gleichmäßig verteilen.

2 Streuen Sie etwas Erde zum Abdecken über die Samen. Hilfreich ist dabei ein altes, grobes Küchensieb. Die Oberfläche anschließend mit einem Brett wieder glatt drücken.

3 Aussaaten gut anfeuchten. Verwenden Sie dafür lauwarmes, abgestandenes Wasser. Ein Gießball oder eine Sprühflasche leisten gute Dienste: Sie verhindern, dass die Samen verschwemmt werden.

4

4 Bei Horstsaat legen Sie 3–7 Samen als Gruppe aus. Sie ist ideal für Arten wie Stangenbohnen, die viel Platz brauchen und einzeln nicht sonderlich standfest sind.

5

5 Die Breitsaat eignet sich sowohl für »Schnittgemüse« als auch für Feldsalat: Wenn die Samen breitwürfig ausgestreut werden, geht die spätere Ernte ganz leicht von der Hand.

6

6 Reihensaat ist für die meisten Arten, z.B. bei Salat und Mangold, sinnvoll. Nach dem Aufgehen der Samen können Sie Gemüse und Unkraut leichter unterscheiden und das Beet entsprechend hacken.

In Reihen & Verbänden: Gemüse & Kräuter perfekt einpflanzen

Ob gekauft oder selbst herangezogen: Es bedeutet für den Gemüse- und Kräuternachwuchs immer eine Umstellung, wenn er in die Beete kommt. Erleichtern Sie ihm das Anwachsen durch sorgfältige Pflanzung. Dabei spielt auch die Anordnung der verschiedenen Arten eine Rolle.

Gemüse und Kräuter können über die ganze lange Gartensaison hinweg problemlos im Freiland gepflanzt werden, nämlich von Februar bis Oktober. Bei kälteempfindlichen Pflanzenkulturen warten Sie damit aber besser bis Mitte/Ende Mai. Zum Pflanzen brauchen Sie nur eine Pflanzschaufel, eine Gießkanne und evtl. zwei Holzstöcke und eine Pflanzschnur.

Pflanzung mit Erfolgsgarantie

Beim Einpflanzen von Gemüse und Kräutern sollten Sie die folgenden Kriterien beachten:

- Wenn Sie genügend Platz auf den Beeten haben, dann pflanzen Sie Gemüse und Kräuter in parallelen Reihen nebeneinander. So gelingt es ganz leicht: Mithilfe einer zwischen zwei Holzstöcken gespannten Schnur, an der entlang Sie die Pflanzen einsetzen, werden die Reihen schön gerade. Auf einem solch übersichtlich bepflanzten Beet lassen sich Kulturmaßnahmen wie Hacken oder Jäten später ganz einfach ausführen.
- Bepflanzen Sie Ihre Beete nach dem Prinzip der Mischkultur (→ Seite 14/15), werden verschiedene Gemüse in benachbarten Reihen kultiviert.
- Wenn Sie schmale mit breit wachsenden Arten kombinieren, beispielsweise Möhren mit Kohlrabi, dann nutzen Sie den vorhandenen Platz im Beet optimal aus.
- Noch platzsparender ist eine Pflanzung im Verband (→ Seite 118, Bild 1 und 2). Dabei setzen Sie die Pflanzen in einer Reihe nicht parallel zur Nachbarreihe, sondern versetzt auf die Lücke zwischen zwei Pflanzen. Für »großkopfige« Salate und auch Kohlarten ist die Form der Verbandpflanzung ideal.

Pflanzen, gießen – schon wächst es

Setzen Sie Gemüse und Kräuter stets in vorbereitete Beete mit lockerer Erde (→ Seite 104).

- Heben Sie mit einer Handschaufel ein Loch aus, das etwas tiefer und breiter ist als der Topfballen, und setzen Sie die Pflanze möglichst gerade in das Loch hinein.
- Füllen Sie die ausgehobene Erde rings um den Wurzelballen wieder ein und drücken Sie diese gut fest.
- Bohnenstangen oder Tomatenstäbe werden beim Einsetzen neben den Pflanzen in die Erde gesteckt.
- Die frisch gepflanzten Gemüse oder Kräuter müssen Sie anschließend gut gießen. Bewässern Sie dabei am besten nur die Erde um den Wurzelhals herum und halten Sie die Blätter und Triebe der Pflanze möglichst trocken: So beugen Sie Pilzkrankheiten vor.

Mit System bepflanzt, beherbergen auch Hochbeete auf wenig Fläche viele verschiedene Gemüsearten.

Was gewissenhaft gepflanzt wird, kann später gut wachsen

1 Im Verband steht der Nachwuchs besonders platzsparend. Heben Sie das Pflanzloch so groß aus, dass der Wurzelballen der Pflanze bequem hineinpasst.

2 Wenn die Pflanze gerade im Pflanzloch sitzt, dann füllen Sie das Loch wieder mit Erde auf und drücken die Erde anschließend mit beiden Händen gut fest.

3 »Salat möchte im Wind flattern«. Er wird hoch gepflanzt, damit der Wurzelhals nahezu trocken bleibt. Das beugt der Salatfäule vor. Der Wurzelballen darf zu einem Drittel aus der Erde ragen.

4 In eine mit dem Pflanzholz gezogene Rille werden Steckzwiebeln gerade so tief gesteckt, dass die Spitzen nicht mehr aus dem Boden hervorschauen.

5 Damit die dünnen Lauchpflänzchen besser stehen bleiben und einen guten Halt haben, häufeln Sie die Pflänzchen in Form eines kleinen Erdwalls an.

6 Setzen Sie Tomaten etwa 15 cm tiefer ein, als der Wurzelballen hoch ist: Sie wurzeln sehr tief. Zudem bilden sie dann am Stängel viele Seitenwurzeln und entwickeln sich besonders kräftig.

Heizen Sie dem Gemüse ein:
Glas, Folie & Vlies verlängern die Saison

Beim geschützten Anbau beginnt die Saison im Küchengarten im Frühling einige Wochen früher, im Herbst wird sie durch den Anbau von »Wintergemüse« deutlich verlängert. Und während der Wintermonate werden Gewächshaus oder Frühbeet zum Gemüselager.

In einem unbeheizten Gewächshaus oder Frühbeet ernten Sie im Frühling Kopf- und Schnittsalat, Radieschen oder Rettiche bis zu 3 Wochen früher als im Freien. Im Herbst säen Sie noch Radieschen, Rukola, Feldsalat und Winterspinat; bis Mitte September können Sie sogar Endivie, Kohlrabi, Zuckerhut und Radicchio pflanzen. Alle diese Kulturen wachsen unbehelligt von launischem Wetter und Jungpflanzen sowie Aussaaten gedeihen unter optimalen Bedingungen. Für Frühlings- und Herbstkulturen eignen sich ebenso Folien- oder Vliestunnel. Besorgen Sie sich dafür gebogene Metallstäbe im Fachhandel. Stecken Sie je nach gewünschter Länge die entsprechende Anzahl im Abstand von 60–80 cm fest in die Erde, ziehen eine Kunststofffolie oder ein Gärtnervlies darüber und beschweren es windsicher an den Seiten mit Steinen oder Erde. Im Winter haben Gewächshaus und Frühbeet einen weiteren Pluspunkt vorzuweisen: Sie lassen sich mit ein paar Handgriffen zum Gemüselager umfunktionieren (→ Seite 86/87).

Im Folien- oder Vliestunnel können auch zarte Pflänzchen noch bei kälteren Temperaturen gedeihen. Die Metallbögen sorgen dabei für Stabilität.

Das richtige Haus am richtigen Ort

Ganz gleich, ob Gewächshaus, Frühbeet und Tunnel: Wählen Sie für alle einen möglichst sonnigen Platz im Garten aus, der auch im Winter vom Haus aus schnell und bequem zu erreichen ist. Eine Ausrichtung in Nord-Süd-Richtung sorgt für die gleichmäßige Besonnung der Pflanzen; eine Ost-West-Richtung hat den Vorteil, dass insbesondere die Wintersonne optimal ausgenutzt wird. Damit sich die Luft unter Glas und Folie jedoch nicht zu sehr aufheizt, vergessen Sie nicht, ausreichend zu lüften (→ Seite 20/21).

Je größer, desto weniger heizt sich ein Gewächshaus bei Hitze auf. Es empfiehlt sich eine Fläche von mindestens 8–10 m^2.

Kasten, Tunnel & Vlies: praktische Alternativen zum Gewächshaus

1 Die praktischen Pflanzhütchen aus Kunststoff bieten einzelnen Jungpflanzen einen guten Schutz vor Nachtfrösten oder zu starker Sonnenbestrahlung. Stellen Sie die Hütchen einfach nach Bedarf kurzfristig auf.

2 Mit einem Folientunnel sind Sie mobil: Je nach Bedarf kann das »transportable Gewächshaus« schnell auf verschiedenen Beeten und Pflanzflächen auf- und auch wieder abgebaut werden.

3 Gärtnervlies ist luft- und wasserdurchlässig. Anders als Folie heizt sich die Luft darunter weniger auf und es entsteht kein Schwitzwasser. Sie brauchen nicht zu lüften und das Vlies nur für die Ernte aufzudecken.

4 Aus einem 4 m langen und 1,50 m breiten Frühbeetkasten aus dem Gartenfachhandel können Sie eine vierköpfige Familie ausreichend mit eigenem Treibgemüse versorgen. Ist die Vorderseite des Frühbeetes mindestens 25 cm und die Rückseite etwa 40 cm hoch, erwärmt sich die Luft unter den schrägen, nach Süden ausgerichteten Fenstern optimal.

Obstgehölze pflanzen: Schritt für Schritt zum Ernteglück

Baum- und Beerenobst einzupflanzen ist nicht so schwierig. Halten Sie Stützpfähle, Kokosstrick und einen Spaten bereit – und schon kann es losgehen! Je nachdem, ob Sie wurzelnackte Bäume oder solche mit Topf- bzw. Wurzelballen einpflanzen, sind verschiedene Faktoren zu beachten.

Wenn Sie Obstgehölze im Fachhandel einkaufen, haben Sie die Auswahl zwischen preisgünstigeren Gehölzen mit blanker Wurzel, sogenannter »Wurzelware«, oder deutlich teureren Ballen- und Containerpflanzen, auch »Containerware« genannt (→ Seite 34/35).

Entweder »Wurzelware« …

Durch das Ausgraben in der Baumschule haben die »wurzelnackten« Pflanzen einen Teil ihrer überlebensnotwendigen Faserwurzeln verloren und müssen schleunigst wieder neue bilden. Damit sie dabei nicht durch übermäßigen Wasserverbrauch zusätzlich gestresst werden, verpflanzt man solche Gehölze im laublosen Zustand, und zwar am besten direkt nach dem Kauf. Der beste Zeitpunkt dafür sind kühle, bedeckte Tage im Spätherbst oder zeitigen Frühling.
Qualitativ gute Pflanzen erkennen Sie daran, dass Wurzeln und Triebe unbeschädigt und nicht vertrocknet sind, Art und Sorte auf einem Etikett an der Pflanze vermerkt sind.

… oder »Containerware«

Ballen- oder Containerpflanzen werden mit Wurzel- oder Topfballen gekauft und eingepflanzt, sodass sie keinerlei Wurzelverluste erleiden. Daher können sie problemlos auch noch im belaubten Zustand gepflanzt werden.
Die Ballen sollten fest sein und die Erde in ihnen nicht auseinanderfallen. Schlagen Sie Ballenware bis zur Pflanzung locker in feuchte Erde oder nasse Säcke ein und stellen Sie Topfbäume so lange an einen halbschattigen Ort. Auf diese Weise können Sie bis zur Pflanzung durchaus einige Tage überbrücken.

So kommen Wurzeln und Ballen in die Erde

Vor dem Einsetzen wird sowohl Wurzel- als auch Ballen-/Containerware nochmals gut gewässert. Wurzelnackte Gehölze setzen Sie so ins Pflanzloch, dass die Wurzeln gut hineinpassen, ohne umzuknicken. Arbeiten Sie zu zweit, damit der Baum nachher gerade steht.
Achten Sie beim Einsetzen der Obstgehölze darauf, dass die Veredlungsstelle, die Verdickung am Stammfuß, mindestens 10 cm über der Erdoberfläche sitzt.
Gehölze mit Wurzelballen werden durch Ballentücher aus Jute oder Drahtgeflecht zusammengehalten, die man nur am Stammfuß öffnet und ansonsten einfach mitpflanzt: Die Wurzeln wachsen später durch Draht und Gewebe hindurch.
Bei Containerware müssen Sie vor der Pflanzung auf alle Fälle den Topf abnehmen.

Die Pflanzarbeit hat sich gelohnt: Nach einigen Jahren winkt das Ernteglück!

So ermöglichen Sie jungen Obstbäumen einen optimalen Start

1 Heben Sie das Pflanzloch so groß und tief aus, dass der Wurzelballen reichlich Platz findet. Sohle und Seiten gut auflockern. Sobald die Pflanze sicher im Pflanzloch sitzt, knoten Sie das Ballentuch auf.

2 Den Stützpfahl »pflanzen« Sie mindestens 50 cm tief gleich mit. Steht er auf der Seite der Hauptwindrichtung, gibt es bei Wind keine Scheuerstellen am Stamm.

3 Steht der Baum senkrecht an seinem neuen Standort, schütten Sie die ausgehobene Erde wieder ins Pflanzloch hinein. Es kann die Sache erleichtern, wenn ein Helfer den Baum dabei festhält. Die Erde ringsum gut festtreten.

4 Aus der restlichen ausgehobenen Erde formen Sie einen Wall um die Pflanzstelle herum. Dieser »Gießrand« stellt sicher, dass beim Angießen das Wasser an die Wurzeln gelangt.

5 Mit Kokosstrick fixieren Sie den Baum am Pfahl mit einer lockeren, doppelten Achterschlaufe. Nach 2 Wochen, wenn Erde und Baum sich gesetzt haben, passen Sie die Schlaufe noch einmal an.

6 Wässern Sie den Obstbaum nach der Pflanzung und in der Folgezeit kräftig. So bekommen die Wurzeln Kontakt zur Erde.

Du kommst hier nicht rein: Schädlinge & Krankheiten überlisten

Schützen Sie Obst und Gemüse mit cleveren mechanischen und »biotechnischen« Maßnahmen und locken Sie nützliche Tiere an, dann haben ungebetene »Mitesser« das Nachsehen. Außerdem können Sie dann bedenkenlos jederzeit frische, unbehandelte Gartenschätze verzehren.

Setzen Sie zum Schutz Ihrer Pflanzenkulturen lieber einfache, aber dennoch wirkungsvolle Methoden ein anstatt chemischer Pflanzenschutzmittel. Durch Mischkultur (→ Seite 302), Komposteinsatz (→ Seite 108–111), Sortenwahl und Hacken (→ Seite 52/53) sowie richtiges Gießen beugen Sie dem Befall mit Schädlingen und insbesondere Pilzkrankheiten vor.

Plagegeister müssen draußen bleiben

Mit den folgenden Tricks haben manche Plagen ebenfalls keine Chance:

- Ködern Sie Schnecken mit ausgelegten halbierten Kartoffeln oder Bierfallen oder halten Sie sie mittels Schneckenzaun auf Abstand.
- Kohlkragen und Kulturschutznetze halten lästige Gemüsefliegen, Kohlweißlinge und auch Blattläuse von den Pflanzen fern.
- Im Obstgarten kommen Gelbtafeln gegen die Kirschfruchtfliege zum Einsatz, Leimringe helfen wirkungsvoll gegen Frostspanner und spezielle Fanggürtel haben sich gegen Apfelblütenstecher und Apfelwickler bewährt.
- An Gelbtafeln im Gewächshaus bleiben Weiße Fliegen und Trauermücken kleben.

Brühen: starke »Zaubertränke«

Krankheiten und Schädlinge lassen sich oft mit selbst hergestellten Brühen abwehren. Wichtig ist, dass Sie Ihre Pflanzen immer gut im Auge behalten und gleich beim ersten Anzeichen eines Befalls reagieren. Das Material zur Herstellung der Brühen wächst oft im eigenen Garten.
Gegen Monilia-Fäule an Sauerkirschen bzw. gegen Blattläuse können Sie mit folgender Brühe vorgehen. Sie brauchen zunächst einen Bottich aus Holz oder Plastik. Dann 300 g Meerrettichblätter und -wurzeln grob zerkleinern und 24 Std. in 10 l Wasser einweichen; den Bottich währenddessen zugedeckt lassen. Anschließend aufkochen und dann abkühlen lassen. Und danach ist die Brühe fertig und kann auf die befallenen Pflanzen gespritzt werden.

Einladung an die kleinen Gartenhelfer

»Kostenfreie« Unterstützung gibt es von tierischen Helfern, die Sie in den Garten locken können.

- Nistkästen für Stare und andere Gartenvögel sorgen dafür, dass sich die Schädlingsvertilger dauerhaft bei Ihnen niederlassen.
- Igel, Kröten und Frösche lieben Schnecken!
- Raubkäfer, Schlupfwespen, Marienkäfer, Raubmilben sowie Flor-, Schweb- und Raupenfliegen und deren Larven machen Blattläusen und vielen anderen schädlichen Insekten den Garaus.
- Ohrwürmer haben großen Appetit auf Blattläuse und die Eier von Apfelwicklern, Milben und Gespinstmotten. Um die Ohrwürmer anzulocken, bieten Sie ihnen am besten ein hängendes Quartier aus einem Tontopf, der mit Stroh oder Holzwolle gefüllt ist.

Diese bunte Mischung aus Gemüse, Kräutern, Blumen und Sträuchern ist ein ideales Zuhause für Nützlinge.

Nützliche »Helfer« lassen Schaderregern keine Chance

1 Ein »Insektenhotel« bietet Nistplätze für Wildbienen, die bei der Obstbaumbestäubung ihren wichtigen Beitrag leisten (→ Seite 136 ff.). Die Tiere bewohnen Ritzen, hohle Pflanzenstängel und verschieden große Bohrungen im Holz.

2 Der possierliche, meist nachtaktive Igel ernährt sich hauptsächlich von Käfern, Schnecken, Larven, Würmern, Spinnen und sonstigen Insekten, darunter jede Menge Gartenschädlinge. Die gelegentliche Erdbeere sei ihm dafür vergönnt!

1

2

3 Beachten Sie beim Ausbringen von Pflanzenbrühen das Wetter: Regnet es bald nach der Behandlung, wird die Brühe verdünnt bzw. abgewaschen. Daher müssen Sie nach dem Regen die Pflanzen erneut mit der Brühe spritzen.

3

4 Kulturschutznetze für Gemüse wirken wie Moskitonetze für uns: Darunter sind Radieschen, Möhren, Rettich, Kohlgewächse, Zwiebeln, Lauch und Bohnen vor Gemüsefliegen und deren Larven sicher.

5 Ein enger Pappkragen an der Stängelbasis hält Kohlfliegen von jungen Kohlrabi- und Kohlpflanzen fern. Zu Beginn der Rosskastanienblüte anbringen, gegen Ende entfernen.

6 Schneckenzäune aus Metall oder Kunststoff mit steil gewinkelter Außenkante halten die »Schleimer« auf Abstand. Lassen Sie keine Pflanzenteile über den Zaun hängen: Schnecken nutzen sie als Brücke.

So haben Sie länger Freude dran: Obst, Gemüse & Co. optimal lagern

Sie haben mehr geerntet, als Sie gerade verbrauchen können? Na prima! In geeigneten Räumen und mit den richtigen Aufbewahrungsmethoden bringen Sie Ihr Lagerobst und -gemüse in die Warteposition für Zeiten, in denen der Garten wenig an leckeren Erzeugnissen zu bieten hat.

Alte Bauernhäuser besaßen früher oft sogenannte »Naturkeller« mit einem Boden aus verfestigtem Erdreich. Sie waren 2–8 °C kühl und zeichneten sich durch eine hohe Luftfeuchtigkeit von etwa 90 % aus. Ideal für das meiste Lagerobst und -gemüse! Sollten Sie einen Keller oder anderen Raum mit solchen Bedingungen haben – seien Sie froh und nutzen Sie diese Gelegenheit.

- Lagern Sie nur gesundes, unbeschädigtes und weitgehend sauberes Obst und Gemüse – am besten in luftigen Körben, Sandkisten oder auch auf Regalen.
- Kontrollieren Sie die Bestände regelmäßig. Fauliges und schimmelndes Erntegut muss unbedingt entfernt werden!
- Achten Sie darauf, Äpfel immer getrennt von anderem Obst und Gemüse zu lagern, da sie den »Reifestoff« Ethylen abgeben. Er lässt anderes Obst und Gemüse, das benachbart gelagert wird, frühzeitig reif werden.

Bevor Dauerfrost droht, sollte Gemüse wie die Rote Bete ins Winterlager. Vorsichtig ausgraben, von Erdresten befreien, Laub entfernen und einlagern.

Einlagern ohne Naturkeller

Haben Sie keinen geeigneten Lagerraum, legen Sie eine Erdmiete an (→ Seite 87).

- Eine clevere Alternative zur selbst gegrabenen Miete ist eine im Boden versenkte Waschmaschinentrommel. Mit dem Erntegut füllen und mit Deckel oder Drahtgeflecht verschließen (→ Seite 134, Bild 3).
- Ein im Winter ungenutztes Frühbeet oder auch ein Gewächshaus kann ebenso als Gemüselager fungieren. Schlagen Sie dort ausgegrabenen Chicorée sowie Salate wie Endivie und Zuckerhut ein (→ Seite 86).
- Kräuter lassen sich gut einfrieren, als Kräuterbutter, -öl, -pesto konservieren (→ Seite 60/61), büschelweise zum Trocknen aufhängen oder im Backofen in 3–6 Stunden bei 40–50 °C dörren.
- Auf diese Weise können Sie auch Dörrobst, wie z. B. Apfelringe und Pflaumen, schonend trocknen (→ Seite 99).

So geht Kräutertrocknen: In lockeren Bündeln an einem luftigen, warmen, schattigen Platz aufhängen.

So macht »Hamstern« Spaß: Obst, Gemüse & Kräuter richtig aufbewahren

2 In Würfelform können tiefgefrorene Kräuter gut portioniert werden. Die Würfel mit den Kräuterteilchen müssen vor dem Verwenden auch nicht extra aufgetaut werden. Im Gefrierschrank behalten die Kräuter bis zu 12 Monaten ihr Aroma.

1 Würzkräuter wie Rosmarin, Thymian, Bohnenkraut und andere können Sie optimal in Olivenöl konservieren. Lassen Sie dafür saubere und trockene Pflanzenteile 3–5 Wochen lang im Öl an der Sonne ausziehen. Danach stellen Sie die Flaschen an einen kühlen, dunklen Platz.

3 Sollten Sie Ihre Waschmaschine ausrangieren, behalten Sie die Trommel! Wenn Sie diese im Boden eingraben, schaffen Sie sich ein ideales winterliches Gemüselager. Sein größter Vorteil: Es ist absolut mäusesicher!

4 Von Roter Bete und Lagermöhren entfernen Sie das Laub, bürsten anhaftende Erde trocken ab und legen sie in Kisten mit Sand (→ Seite 88). Stellen Sie die Kisten in einen kühlen, dunklen Raum.

5 Ist der dekorative Knoblauchzopf ca. 6 Wochen lang gut durchgetrocknet, lässt er sich dunkel und trocken meist ohne Probleme mehrere Monate gut aufbewahren.

6 Sorgsam ins Obstlager gepackt, mit den Stielen jeweils nach oben, halten sich Äpfel gut. Die daneben liegenden Birnen sind aufgrund des »Reifestoffs« der Äpfel allerdings nicht so lange haltbar!

Ein komfortables Insektenhotel: Unterschlupf für Krabbler & Brummer

Wer Obst und Gemüse ernten will, braucht auch Tiere, die die Pflanzen bestäuben. Hilfreich dabei ist ein naturnaher Garten, der Wildbienen und andere nützliche Bestäuber unterstützt. Neben dem Verzicht auf chemische Spritzmittel empfiehlt sich auch die Einrichtung »verwilderter« Gartenecken.

Manchmal ist etwas Unordnung gut: Werden Stängel von Stauden und anderen krautigen Pflanzen im Herbst nicht von den Beeten entfernt, finden dort im Winter hilfreiche Insekten Unterschlupf. Zusätzlich bieten Insektenhotels eine Möglichkeit, Insekten aktiv zu fördern.

Kinderstube von Mauerbiene & Co.

Insektenhotels kann man fertig kaufen oder selbst bauen – in unterschiedlichster Form und Größe. Neben dem Nutzen für die sie besiedelnden Insekten bieten sie Familien mit Kindern eine großartige Möglichkeit zum Beobachten! Die einfachste Variante zum Selbstbauen besteht im Anbohren von Hartholzstücken, die wettergeschützt im Gartenbereich angebracht werden. Hierbei versieht man die Holzstücke in dichtem Abstand mit 3–12 mm starken Bohrungen, bohrt das jeweilige Holzstück jedoch nicht ganz durch.

Insektenhotel in der Dose

Doch es geht auch ganz ohne Bohrmaschine! Aus hohlen Ästen, Stängeln und einer Dose ist schnell eine weitere, flexibel einsetzbare einfache Variante eines Insektenhotels gebaut (→ Seite 138/139).

Wer wohnt im fertigen Insektenhotel?

Da die potenziellen Bewohner des Insektenhotels eher friedlicher Natur sind, können Sie das »Bauwerk« ruhig auch auf der Terrasse, dem Balkon oder in der Nähe anderer Sitzplätze anbringen, wo Sie die Möglichkeit haben, das Treiben der kleinen Gartenhelfer zu beobachten. Denn Wildbiene, Schlupfwespe u. Ä. interessieren sich nicht für sommerliches Grillgut oder Kuchen, sondern sind stattdessen wichtige Helfer bei der Pflanzenbestäubung und Schädlingsbekämpfung.

Wildbienen, Mauerbienen

Alle Bienen außer der Honigbiene zählen zu den Wildbienen. Die meisten leben solitär; d. h., sie bilden keine Staaten, sondern versorgen ihre Brut allein. Insofern sind solitär lebende Wildbienen wesentlich friedlicher als ihre staatenbildenden Verwandten. Besonders interessant sind Mauerbienen. Sie nutzen unterschiedlichste Brutstätten, wie z. B. Brutröhren, die sie in sandigem Untergrund graben, aber auch leere Schneckenhäuser oder bereits vorhandene Bruthöhlen in Stein, Holz oder Pflanzenstängeln. Sind Ei und Pollenvorrat für die später schlüpfende Larve abgelegt, wird der Eingang verschlossen. Als »Mörtel« dient ein Gemisch aus körpereigenem Drüsensekret und Pflanzenstückchen oder Erde.

Schlupfwespen, Grabwespen

Schlupfwespen, Grabwespen u. Ä. leben, wie auch die Wildbienen, solitär. Haben sie eine passende Brutröhre gefunden und ein Ei abgelegt, packen sie als Nahrungsvorrat für die schlüpfende Larve entweder gelähmte Insekten, Spinnen oder Insektenlarven mit hinein.

Insektenhotel de luxe im eigenen Garten: Hier können Bienen, Wespen & Co. bequem einchecken.

Eins, zwei, drei – fertig ist das Insektenhotel: So fühlen sich die Tiere wohl

Das brauchen Sie:

1. Gereinigte Konservendose (250 g)
2. Isolierband
3. Schilfhalme, Bambusstängel, ausgehöhlte Holunderzweige bzw. sämtliches hohle Naturmaterial
4. Gartenschere
5. Holzschraube (mind. 8 cm lang)

Anleitung:

1. Dose vorbereiten: Sollen jüngere Kinder beim Befüllen helfen, Vorsicht an den scharfen Dosenrändern! In diesem Fall Dosenränder am besten mit Isolierband abkleben.

2. Füllmaterial passend zuschneiden: Äste, Halme etc. werden auf die geeignete Länge geschnitten. Sie sollten 2–5 cm kürzer als die Dosenhöhe sein.

3. Holunderäste aushöhlen – das weiche Mark lässt sich ganz leicht mit einer Holzschraube herausarbeiten. Um das Verletzungsrisiko für Kinder zu minimieren, Spitze der Schraube am besten abschleifen.

4. Befüllen Sie die Dose mit dem vorbereiteten Material – fertig! Der Platz zum Aufstellen sollte sonnig und, wenn möglich, wettergeschützt, aber mit freiem Zugang nach draußen sein. Geeignet sind also z. B. Dachüberhänge oder Ähnliches.

1 Dose richtig vorbereiten.

2 Äste passend zuschneiden.

3 Mit einer Holzschraube aushöhlen.

4 Dose befüllen – und fertig ist das Insektenhotel. Mehrere Dosen bieten eine Luxusunterkunft für viele Tiere.

Ein gefundenes Fressen: Vögel füttern im winterlichen Garten

Neben der naturnahen Gartengestaltung können Sie »gefiederte Gartenhelfer« durch eine Winterfütterung unterstützen. Mit vogelfreundlichen Gehölzen wie Holunder, Wildrosen oder Vogelbeere ist schon viel für die Vögel getan, die sich spätestens bei der nächsten Brut als Schädlingsbekämpfer betätigen.

Für Futterpflanzen sorgen und den Herbstputz verschieben

Auch eigens für die Piepmätze angebaute, futtertragende Pflanzen wie z. B. Sonnenblumen, die man auf den Beeten stehen lässt und die in der nahrungsarmen Zeit zur Verfügung stehen, werden von verschiedenen Singvögeln gerne besucht. Denn die Pflanzen bieten ihnen einen reich gedeckten Tisch.

Wenn Sie dann noch den »Herbstputz« in den Staudenbeeten zumindest teilweise auf das Frühjahr verlegen, d. h., alles, was noch nicht welkt und matschig ist, darf stehen bleiben, finden dort Insekten Überwinterungsmöglichkeiten und Vögel weitere Sämereien.

Außerdem bezaubert der charmante Reiz bereifter oder mit Puderschnee bedeckter Samenstände in der glitzernden Wintersonne wohl einen jeden Gartenbesitzer.

Futterhäuschen helfen über den Winter

Zusätzlich empfiehlt sich die Einrichtung einer Futterstelle, die dann aber den gesamten Winter über mit Futter aus dem Fachhandel befüllt werden sollte. Denn haben sich die Vögel erst einmal auf eine verlässliche Futterquelle eingestellt, trifft sie deren plötzlicher Wegfall mitten im Winter besonders hart.

Wenn Sie sich für ein herkömmliches Futterhäuschen entscheiden, ist es wichtig, es regelmäßig mit heißem Wasser zu reinigen und täglich nur wenig Futter nachzulegen. Aus hygienischen Gründen sollten Sie beim Reinigen stets Handschuhe tragen.

Empfehlenswert sind auch Futtersilos, bei denen die Tiere nicht im Futter herumlaufen und es mit Kot verschmutzen können. Auf diese Weise minimieren Sie die Übertragung und Ausbreitung von Krankheitserregern. Hier können Sie Futter für einen längeren Zeitraum anbieten.

Futterspender müssen so gebaut und angebracht werden, dass das Futter nicht nass wird, sonst verdirbt oder vereist es.

Kokosnuss-Futterhaus

An Futterstellen lassen sich die verschiedenen Vögel auch besonders gut beobachten, was nicht nur Kindern Freude bereitet. Ein einfaches Futterhaus lässt sich z. B. aus Kokosnussschalen leicht selbst bauen (→ Seite 142/143).

Ein geeigneter Platz für die Futterstation sollte Schutz vor lauernden Katzen bieten, gut einsehbar und vor allem wettergeschützt sein, damit das Futter auch bei starkem Wind, Schnee und Regen nicht durchnässt werden kann, da es sonst verdirbt oder vereist. Ein Ort unter einem Dachvorsprung ist meistens ideal.

Dieses Futterhaus lässt sich an einem stabilen Brett befestigen. Das Dach schützt Vögel und Futter vor Nässe.

Ein Futterhaus aus Kokosnussschalen: Bastelspaß für Jung und Alt

Das brauchen Sie:

1. Kokosnuss
2. Draht
3. Hammer
4. Frühstücksmesser
5. Bohrmaschine und Bohrer (ca. 3 mm)

Anleitung:

1. Um das Kokoswasser aus der Nuss zu bekommen, durchstößt man mit dem Schraubenzieher den nachgiebigsten der drei Flecken (Keimlöcher) am Kopfende der Nuss.
   Durch mehrfache Drehbewegungen bohren Sie so ein Loch durch Schale und Fruchtfleisch. Jetzt können Sie das Kokoswasser abgießen – es schmeckt sehr erfrischend!

2. Zum Spalten entlang des Umfangs halten Sie die Kokosnuss locker in der Hand und schlagen mit der spitz zulaufenden Hammerseite (Finne) kurz und kräftig entlang des Umfangs der Nuss.
   Irgendwann entsteht ein erster Riss, den Sie durch weitere Schläge verlängern, bis die Schale in zwei möglichst gleich große Hälften geteilt ist.
   Gelingt das nicht gleich beim ersten Mal, ist es von Vorteil, man hat eine zweite Kokosnuss, mit der man es erneut probieren kann.

3. Das Fruchtfleisch wird am besten mit einem vorne abgerundeten Frühstücksmesser entfernt und dient schon mal als Stärkung der »Baumeister«. Bruchstückchen des Fruchtfleisches können Sie später auch dem Vogelfutter beimischen.

1 Loch bohren und Kokoswasser ablassen.

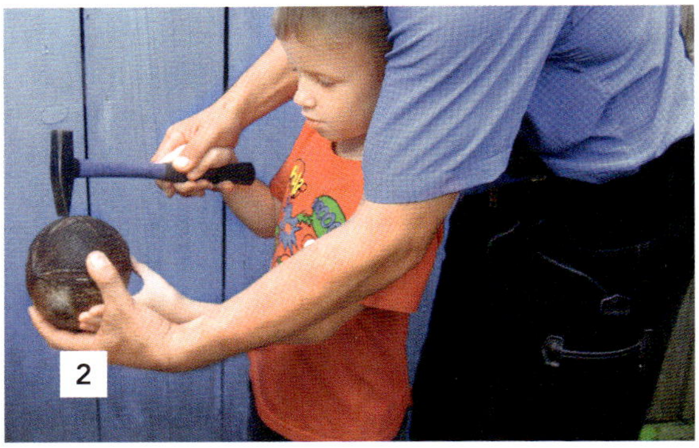

2 Kokosnuss halbieren bzw. öffnen.

3 Kokosmark mit dem Messer entfernen.

4. Die leeren Schalenhälften werden dann wieder zusammengefügt, um die Markierungen für die Bohrungen anzubringen.
Dann bohrt man, jeweils gegenüberliegend, in jede Hälfte der Kokosnuss drei Löcher, alle 1-2 cm von der Bruchkante entfernt. Am Ende sollten sich drei gleichmäßig verteilte Löcher in jeder der beiden Schalenhälften befinden.

5. Mit ca. 10 cm langen, an den Enden zu einem U gebogenen Drahtstücken nun die Bohrungspaare an der Bruchkante verbinden.
Nun bringen Sie oben, neben dem Loch zum Ablassen der Kokosmilch, eine zweite Bohrung an und ziehen dann durch beide Löcher eine Drahtschlinge zum Aufhängen.
Die größere Bohrung, die zum Abgießen des Kokoswassers diente, können Sie ganz einfach mit einem Holzstopfen verschließen.

6. Die untere Hälfte der Kokosnuss wird nun mit einer leckeren Körnermischung befüllt.
Anschließend kann das selbst gebastelte Kokosnuss-Futterhäuschen an einem katzensicheren Ort im Garten aufgehängt werden.
Und sicherlich lassen sich schon bald die ersten Vögel im Häuschen nieder, um mit den köstlichen Leckerbissen ihren Hunger zu stillen.
So ein Futterhäuschen bietet – gerade auch für Kinder – eine tolle Möglichkeit, wild lebende Vogelarten aus nächster Nähe zu beobachten oder ihr Verhalten bequem vom Fenster aus zu studieren. Wann kommen beispielsweise welche Arten? Welches Futter mögen sie besonders gern? Vertragen sich alle gut miteinander oder gibt es auch Streithähne unter der Vogelgesellschaft?

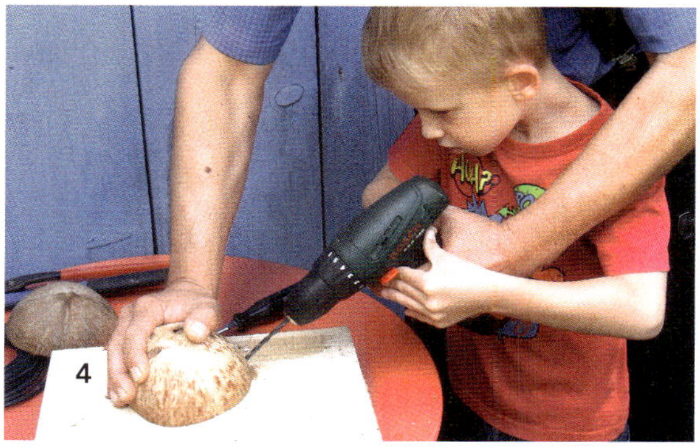

4 Löcher für die Halterung bohren.

5 Die beiden Hälften sicher verbinden.

6 An geschützter Stelle aufhängen.

Nicht nur Gaumenschmaus: Dieser Kräuter- und Gemüsegarten hat auch eine Menge für das Auge zu bieten.

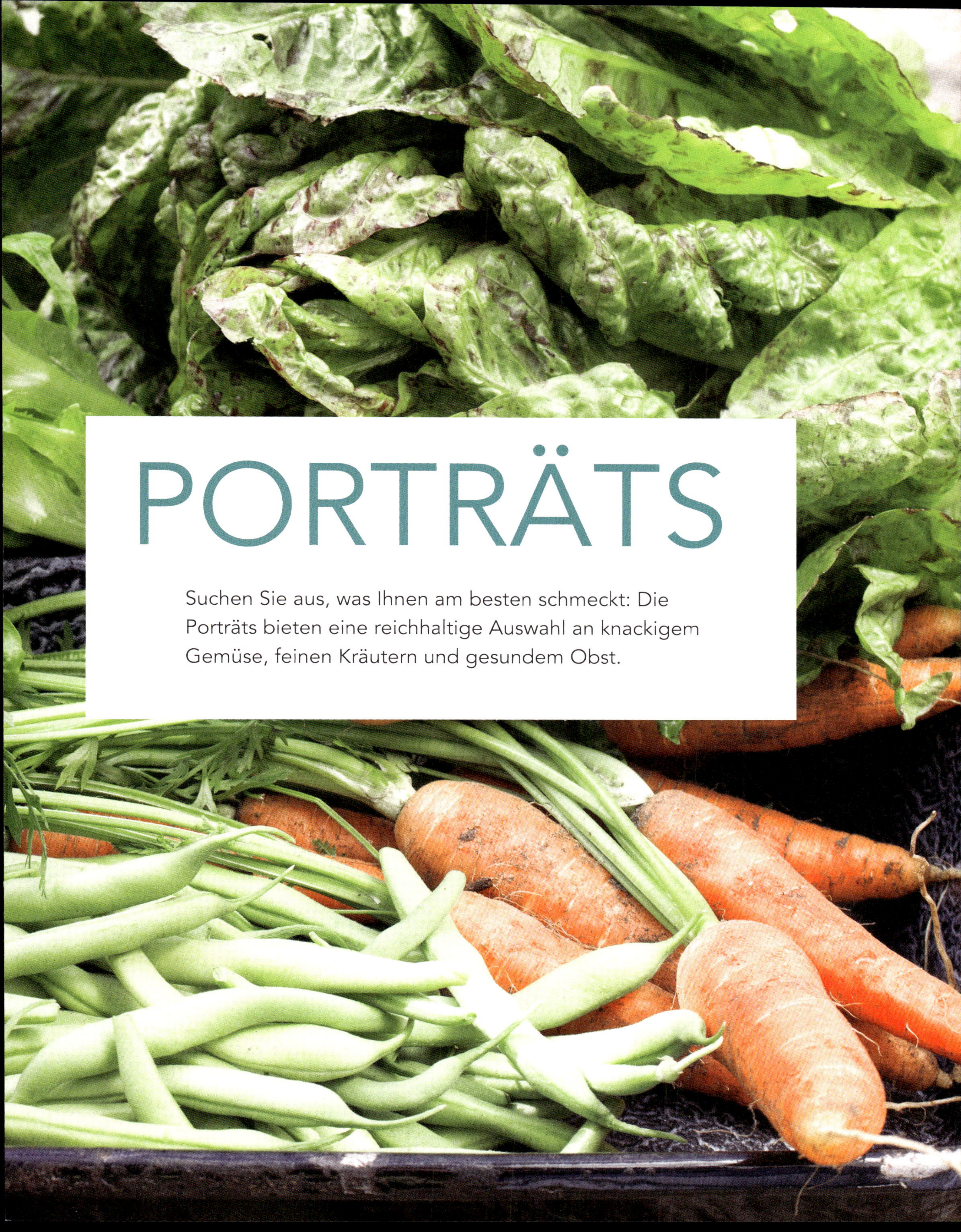

PORTRÄTS

Suchen Sie aus, was Ihnen am besten schmeckt: Die Porträts bieten eine reichhaltige Auswahl an knackigem Gemüse, feinen Kräutern und gesundem Obst.

KNACKIGES GEMÜSE

Je nachdem, wie viel Platz Ihre Beete bieten und wie viel Zeit Sie bereit sind, in die Pflege der grünen Genüsse zu »investieren«, steht Ihnen eine reichhaltige Auswahl an Salat und Gemüse zur Verfügung. Umso vielfältiger die Zusammenstellung in Ihrem Garten ausfällt, umso besser gedeihen meistens auch die Pflanzen.

- Mit verschiedenen Salaten aus eigenem Anbau sichern Sie sich auf jeden Fall einen enormen Frische-Vorteil, mit dem kein gekaufter Salat aus dem Laden mithalten kann. Für Ungeduldige sind Pflück- und Blattsalate ideal, da sie sich schon nach kürzester Zeit ernten lassen. Wer etwas geduldiger ist, sucht sich aus dem reichhaltigen Sortiment der verschiedenen Kopfsalate aus, was ihm schmeckt.

- Schnell wachsende Radieschen und Mairübchen, Erbsen und Zuckerschoten sind taugliche Gemüsekulturen für Garteneinsteiger, da sie zuverlässig genussreiche »Gartenerfolge« liefern. Ebenso eignen sich auch verschiedene Blattgemüse wie z. B. Spinat, Mangold oder Guter Heinrich, da sie mehrmals in der Saison beerntet werden können.

- Wer langfristiger plant, dem steht eine große Auswahl an verschiedenen Lagergemüse-Arten zur Verfügung. Angefangen bei Kartoffeln über Möhren und Knollensellerie, gibt es auch exotisch anmutendes Wurzelgemüse wie Knollenziest oder Haferwurzel. Deren Rüben und Knollen sind ebenfalls gut haltbar und lassen sich zu kulinarischen Überraschungen verarbeiten. Auch die vielen Kohlarten eignen sich sowohl zum Frischgenuss als auch zum Einlagern und Aufbewahren, nicht zuletzt in Form von »selbst gestampftem« Sauerkraut!

- Für sommerliche Salate und Gerichte, aber auch zum schnellen Naschen sind Tomaten, Paprika, Gurken und Andenbeeren unerlässlich. Denken Sie jedoch daran, dass die Kulturen auch während der Urlaubszeit gegossen und gepflegt werden wollen.

Salate

Wild wachsende »Lattich«-Arten, Vorfahren unserer heutigen Gartensalate, wurden vermutlich schon frühzeitig gesammelt. Man deutete Pflanzendarstellungen auf ägyptischen Reliefs als Römer- oder Bindesalat und schloss daraus, dass die knackigen Köpfe bereits vor etwa 4000 Jahren verzehrt wurden.

Salate in großer Vielfalt bieten das Passende für jeden Geschmack.

GEMÜSE, HEILMITTEL, »WUNDERKRAUT«

Auch Griechen und Römer schätzten den Lattich, allerdings als gekochtes Gemüse oder in Salzlake eingelegt. In unseren Breiten wurden verschiedene Formen des Salats in den mittelalterlichen Klostergärten gezüchtet. Neben der kulinarischen Verwendung setzte man ihn auch in der Heilkunde ein und um seine sagenhaften Fähigkeiten rankt sich so manche Geschichte. So sollen Adler, um ihre Sehkraft zu schärfen, regelmäßig von der Pflanze gefressen haben. Später erfuhr der kalorienarme Salat im Zuge einer Welle der bewussten Ernährung einen großen Aufschwung. Bereits Mitte des 19. Jahrhunderts kannte man 65 verschiedene Sorten, davon allein 44 Kopfsalate. Salate gehören ganz offensichtlich zu den Pflanzen, bei denen die Vorteile eines Anbaus im eigenen Garten überwiegen. Denn sie sind nicht lange lagerfähig, verlieren bei Lagerung und Transport viel an Vitaminen und Aroma und schmecken daher selbst angebaut und frisch geerntet am besten.
Allerdings ist Salat auch in der Lage, Stickstoff in Form von Nitrat aus dem Boden aufzunehmen. Das ist zwar auch bei den meisten anderen Pflanzen der Fall. Doch gerade bei Kopfsalat kann das Folgen haben.

AUF DIE BELICHTUNG KOMMT ES AN

Salat speichert den Nitratanteil, den er nicht für sein eigenes Wachstum verbraucht, in seinen Blättern. Werden diese verspeist, können sich im Körper gesundheitsschädliche Nitrosamine bilden. Wie viel Nitrat in einer Pflanze enthalten ist, hängt von der Belichtung ab. Der ungesunde Stoff wird im Dunkeln angereichert und bei Licht wieder abgebaut. Daher ist in der lichtarmen Zeit im Gewächshaus kultivierter Salat wesentlich höher belastet als Freilandsalat im Sommer und auch spätnachmittags geerntete Köpfe sind nitratärmer. Besonders viel Nitrat wird in den Blattrippen und den äußeren Blättern gespeichert. Salatsorten wie Endiviensalat und Eissalat speichern allerdings deutlich weniger Nitrat als andere.

Kopfsalat

Lactuca sativa var. *capitata*

J F M A M J J A S O N D

Saattiefe: 1 cm | **Pflanzabstand:** 25 × 25 cm

Schwachzehrer
Familie: Korbblütler
Standort: Humos, durchlässig.
Anbau/Pflege: Nicht zu tief pflanzen, Folgesaaten alle 2–3 Wochen; ideal für die Nutzung von Frühbeet, Gewächshaus, Folientunnel im Frühling und Herbst; Boden vor der Pflanzung mit Kompost versorgen; wenig Stickstoff düngen (sonst Nitratanreicherung im Salat); mulchen.
Gute Partner: Erbse, Fenchel, Gurke, Kohl, Möhre, Lauch, Zwiebel.
Ernte: Mai–Oktober. Feste Köpfe zügig ernten, sonst Blütenbildung; nachmittags ernten, dann ist die Nitratanreicherung im Salat geringer.
Verwendung: Rohkost; Salat nur frisch verwenden (Kopfsalat kann man 2–3 Tage kühl lagern), am besten mit klassischer Vinaigrette oder Joghurtdressing.
Sorten: **Frühsorten unter Glas/Folie:** 'Larissa', 'Briweri', 'Merveille des quatre saisons': intensive rotbraune Färbung, lockerer Kopf; **früheste Freilandsorte:** 'Maikönig': mit rotem Rand, 'Maiwunder': kältetolerant mit zarten Köpfen; **Universalsorte:** 'Dynamite': mittelgroße Köpfe mit dickem, hellgrünem Blatt, zart, mit angenehmem Aroma; **rotbraune Sommersorten:** 'Pirat': feste, mittelgroße Köpfe, 'Barbarossa': große Köpfe und kräftig-aromatischer Geschmack.

Eissalat, Krachsalat

Lactuca sativa var. *capitata*
(Kulturform des Kopfsalats)

J F M A M J J A S O N D

Saattiefe: 1 cm | **Pflanzabstand:** 30 × 40 cm

Schwachzehrer
Familie: Korbblütler
Standort: Humos, locker, durchlässig, nicht zu trocken.
Anbau/Pflege: Nicht zu tief pflanzen, Folgesaaten alle 2–3 Wochen möglich; Boden vor der Pflanzung mit Kompost versorgen; wenig Stickstoff düngen (sonst Nitratanreicherung); mulchen.
Gute Partner: Erbse, Fenchel, Gurke, Kohl, Möhre, Lauch, Zwiebel.
Ernte: Mai–Oktober. Sobald die Köpfe fest sind, aber noch nicht spitz zulaufen. Eissalat neigt nicht so schnell zum Schossen wie Kopfsalat und kann daher länger auf dem Beet bleiben.
Verwendung: Rohkost.
Sorten: 'Stylist': Frühsorte unter Glas/Folie, dichte Köpfe, milder Geschmack; 'Sioux': rotblättig; 'Frillice': stark geschlitzte Blätter, lockere Köpfe; 'Rouge grenobloise': rot, zart.

Eichblatt-, Pflück-, Bataviasalat

Lactuca sativa var. *crispa*

J F M A M J J A S O N D

Saattiefe: 1 cm | **Pflanzabstand:** 30 × 30 cm

Schwachzehrer
Familie: Korbblütler
Standort: Humos, durchlässig, nicht zu trocken, kalkhaltig.
Anbau/Pflege: Nicht zu tief pflanzen; Boden vor der Pflanzung mit Kompost versorgen; Stickstoff sparsam düngen; mulchen.
Gute Partner: Erbse, Fenchel, Gurke, Kohl, Möhre, Pastinake, Lauch, Schwarzwurzel, Radieschen, Rote Bete, Tomate, Zwiebel.
Ernte: Mai–September. Junge Köpfe oder laufend einzelne Blätter ernten, dann Herztrieb stehen lassen, damit neue Blätter nachwachsen. Nachmittags ernten (weniger Nitratanreicherung). Rotblättrige Sorten färben sich bei großen Tag-Nacht-Temperaturschwankungen stärker aus.
Verwendung: Rohkost.
Sorten: 'Lollo Rossa': rotlaubiger Blattbatavia; 'Lollo Bionda': hellgrüner Blattbatavia; 'Red Salad Bowl': rotlaubiger Eichblattsalat (→ Abb.); 'Salad Bowl': gelbgrüner Eichblattsalat.

Römischer Salat, Romanasalat, Bindesalat

Lactuca sativa var. *longifolia*

J F M A M J J A S O N D

Saattiefe: 1 cm | **Pflanzabstand:** 30 × 30 cm

Schwachzehrer
Familie: Korbblütler
Standort: Humos, durchlässig.
Anbau/Pflege: Hohe Hitzeverträglichkeit und Schossfestigkeit, ideal für Sommeranbau; vor der Pflanzung Kompost in den Boden einarbeiten; mulchen; ältere Sorten mussten zusammengebunden werden, neuere bilden von selbst geschlossene Köpfe.
Gute Partner: Bohne, Erbse, Erdbeere, Fenchel, Gurke, Radieschen, Rettich.
Ernte: Juni–September. Ganze Köpfe (je nach Sorte mehr oder weniger fest geschlossen) oder auch laufend einzelne Blätter wie Schnittsalat.
Verwendung: Blätter roh oder gedünstet; spargelähnlicher Geschmack.
Sorten: 'Valmaine': große, geschlossene Köpfe; 'Verde degli Ortolani': gut geschlossene Köpfe; 'Brune d'hiver': rotblättrige, lockere Köpfe; 'Kasseler Strünkchen': Strünke können zusätzlich gedünstet werden.

Feldsalat, Ackersalat, Rapunzel

Valerianella locusta

J F M A M J J A S O N D

Saattiefe: 2 cm | **Pflanzabstand:** 15 × 3 cm

Schwachzehrer
Familie: Baldriangewächse
Standort: Humos, nicht zu leicht, kalkhaltig.
Anbau/Pflege: Vor der Saat sehr lockeren Boden mit Holzbrett festdrücken; Saat bis zum Aufgehen feucht halten; keimt nicht ab 28 °C aufwärts; regelmäßig jäten; ab Mitte Dezember mit Vlies/Reisig abdecken.
Gute Partner: Lauch, Frühlingszwiebeln, Kohlrabi, Radieschen.
Ernte: Oktober–März. Den ganzen Winter; Rosetten abschneiden.
Sorten: 'Holländischer Breitblättriger': Herbst, nicht frostfest; 'Dunkelgrüner Vollherziger': Herbst/Winter; 'Vit': frostfest, ganzjährig und mehltautolerant; 'Favour': frostfest, mehltautolerant; 'Granon': schnellwüchsig und schossfest, ganzjährig.

Löwenzahn

Taraxacum officinale

J F M A M J J A S O N D

Saattiefe: 1–2 cm | **Pflanzabstand:** 30 × 25 cm

Schwachzehrer
Familie: Korbblütler
Standort: Humos, kalkhaltig, nicht zu trocken.
Anbau/Pflege: Mit Kompost versorgen; regelmäßig wässern, wird bei Trockenheit bitter; unter Treibglocken Blätter hell und wenig bitter.
Gute Partner: Günstig auf Baumscheiben von Obstbäumen.
Ernte: April–Mai/Juni. Laufend junge Blätter, Knospen und Blüten.
Verwendung: Blätter roh und gedünstet; Blüten als essbare Deko; Knospen in Butter gebraten; Blätter getrocknet als harntreibender Tee.
Sorten: 'À Coeur Plein Amélioré': alte bitterstoffarme Kultursorte.

Endiviensalat

Cichorium endivia

J F M A M J J A S O N D

Saattiefe: 1–2 cm | **Pflanzabstand:** 30 × 30 cm

Mittelzehrer
Familie: Korbblütler
Standort: Humos, durchlässig, nicht zu trocken, tiefgründig.
Anbau/Pflege: Frühe Pflanzungen mit Folie oder Vlies abdecken, nicht zu tief pflanzen; Boden feucht halten; kein frischer organischer Dünger; wenig Stickstoff düngen; mulchen; mindestens 4 Jahre Anbaupause.
Gute Partner: Fenchel, Kohl, Lauch, Stangenbohne.
Ernte: Juni–November. Ganze Köpfe.
Verwendung: Ganze Köpfe; glattblättrige Sorten in Frühbeet einlagern.
Sorten: 'Diva': Frühsorte; 'Bubikopf': Sommer-/Herbstsorte; 'Grüner Escariol': frostharte Herbst-/Wintersorte, lagerfähig; 'Wallone Frisee': Wintersorte; 'Großer Grüner Krauser': gekrauste Herbst-/Wintersorte.

Vorkultur · Aussaat · Pflanzung · Sonne · Halbschatten · Schatten · lagerfähig

Radicchio

Cichorium intybus var. foliosum

J F M A M J J A S O N D

Saattiefe: 1–2 cm | **Pflanzabstand:** 25 × 20 cm

Schwachzehrer

Familie: Korbblütler

Standort: Humos, tiefgründig, locker, nicht zu trocken.

Anbau/Pflege: Boden mit Kompost versorgen; während des Wachstums gleichmäßig feucht halten; sobald sich Köpfe bilden, anhäufeln; zum Überwintern Blätter im Oktober auf die Hälfte kürzen, mit Reisig/Vlies abdecken.

Gute Partner: Borretsch, Bohne, Dill, Erbse, Fenchel, Gurke, Kohl, Lauch.

Ernte: September–April. Köpfe oder Blätter, nicht bei Sonne ernten; zur Lagerung mit Wurzeln ausgraben; bei Wintersorten im Frühling die neu austreibenden Rosetten schneiden.

Verwendung: Blätter als Salat, Gemüse.

Sorten: 'Indigo': für Sommer- oder Herbsternte; 'Burgundy': früheste Herbsternte; 'Roter von Verona': zum Überwintern, Blätter im Frühling rot.

Zuckerhut, Zichoriensalat

Cichorium intybus var. foliosum

J F M A M J J A S O N D

Saattiefe: 1 cm | **Pflanzabstand:** 30 × 40 cm

Mittelzehrer

Familie: Korbblütler

Standort: Humos, durchlässig, nicht zu trocken, tiefgründig.

Anbau/Pflege: Nicht zu tief pflanzen; Boden feucht halten; kein frischer organischer Dünger; sparsam Stickstoff düngen; mulchen; mindestens 4 Jahre Anbaupause.

Gute Partner: Fenchel, Möhre, Salat, Tomate.

Ernte: September–April. Zum Lagern Köpfe im Spätherbst mit den Wurzeln ausgraben und wie Endivie im Frühbeet dicht an dicht einschlagen; Kasten mit Strohmatte oder Noppenfolie vor Frost schützen.

Verwendung: Blätter als Salat.

Sorten: 'Vatters Zuckerhut': hohe, feste Köpfe, für den Sommeranbau geeignet; 'Poncho': feste, schwere, hellgrüne Köpfe, bedingt frosthart, in milden Wintern draußen bis zum Frühling haltbar; 'Jupiter': bildet große, lagerfähige Köpfe, bedingt frosthart, späte Herbsternte.

Gartenkresse

Lepidium sativum

J F M A M J J A S O N D

Saattiefe: 0,5 cm | **Reihenabstand:** 10 cm

Schwachzehrer
Familie: Kreuzblütler
Standort: Humos, locker, durchlässig.
Anbau/Pflege: Samen in Reihen oder flächig ausstreuen, leicht andrücken und mit nur wenig Erde bedecken (Lichtkeimer), gut feucht halten; Folgesaaten ca. alle 2 Wochen; nach 2–3 Jahren Standort wechseln; unkomplizierter Anbau, auch im Gewächshaus, im Frühbeet und auf der Fensterbank möglich; auf der Fensterbank z. B. in Saatschalen mit feuchtem Vliespapier.
Gute Partner: Möhre, Radieschen, Rettich, Salat, Spinat, Tomate.
Ernte: Mai–Oktober. Bereits 2–3 Wochen nach der Aussaat kann geerntet werden; schneiden Sie die Pflänzchen nicht zu tief ab, dann treibt die Gartenkresse von Neuem aus.
Verwendung: Frisch als Rohkost, Salat oder als Würze für Quark.
Sorten: 'Mega': sehr wüchsige Sorte mit großen Blättern; 'Krause Gartenkresse': gekrauste Blätter, milder im Geschmack.

Portulak, Sommerportulak

Portulaca oleracea

J F M A M J J A S O N D

Saattiefe: 0,5 cm | **Reihenabstand:** 20 cm

Schwachzehrer
Familie: Portulakgewächse
Standort: Nährstoffreich, locker, sandig-lehmig, durchlässig, sommertrocken.
Anbau/Pflege: Hitze-/trockenheitsverträglich; am besten in mehreren Sätzen im Abstand von jeweils 2 Wochen die ganze Saison hindurch aussäen; regelmäßig ca. alle 2 Wochen Blütenansätze entfernen; nach 2–3 Jahren Standort wechseln.
Gute Partner: Erdbeere, Radieschen, Rettich, Salat.
Ernte: Mai–Oktober. 3–4 Wochen nach Aussaat; Blätter vor der Blüte.
Verwendung: Vitamin-C-reiche, junge Triebe und Blätter am besten frisch als Salat-/Suppenwürze; kurz angedünstet in Gemüsegerichten. Enthält auch wertvolle Omega-3-Fettsäuren. Aufgrund seines hohen Wassergehalts sehr gut für die leichte Küche geeignet.
Arten: 'Gelber Breitblättriger': Sorte der Kulturform *(Portulaca oleracea* var. *sativa)* mit größeren Blättern.

Vorkultur Aussaat Pflanzung Sonne Halbschatten Schatten lagerfähig

Blutampfer

Rumex sanguineus

J F M A M J J A S O N D

Saattiefe: 0,5 cm | **Pflanzabstand:** 20 × 30 cm

Mittelzehrer
Familie: Knöterichgewächse
Standort: Humos, feucht.
Anbau/Pflege: Keine Trockenheit, gleichmäßige Boden-/Luftfeuchte.
Gute Partner: Möhre, Salat, Spinat.
Ernte: Mai–Oktober. Nur junge Blätter; Blütenansätze entfernen.
Verwendung: Junge Blätter als Rohkost, Salat, Würze; Geschmack milder als Sauerampfer; nur kleine Mengen verzehren (Oxalsäure).
Arten: Gartensauerampfer *(Rumex acetosa* var. *hortensis)*: saurer.

Römischer Schildampfer, Französischer Spinat

Rumex scutatus

J F M A M J J A S O N D

Saattiefe: 0,5 cm | **Pflanzabstand:** 25 × 15 cm

Mittelzehrer
Familie: Knöterichgewächse
Standort: Humos, feucht.
Anbau/Pflege: Keine Trockenheit, gleichmäßige Boden-/Luftfeuchte.
Gute Partner: Möhre, Salat, Spinat.
Ernte: Mai–Oktober. Laufend junge Blätter, Herzblätter stehen lassen; Blütenansätze regelmäßig entfernen, um Blattaustrieb zu fördern.
Verwendung: Junge Blätter für Salat, Suppen, Soßen; saurer als Sauerampfer; kleine Mengen essen (Oxalsäure); nicht in Eisengefäßen kochen, die Blätter werden sonst bitter.
Arten: Gartenampfer oder »Ewiger Spinat« *(Rumex patienta)*.

Rukola, (Salat-)Rauke

Eruca sativa subsp. *sativa*, Syn. *Rucola cultiva*

J F M A M J J A S O N D

Saattiefe: 0,5–1 cm | **Reihenabstand:** 20 cm

Schwachzehrer
Familie: Kreuzblütler
Standort: Humos, durchlässig, warm.
Anbau/Pflege: Gleichmäßig feucht halten; gute Vor-, Nach- und Beikulturpflanze; Folgesaaten alle 2 Wochen; nach 2–3 Jahren Standort wechseln; Blütenansätze entfernen.
Gute Partner: Möhre, Salat, Spinat.
Ernte: März–Oktober. Ca. 4 Wochen nach der Aussaat laufend junge Blätter (sind im Gegensatz zur Wildform eher ganzrandig und nicht so stark geschlitzt); Herzblätter stehen lassen, um Folgeernten zu ermöglichen; besser nachmittags ernten, dann weniger Nitratanreicherung.
Verwendung: Frische, junge Blätter als Salat-/Suppen-/Soßenwürze.
Arten: Wilde Rauke *(Diplotaxis tenuifolia,* Syn. *Rucola selvatica)*: aromaintensive Wildrauke mit stärker geschlitzten Blättern, ganzjährig zu ernten, da mehrjährig; Würzrauke 'Runway': mildwürzige Kreuzung aus Salat- und Wildrauke.

Barbarakraut, Winterkresse

Barbarea vulgaris, Syn. *Erysimum praecox*

J F M A M J J A S O N D

Saattiefe: 0,5 cm | **Pflanzabstand:** 20 × 5 cm

Schwachzehrer
Familie: Kreuzblütler
Standort: Feucht bis nass, humos, nährstoffreich; je trockener der Standort, umso schärfer der Geschmack.
Anbau/Pflege: Hitze-/Trockenheitsverträglich; Anbau ganzjährig möglich, vor allem für Winterhalbjahr zu empfehlen; regelmäßig Blütenansätze entfernen; mindestens 3 Jahre Anbaupause einhalten.
Gute Partner: Erdbeere, Gurke, Salat, Tomate.
Ernte: Mai–Dezember. 3–4 Wochen nach Aussaat junge Blätter vor der Blüte (bildet sich im 2. Standjahr); Herzblätter belassen.
Verwendung: Vitamin-C-reiche, junge Triebe und Blätter am besten frisch als Salat oder als gedünstetes Gemüse; empfehlenswert als Würze zu Fischgerichten; Geschmack würzig-scharf, leicht bitter, ähnlich wie Brunnenkresse.
Arten: Kulturform »Frühlings-Barbarakraut« *(Barbarea verna)*.

Das Barbarakraut trägt bis zum 4. Dezember, dem Barbaratag, sein Blatt grün und beginnt erst danach zu welken.

Spinat & Co.

Spinat, eigentlich eine Pflanze aus den Steppen Zentralasiens, eroberte erst im 16. Jahrhundert die europäischen Gärten. Dort verdrängte er langsam, aber sicher andere Blattgemüse wie Blattmangold, Fuchsschwanz, Guten Heinrich oder Gartenmelde, die vor seiner Ankunft angebaut wurden.

SPINAT FÜR EINE EXTRAPORTION EISEN?

Da Spinat lange als extrem eisenhaltig und demzufolge als ausgesprochen gesund galt, entstand Anfang des 20. Jahrhunderts ein wahrer »Spinat-Boom«. Auch wenn die außergewöhnlich hohen Eisengehalte tatsächlich aus einem Schreibfehler resultierten, erfreut sich das Blattgemüse weiterhin sehr großer Beliebtheit. Da Spinat Oxalsäure enthält und in seinen Blättern Nitrat anreichert, insbesondere bei einem Anbau unter Glas und Folie, sollte man ihn vor seiner Verwendung kurz blanchieren und das Wasser wegschütten. Durch Eintauchen in kochendes Wasser für etwa 3 Min. mildert sich nicht nur der metallisch-bittere Geschmack, sondern auch die Oxalsäure- und Nitratgehalte werden merklich verringert. Das gilt ebenso für Mangold. Nichtsdestotrotz ist Spinat ein gesundes Gemüse. Es enthält Eisen, Folsäure, Kalzium und Phosphor in einem ausgewogenen Verhältnis. So galt er nicht umsonst als die Geheimwaffe der auch bei uns bekannten amerikanischen Comic-Figur Popeye, eines bärenstarken Seemanns, der seine unglaublichen Kräfte dem Genuss von Unmengen Spinat verdankte – der allerdings aus der Dose kam. Frisch kann er dann ja nur umso besser sein!

Die rotstielige Mangoldsorte ´Vulkan` ist ein echter »Hingucker« im Beet.

GEMÜSE MIT BLATTSCHMUCK-WIRKUNG

Der vor der Einführung des Spinats in Deutschland stark verbreitete Mangold steht ihm in puncto Gesundheit in nichts nach. Seine »Urform« ist eine rübenartige Pflanze von den Küstengebieten des Mittelmeerraumes. Schon die frühen Mangoldarten wurden als Blatt- oder als Blattstielgemüse genutzt. Als Mangold seinen Platz in unseren Gärten an Spinat abtreten musste, baute man seine aufsehenerregenden rot- und buntstieligen Sorten immerhin noch häufig als Zierpflanzen an. Heute ist Mangold wieder im Kommen. Von den aktuellen Sorten können Sie meist sowohl Blätter als auch Blattstiele verwenden. Sorten wie 'Vulkan' oder 'Five Colours' behalten ihre prächtigen Farben sogar beim Kochen.

Vorkultur Aussaat Pflanzung Sonne Halbschatten Schatten lagerfähig

Stiel- und Blattmangold

Beta vulgaris var. *vulgaris* und *Beta vulgaris* var. *cicla*, Syn. *Beta vulgaris* var. *flavescens*

J F M A M J J A S O N D

Saattiefe: 2–3 cm | **Pflanzabstand:** 40 × 35 cm

Schwachzehrer
Familie: Fuchsschwanzgewächse (Gänsefußgewächse)
Standort: Humos, feucht, tiefgründig.
Anbau/Pflege: Vor der Pflanzung den Boden mit Kompost versorgen; wenig Stickstoff düngen, bei Herzfäule Bordünger verwenden; mulchen; Boden stets gleichmäßig feucht halten; im Winter abdecken und mindestens 4 Jahre Anbaupause einhalten.
Gute Partner: Buschbohne, Kohl, Möhre, Mairübchen, Radieschen, Rettich.
Ernte: Juni–Oktober. Voll ausgebildete Blätter mit Stielen von außen nach innen abschneiden.
Verwendung: Stielmangold: Blattstiele schälen und dünsten. Blattmangold: junge Blätter wie Spinat verarbeiten.
Sorten: 'Bright Lights': bunte Blattstiele; 'Vulkan': Stiele und Blätter rot; 'Lukullus': gekrauste Blätter, weiße Stiele.

Spinat

Spinacia oleracea

J F M A M J J A S O N D

Saattiefe: 3–4 cm | **Pflanzabstand:** 20 × 3 cm

Schwachzehrer
Familie: Fuchsschwanzgewäche
Standort: Humos, leicht feucht, tiefgründig, kalkhaltig.
Anbau/Pflege: Gleichmäßig feucht halten (senkt Nitratanreicherung); Boden regelmäßig lockern, mit Kompost versorgen, wenig Stickstoff; Wintersorten mit Reisig oder Vlies abdecken; gute Nachkultur zu Markerbsen, Buschbohnen, frühen Kartoffeln; mindestens 4 Jahre Anbaupause einhalten.
Gute Partner: Fenchel, Kohl, Möhre, Pastinake, Pflücksalat, Radieschen, Rettich, Sellerie, Tomate.
Ernte: April–Dezember. Einzelne Blätter, dann Pflanzenherz für mehrmalige Ernte stehen lassen, oder ganze Rosetten; vor Erscheinen erster Blütenknospen (sonst bitter); an sonnigen Nachmittagen, dann nitratärmer.
Verwendung: Blätter für Salat, Gemüse, Suppe.
Sorten: 'Lazio', 'Rico': Frühsorten; 'Emilia': schnelle Sommersorte; 'Medania', 'Napoli', 'Matador', 'Monnopa': schossfest, Früh-/Herbstsorten, für die Überwinterung.

Weitere Blattgemüse

In einem vielfältigen Garten kann eine ganze Reihe verschiedenster Blattgemüse-Arten die Beete bevölkern, die, jede für sich, ihre besonderen Stärken haben. Die Blätter werden roh oder gekocht verwendet und liefern, wie z. B. die des Kuba-Spinats, sogar während des Winters eine gute Portion Vitamine.

Die imposante Rote Gartenmelde bringt Farbe zwischen grünes Gemüse.

VON TELLERKRAUT UND GUTEM HEINRICH

Räumt der Amaranth im Herbst schließlich seinen Platz auf dem Beet, können Sie dort Tellerkraut, auch als Winterpostelein bekannt, aussäen. Die aus Nordamerika stammende kleine Pflanze mit den fleischigen Blättern wird allerdings erst seit wenigen Jahren in Mitteleuropa angebaut. Sie enthält Vitamin C, Kalzium, Eisen, Magnesium und reichert obendrein erfreulich wenig Nitrat an – was bei anderen Salatpflanzen ja leider oft ein Problem darstellt.

VON WEGEN UNKRAUT – GESUNDES GEMÜSE!

Die Gartenmelde (→ Seite 164) gibt es in unseren Gärten schon länger. In Mittelasien beheimatet, wurde sie bei den Römern kultiviert und mit Mangold in unsere Breiten importiert. Gartenmelde wird ähnlich wie Spinat zubereitet, schmeckt aber aufgrund des geringeren Oxalsäuregehalts weniger bitter als dieser. Aufsehenerregend in Beet und Kochtopf ist die rotblättrige Form dieser Pflanze.
Als »beerentragende, wilde Melde« wurde 1601 Erdbeerspinat (→ Seite 165) wahrscheinlich aus dem Orient über Spanien nach Mitteleuropa eingeführt. Seine Blätter enthalten mehr Vitamin C als Spinat. Die Früchte der Gartenmelde sind ebenfalls essbar. Der »Gute Heinrich« (→ Seite 165), der aus der Alpenregion stammt, ist dagegen ein echter »Einheimischer«.

Fuchsschwanz, Gemüse-Amaranth

Amaranthus tricolor

J F M A M J J A S O N D

Saattiefe: 1–2 cm | **Pflanzabstand:** 30 × 40 cm

Amaranth, das »Aztekenkorn«

Der Fuchsschwanz oder Amaranth zählt zu den ältesten Nutzpflanzen der Menschheit. Seine hirseähnlichen Körner dienten Azteken und Maya als heiliger Bestandteil ihrer Opferrituale und wichtiges Grundnahrungsmittel. Auch in Europa lässt sich seine Nutzung bis zur Steinzeit zurückverfolgen, enthalten die kleinen Körner doch mehr Pflanzeneiweiß und Mineralstoffe als die meisten Getreidearten. Vielleicht rührt daher auch die Geschichte von »Amarantos«, einer ewig blühenden Blume der griechischen Mythologie, die ihren Finder unsterblich macht.

Schwachzehrer

Familie: Fuchsschwanzgewächse

Standort: Humos, warm, nährstoffreich.

Anbau/Pflege: Regelmäßig wässern; anhäufeln; Rückschnitt im Juli um etwa die Hälfte kann die Erntezeit verlängern.

Gute Partner: Möhre, Salat, Sellerie.

Ernte: Juni–September. Laufend junge Blätter und Triebe vor der Blüte, abends ernten, dann nitratärmer.

Verwendung: Blätter roh oder gedünstet als Gemüse wie Spinat (Blätter sind aber etwas weicher und der Geschmack milder als Spinat), junge Stiele wie Spargel; junge Blätter für Tee trocknen; Samen des Rispen- oder Körnerfuchsschwanzes *(Amaranthus cruentus*, Syn. *Amaranthus lividus)* wie Getreide bzw. als Müslizugabe. Amaranthgemüse lässt sich auch gut einfrieren.

Sorten/Arten: Weitere imposante, farbenprächtige Fuchsschwanzarten für den Ziergarten sind *Amaranthus dubius*, dessen junge Blätter auch verwendbar sind, Grüner Fuchsschwanz, auch Meier oder Blitum *(Amaranthus lividus* var. *oleraceus)* genannt, sowie Gartenfuchsschwanz *(Amaranthus caudatus)* 'Elefantenkopf': dunkelrote Scheinähre, ca. 2 m hoch.

Winterpostelein, Tellerkraut, Kuba-Spinat

Montia perfoliata

J F M A M J J A S O N D

Saattiefe: 1–2 cm | **Pflanzabstand:** 15 × 5 cm

Schwachzehrer
Familie: Montiengewächse (Portulakgewächse)
Standort: Nährstoffarm, feucht.
Anbau/Pflege: Samen keimen nur bei Temperaturen unter 12 °C; gleichmäßig feucht halten; Pflanzen für eine leichtere Ernte im Winter ab Dezember mit Vlies oder Reisig abdecken; ideal zum Winteranbau im Frühbeetkasten oder im ungeheizten Gewächshaus; kann wie Kresse in Saatschalen am Fensterbrett gezogen werden.
Gute Partner: Barbarakraut, Feldsalat, Gartenkresse.
Ernte: November–April. Lässt sich bei milden Temperaturen den ganzen Winter über ernten; frostverträglich bis minus 20 °C; die fleischigen Blätter nicht zu tief abschneiden, dann sind mehrere Folgeernten möglich.
Verwendung: Junge Blätter, Stängel und Blüten frisch für Salate oder aufs Brot; junge Blätter und Stängel wie Spinat dünsten; Blätter und Stängel sind im Kühlschrank ca. 1 Woche haltbar.
Arten: Sibirisches Tellerkraut *(Montia sibirica)*: hellrosa-weiß blühende Zierstaude, Blätter ebenfalls essbar.

Gartenmelde, Spanischer Salat

Atriplex hortensis

J F M A M J J A S O N D

Saattiefe: 2 cm | **Pflanzabstand:** 30 × 15 cm

Schwachzehrer
Familie: Fuchsschwanzgewächse
Standort: Feucht, locker, stickstoffreich.
Anbau/Pflege: Samen sind nicht lange keimfähig, daher zügig verbrauchen; auf eine gleichmäßige Bodenfeuchtigkeit achten, sonst werden die Blätter hart; mindestens 3 Jahre Anbaupause einhalten.
Gute Partner: Fenchel, Kartoffel, Kohl, Pastinake, Pflücksalat, Stangenbohne.
Ernte: April–September. Laufend Blätter vor der Blüte; für frische Seitentriebe Pflanze auf 20 cm schneiden.
Verwendung: Junge Blätter und Triebspitzen als Salat, ältere wie Spinat dünsten; Blätter der Roten Melde behalten ihre Farbe, wenn man sie kurz blanchiert.
Arten: Gelbe/Weiße Melde *(Atriplex hortensis* var. *atrosanguinea)*: Blätter gelbgrün; Grüne Melde *(Atriplex hortensis* var. *sativum/hortensis)*: runde Blätter; Rote Melde *(Atriplex hortensis* var. *rubra)*: Stängel, Blätter karminrot; Baumspinat/Riesenmelde *(Chenopodium giganteum,* → Bild unten): die jungen Blätter an den Triebspitzen färben sich attraktiv rotviolett.

Guter Heinrich, Mehlspinat, Wilder Spinat

Chenopodium bonus-henricus

J F M A M J J A S O N D

Saattiefe: 0,5 cm | **Pflanzabstand:** 30 × 40 cm

Schwachzehrer
Familie: Fuchsschwanzgewächse
Standort: Feucht, stickstoffreich.
Anbau/Pflege: Boden vor der Kultur mit Kompost versorgen; für gleichmäßige Bodenfeuchtigkeit sorgen; mindestens 3 Jahre Anbaupause einhalten.
Gute Partner: Fenchel, Kartoffel, Kohl, Pastinake, Pflücksalat, Stangenbohne, Tomate.
Ernte: Februar–November. Mehrjährig, winterhart, unter Folie/Vlies fast ganzjährig kultivierbar; junge Blätter, ältere enthalten viel Oxalsäure und schmecken bitter; rasch verwenden, da nur wenig lagerfähig.
Verwendung: Blätter frisch als Salat verwenden oder wie Spinat dünsten; ebenso junge Blütenstände und geschälte, junge Triebe zubereiten. Auf dem Balkan stellt man aus den Wurzelrhizomen ein wie Erdnussbutter schmeckendes Konfekt her.

(Ähriger) Erdbeerspinat

Chenopodium capitatum

J F M A M J J A S O N D

Saattiefe: 2–3 cm |
Pflanzabstand: 25 × 20 cm

Schwachzehrer
Familie: Fuchsschwanzgewächse (früher: Gänsefußgewächse)
Standort: Humushaltig, leicht, sandig-lehmig.
Anbau/Pflege: Boden vor der Aussaat mit Kompost versorgen; lässt sich nur schwer verpflanzen, daher besser an Ort und Stelle aussäen; bleiben Pflanzen stehen, säen sie sich im nächsten Jahr selbst wieder aus.
Gute Partner: Buschbohne, Erbse, Kartoffel, Pastinake, Tomate.
Ernte: Juni–Oktober. Laufend junge Blätter oder ganze junge Pflanze vor der Blüte ernten; im Spätsommer/Herbst die Früchte ernten.
Verwendung: Blätter wie Spinat garen oder roh als Salat; auch die Früchte sind essbar, allerdings nicht sehr aromatisch.
Arten: Echter Erdbeerspinat *(Chenopodium foliosum)*: ähnliche Art, die wie der Ährige Erdbeerspinat genutzt wird.

Neuseeländer Spinat

Tetragonia tetragonioides

J	F	M	A	M	J	J	A	S	O	N	D

☼ ❄

Saattiefe: 2–3 cm |
Pflanzabstand: 50 × 30 cm

Mittelzehrer
Familie: Eiskrautgewächse
Standort: Humos, warm, nährstoffreich.
Anbau/Pflege: Samen vor der Aussaat 24 Std. in lauwarmem Wasser quellen lassen; anfangs sehr langsam wachsend; für gleichmäßige Bodenfeuchte sorgen; wenig Stickstoff düngen; späte Ernte unter Vlies möglich; bleiben einzelne Pflanzen stehen, säen sie sich im nächsten Jahr selbst wieder aus.
Gute Partner: Radieschen, Rettich, Salat, Spinat, Tomate.
Ernte: Juni–November. Laufend junge Triebspitzen mit 3–5 Blattpaaren vor der Blüte; nachmittags ernten, dann sind die Blätter nitratärmer.
Verwendung: Die Blätter können ähnlich wie Spinat gedünstet, ebenso gut aber auch roh als Salat gegessen werden.

Rhabarber

Rheum officinale

J	F	M	A	M	J	J	A	S	O	N	D

☼

Pflanztiefe: 20–25 cm |
Pflanzabstand: 100 × 100 cm

Starkzehrer
Familie: Knöterichgewächse
Standort: Leicht sauer, tiefgründig, feucht, humos, sandig-lehmig.
Anbau/Pflege: In trockenen Böden 2 cm unter Bodenoberfläche, in feuchten Böden bodeneben pflanzen; mit Kompost versorgen, auch nach der Ernte; mulchen.
Gute Partner: Bohne, Erbse, Kohl.
Ernte: Ende April–Mitte Juni. Erste Ernte frühestens nach 2 Jahren; Stängel mit leichtem Ruck herausdrehen; Blüten entfernen; nach Johanni (24.6.) nicht mehr ernten, da Oxalgehalt ansteigt; rotstielige, rotfleischige Sorten milder, geringerer Oxalsäure- und Nitratgehalt, weniger ertragreich.
Verwendung: Blattstiele gekocht, blanchiert für Kompott, Kuchen, Marmelade; nicht in Eisen- oder Alutöpfen erhitzen; Blütenansätze als Salatbeigabe. Rhabarber enthält wichtige Vitamine und Mineralstoffe wie Kalium, Calcium, Magnesium und Eisen sowie die Vitamine A und B1.
Sorten: 'Concord', 'Frambozen Root', 'Holsteiner Blut': rotstielige, rotfleischige Sorten.

Rhabarber wird oft fälschlicherweise für Obst gehalten, gehört aber botanisch gesehen zu den Gemüsen.

Kartoffeln & andere Wurzelgemüse

Kartoffel, Erdapfel, Erdbirne, Grundbirne

Solanum tuberosum

J	F	M	A	M	J	J	A	S	O	N	D

Saattiefe: 5–10 cm |
Pflanzabstand: 30 × 60 cm

»Die dümmsten Bauern haben die dicksten Kartoffeln.« Dieser Spruch soll wohl bedeuten, dass die Kartoffel wenig empfindlich ist und fast auf jedem Beet oder Feld gut gedeiht.
Das Nachtschattengewächs wurde schon vor gut 10 000 Jahren in Chile und den peruanischen Anden gegessen. Spanische Seefahrer brachten den »Erdapfel« im 16. Jahrhundert von ihren Eroberungsfahrten in die Neue Welt mit.
Wegen ihrer hübschen Blüten und giftigen Beeren wurde die Kartoffel zunächst als Zierpflanze kultiviert und avancierte erst ab dem 17. Jahrhundert zum Nahrungsmittel. Italiener hielten die Knollen in der Erde anfangs für Trüffel und nannten sie »tartufolo«, woraus der deutsche Name »Kartoffel« entstand.
In vielen Regionen entwickelte sich die gesunde Knolle zum unverzichtbaren Grundnahrungsmittel. Sie enthält viel Vitamin C, leicht verdauliches Eiweiß, Stärke, Spurenelemente und lässt sich hervorragend lagern. Auch die Volksmedizin bediente sich der Kartoffel: Bei Magengeschwüren trank man rohen Kartoffelsaft; heiße Kartoffelpackungen wurden bei Entzündungen und Schwellungen aufgetragen.
Weltweit gibt es 5000 Kartoffelsorten, allein in Deutschland etwa 100. Sie unterscheiden sich beispielsweise durch die Verwendung (mehlig oder festkochend), Reifezeit, Form oder Farbe von Schale und Fleisch.

Starkzehrer
Familie: Nachtschattengewächse
Standort: Warm, sandig-lehmig, humos, durchlässig, locker, nährstoffreich.
Anbau/Pflege: Saatkartoffeln ab Mitte März zum Antreiben in flache Kisten legen, Seite mit den meisten »Augen« nach oben; bei ca. 15 °C hell stellen; Keime nicht zu lang werden lassen. Frühsorten ab April, Spät-/Lagersorten bis Ende Mai mit Keimen nach oben in Furchen legen; anhäufeln; regelmäßig nachhäufeln; hacken; in Trockenzeiten wässern; kein frischer organischer Dünger; im Herbst Kompost geben; 4 Jahre Anbaupause.
Gute Partner: Dicke Bohne, Kohlrabi, Kohl, Spinat.
Ernte: Juni–Oktober je nach Sorte, sobald das grüne Kartoffelkraut welkt; Frühkartoffeln bereits während der Blüte ernten, wenn Schale nicht mehr abzureiben ist.
Verwendung: Knollen für Salat, Eintopf, Suppe, Aufläufe, Gemüsegerichte, Püree, Rösti, Klöße, Pommes. Festkochende Sorten haben eine feste Konsistenz und platzen im Gegensatz zu den mehligen Sorten beim Kochen nicht auf.
Sorten: 'Christa': vorwiegend festkochend, extrem früh; 'Sieglinde': festkochend, gelbschalig/-fleischig, alte deutsche Sorte; 'Cilena': schnell wachsend, festkochend, lagerfähig; 'La Ratte': alte, festkochende Frühsorte; 'Granola': rauschalig, vorwiegend festkochend, mittelfrüh; 'Vitelotte': alte, festkochende »Trüffelkartoffel«, blaue Schale, blau-weißes Fleisch, lagerfähig; 'Salad Blue': halb festkochend, Schale/Fleisch blau; 'Agria': vorwiegend festkochend, sehr gut lagerfähig; 'Reichskanzler': mehlig, rotschalig, mittelspät; 'Highland Burgundy Red': mehlig, rotschalig/-fleischig, mittelspät; 'Nicola': mittelspät, festkochend; 'Linda': festkochend, mittelspät, gut lagerfähig; 'Rosa Tannenzapfen': rosaschalige Spätsorte; 'Bamberger Hörnchen': alte, festkochende Spätsorte.

Kartoffelvielfalt: 1. 'Christa', 2. 'Highland Burgundy Red', 3. 'Salad Blue' und 4. 'Vitelotte'.

Topinambur, Indianerknolle, Erdartischocke

Helianthus tuberosus

J F M A M J J A S O N D

Pflanztiefe: 5–10 cm | **Pflanzabstand:** 60 × 50 cm

Schwachzehrer
Familie: Korbblütler
Standort: Warm, etwas kalkhaltig, locker
Anbau/Pflege: Je schwerer der Boden ist, desto höher sollte man die Knollen pflanzen; nach Austrieb anhäufeln; bei Trockenheit gut wässern, besonders zur Knollenbildung ab August; Standort alle 4–5 Jahre wechseln; im Herbst Stängel auf 10–20 cm kürzen; mit Kompost/Fichtenreisig abdecken.
Gute Partner: Bohne, Erbse, Erdbeere, Fenchel, Gurke.
Ernte: Oktober–März. Knollen ausgraben, wenn die Krautwelke beginnt; einige Knollen für die Ernte im Folgejahr im Boden belassen.
Verwendung: Knolle roh und gekocht, Salat, Gemüse. Topinambur schmeckt wie eine nussige Artischocke und lässt sich braten, kochen, frittieren und backen wie eine Kartoffel.
Sorten: 'Bianka', 'Gute Gelbe', 'Volkenröder Spindel', 'Gigante', 'Topstar'; helle, glattschalige Sorten sind zu bevorzugen.

Schwarzwurzel, »Arme-Leute-Spargel«

Scorzonera hispanica

J F M A M J J A S O N D

Saattiefe: 2–3 cm | **Pflanzabstand:** 25 × 30 cm

Mittelzehrer
Familie: Korbblütler
Standort: Humos, tiefgründig, locker.
Anbau/Pflege: Boden regelmäßig lockern und wässern, im 1. Jahr erscheinende Blüten entfernen, später dürfen die Pflanzen ruhig blühen.
Gute Partner: Bohne, Kohl, Kohlrabi, Lauch, Möhre, Salat, Spinat, Zwiebel.
Ernte: Oktober–Dezember und März/April; bei Augustsaat erst im Oktober des folgenden Jahres; wenn die Blätter absterben, Wurzeln mit Grabegabel vorsichtig ernten, damit sie nicht brechen.
Verwendung: Wurzeln dünn schälen, Gummihandschuhe tragen, um Hautverfärbungen zu vermeiden; gleich in Essigwasser legen; Haut besser abziehbar, wenn die Wurzeln leicht vorgekocht sind; Rohkost oder gedünstet als Gemüse, Suppe; Blätter als Salat.
Sorten: 'Einjährige Riesen': glatte, dunkle Wurzelrinde, vieltriebig; 'Hoffmann's Schwarzer Pfahl': tiefschwarz, sehr lang; 'Duplex': lang, walzenförmig; 'Meres': lang, zylindrisch und sehr ertragreich.

Vorkultur | Aussaat | Pflanzung | Sonne | Halbschatten | Schatten | lagerfähig

Nachtkerze, Rapontica, Gelbe Rapunzel, Schinkenwurz

Oenothera biennis

J F M A M J J A S O N D

Saattiefe: 2 cm | **Pflanzabstand:** 25 × 20 cm

Schwachzehrer
Familie: Nachtkerzengewächse
Standort: Humos, kalkhaltig, lehmig-sandig; tiefgründig, damit sich gerade, lange Wurzeln bilden.
Anbau/Pflege: Bei längerer Trockenheit wässern.
Gute Partner: Bohne, Erdbeere, Fenchel, Gurke, Kohl, Kohlrabi, Lauch, Möhre, Salat, Spinat, Zwiebel.
Ernte: Oktober–Mai/Juni. Im 1. Jahr bildet sich eine Blattrosette mit fleischiger Wurzel, diese ist im 2. Jahr bis zum Beginn der Blüte essbar; zur Blüte verholzt die Wurzel und wird ungenießbar; mit Grabegabel ernten.
Verwendung: Die Wurzeln roh als Salat, gedünstet wie Schwarzwurzeln; färben sich beim Garen rötlich; der Geschmack erinnert an Meerrettich und Sellerie; Blüten als Salatzutat oder Dekoration.
Arten: Die verwandten Arten *Oenothera missouriensis* und *Oenothera tetragona* sind wunderschöne Zierstauden, werden jedoch nicht zu Speisezwecken genutzt.

Süßkartoffel, Batate

Ipomoea batatas

J F M A M J J A S O N D

Saattiefe: 1–2 cm | **Pflanzabstand:** 30 × 30 cm

Mittelzehrer
Familie: Windengewächse
Standort: Humos, durchlässig, nicht zu feucht, locker, luftfeucht.
Anbau/Pflege: Knollen oder Teilstücke mit mindestens einem Auge in Kisten mit lockerer Erde hell, warm, nicht über 25 °C antreiben oder Teilstücke in einer Schale mit Wasser antreiben, bis sie Triebe und Wurzeln bilden; »Bohnenstangen« als Kletterhilfe für meterlange Triebe; gut mit Dünger versorgen; regelmäßig wässern, vor allem in den heißen Sommermonaten.
Gute Partner: Erdbeere, Möhre.
Ernte: September. Knollen ausgraben.
Verwendung: Knollen geschält als Rohkost oder gedünstet für Gemüse, Eintopf, Püree; gebacken wie Folien- oder Bratkartoffeln; Blätter und Triebe wie Spinat zubereiten. Süßlicher Geschmack aufgrund des hohen Stärkegehalts.
Sorten: 'Maguerite': gelblaubig; 'Variegata': Laub weiß-grün-roséfarben panaschiert, Knollen weißfleischig, hellbraune Haut: 'Sweet Caroline Bronce': rotbraunes Laub; 'Sweet Caroline Purple': violettrotes Laub; 'Autumn': einzige blühende Sorte mit hellvioletten Blüten.

Knollenziest, Japanische Kartoffel, Bunge

Stachys affinis

J F M A M J J A S O N D

Pflanztiefe: 6–15 cm | **Pflanzabstand:** 40 × 30 cm

Mittelzehrer
Familie: Lippenblütler
Standort: Leicht, nahrhaft, feucht, humos, durchlässig.
Anbau/Pflege: Knollen auf leichten Böden tiefer pflanzen als auf schweren Böden; Kompost einarbeiten; gut wässern; anhäufeln, mulchen, nicht hacken; Beet im Herbst abdecken. Standort alle 2–3 Jahre wechseln.
Gute Partner: Bohne, Erbse, Lauch, Rettich, Tomate.
Ernte: Oktober/November–Februar. Knollen nach dem Absterben des Laubs mit einer Grabegabel ernten.
Verwendung: Knollen ungeschält verwenden, die Haut eventuell vorher mit einem Tuch abreiben; roh als Salat, Rohkost, gedünstet, gebraten, auch für Wok-Gerichte. Die Zubereitung erfolgt ähnlich wie bei Spargel oder Kohlrabi.
Arten: Sumpfziest (*Stachys palustris*) und Aufrechter Ziest *(Stachys recta)*, einst auch als Nahrung bzw. Heilpflanze.

Zuckerwurzel, Gierlen, Görlin, Süßwurzel

Sium sisarum

J F M A M J J A S O N D

Saattiefe: 1–2 cm | **Pflanzabstand:** 35 × 15 cm

Schwachzehrer
Familie: Doldenblütler
Standort: Locker, humos, feucht.
Anbau/Pflege: Samen vor der Aussaat 24 Std. in Wasser quellen lassen; nicht frisch kalken oder frisch organisch düngen; im Sommer ausreichend wässern; von August–Oktober die Samen von 2-jährigen Pflanzen zur Vermehrung sammeln und trocknen; mindestens 3 Jahre Anbaupause einhalten.
Gute Partner: Bohne, Endivie, Erbse, Knoblauch, Lauch, Mangold, Zwiebel.
Ernte: Oktober/November–März. Wurzeln mit Grabegabel am Nachmittag ernten, dann ist der Nitratgehalt niedriger; im Frühling junge Blätter.
Verwendung: Roh (geraspelt) oder gekocht (wie Schwarzwurzeln); in Butter gedünstet oder geröstet. Nach dem Kochen den leicht faserigen Kern entfernen; einjährige Wurzeln sind aromatischer; junge Blätter und Triebe für Salate.
Arten: Die mitteleuropäische Art *Sium latifolium* wurde früher als Heilpflanze verwendet.

Vorkultur · Aussaat · Pflanzung · Sonne · Halbschatten · Schatten · lagerfähig

Haferwurzel

Tragopogon porrifolius

J F M A M J J A S O N D

Saattiefe: 2–3 cm | **Pflanzabstand:** 30 × 20 cm

Schwachzehrer
Familie: Korbblütler
Standort: Leicht, nahrhaft, feucht, humos, durchlässig.
Anbau/Pflege: Boden tief lockern; gleichmäßig feucht halten, sonst werden die Wurzeln zäh; regelmäßig wässern; mulchen.
Gute Partner: Bohne, Erbse, Pfefferminze, Radieschen, Rettich, Salat, Sellerie.
Ernte: Oktober/November–Februar. Wurzeln mit der Grabegabel vor ersten starken Frösten, nach leichter Frosteinwirkung werden sie süßer; Wurzeln nicht verletzen; nach Blüte im 2. Standjahr werden Wurzeln holzig.
Verwendung: Wurzeln ungeschält verwenden; Gummihandschuhe tragen (Saft färbt); Rohkost; gedünstet als Gemüse, Suppe, wie Schwarzwurzeln; violette Blüte, Blätter als Salatzutat; Knospen kurz kochen, für Salat.
Sorten: ‘Sandwich Island Mammoth’: bildet besonders dicke Wurzeln; sehr gut lagerfähig.

Erdkastanie, Knollenkümmel

Oenanthe pimpinelloides

J F M A M J J A S O N D

Saattiefe: 2–3 cm | **Pflanzabstand:** 30 × 20 cm

Schwachzehrer
Familie: Doldenblütler
Standort: Locker, leicht, nährstoffreich, feucht, humos, durchlässig.
Anbau/Pflege: Boden lockern, gleichmäßig feucht halten. Vermehrung durch Selbstaussaat oder einzelne Knollen, die bei der Ernte im Boden bleiben.
Gute Partner: Bohne, Pfefferminze, Radieschen, Rettich, Salat, Sellerie, Spinat.
Ernte: September/Oktober (im Folgejahr nach der Aussaat)–Februar. Knollen mit der Grabegabel ernten, nachdem die Pflanze abgeblüht ist.
Verwendung: Knollen ungeschält, evtl. Schale mit Tuch abreiben; roh, geröstet, gekocht; Geschmack roh nussig, möhrenähnlich, gekocht ähnlich Esskastanien; als Salatzutat, Rohkost, Gemüsegerichte. Samen zum Würzen als Kümmel-Ersatz, Blätter als petersilienähnliche Würze.
Arten: Echte Erdkastanie *(Bunium bulbocastanum)*: bildet nur eine einzige dicke Knolle, Wildgemüse; Französische Erdkastanie *(Conopodium majus)*: Knollen wurden früher ähnlich verwendet, Wildgemüse.

Rettich & Radieschen

Rettich

Raphanus sativus var. niger

J F M A M J J A S O N D

Saattiefe: 2–3 cm | **Pflanzabstand:** 20 × 15 cm

Rettich oder »Radi«, ein anscheinend »zutiefst bayerisches« Gemüse, stammt ursprünglich wahrscheinlich aus Nordchina. Die scharfe Wurzel wurde auch im antiken Rom und Griechenland geschätzt. Sie enthält viel Vitamin C, Fruchtsäuren und Mineralstoffe sowie schwefelhaltige Senföle, welche die typische Schärfe hervorrufen und durch ihre antibakterielle Wirkung Erkältungen vorbeugen können. So bestand Großmutters Hustenarznei oft aus einem ausgehöhlten, runden, schwarzen Winterrettich, den sie mit Honig füllte und 10 Stunden stehen ließ. Den entstehenden schleimlösenden Saft nahm man löffelweise ein. Auch zum Bier genossen ist Rettich sehr gesund, da er den Leberstoffwechel anregt. Nicht zuletzt wird Rettich geschätzt, weil er fast ganzjährig angebaut werden kann und die Wintersorten obendrein lagerbar sind. Nicht nur in Bayern ist der »Radi« beliebt: In China und Japan werden Rettiche in vielen Sorten roh und gekocht verzehrt, ihre Blätter als Gemüse genossen und aus den Samen Speise- und Lampenöl gewonnen.

Mittelzehrer

Familie: Kreuzblütler
Standort: Leicht, locker, humos.
Anbau/Pflege: Aussaat Frühsorten ab Februar/März unter Glas und Folie, Sommersorten ab Ende März, Herbst-/Wintersorten bis August; auf 10–25 cm vereinzeln; regelmäßig wässern; wenig Stickstoff düngen (5 g Stickstoff/m^2), borhaltiger Mineraldünger; Düngung auf 2–3 Gaben aufteilen; mindestens 3 Jahre Anbaupause.
Gute Partner: Bohne, Kohl, Kopfsalat, Möhre.
Ernte: Frühsorten unter Glas/Folie ab Mitte/Ende April, Wintersorten ab Ende Oktober/Anfang November.
Verwendung: Rohkost, Salat.
Sorten: 'Neckarruhm', 'Ostergruß rosa': Frühsorten für Gewächshaus/Folientunnel; 'Eiszapfen': zarte Frühsorte; 'Fridolin': zarte Früh-/Sommersorte; 'Münchner Bier': halblange, würzige Sommer-/Herbstsorte (→ Bild u. li.); 'Rex': Universalsorte; 'Runder Schwarzer Winter': Spät-/Lagersorte (→ Bild u. re.); 'Blauer Herbst und Winter': violettblaue Spät-/Lagersorte.

■ Vorkultur ■ Aussaat ■ Pflanzung ☼ Sonne ◑ Halbschatten ● Schatten lagerfähig

Radieschen

Raphanus sativus var. *sativus*

J F M A M J J A S O N D

Saattiefe: 0,5–1 cm | **Pflanzabstand:** 10 × 5 cm

Der Name »Radieschen« geht auf das lateinische »radix« (»Wurzel«) zurück. Der kleine Bruder des Rettichs ist eines der Lieblingsgemüse für Garteneinsteiger und Ungeduldige. Dabei ist er im Gegensatz zum Rettich, der schon eine recht alte Kulturpflanze ist, erst seit dem 16. Jahrhundert in Mitteleuropa bekannt. Dann trat die kleine, rote Knolle aber recht schnell ihren Siegeszug in den Gärten an: Einfach zu kultivieren, ist sie im besten Fall schon 4 Wochen nach der Aussaat erntereif. Sie lässt sich selbst in Töpfen und Kisten anbauen und füllt als Zwischenkultur auf den Beeten die Lücken zwischen Reihen von Salat, Tomaten, Bohnen, Erbsen, Kohl, Möhren, Zwiebeln oder Spinat. Und da sie mit wenig Nährstoffen auskommen, genügen ihnen als Nachkultur die noch im Boden vorhandenen Nährstoffe.

Schwachzehrer
Familie: Kreuzblütler
Standort: Humos, locker.
Anbau/Pflege: Aussaat Frühsorten unter Glas/Folie ab Mitte Februar, Früh-/Sommersorten von März bis August direkt ins Beet, max.1 cm tief; zu dicht stehende Pflanzen nach dem Aufgehen auf 5–10 cm vereinzeln; regelmäßig wässern; nach Radieschen mindestens 3 Jahre Anbaupause einhalten; einmalige Kompostgabe ausreichend, nicht frisch organisch düngen; als Schwachzehrer gut als Folge- und Zwischensaat, die nicht extra gedüngt werden muss; als schnell sichtbare Markiersaat für Arten mit langer Keimzeit.
Gute Partner: Bohne, Erbse, Kohl, Kopfsalat, Möhre.
Ernte: Frühsorten unter Glas/Vlies/Folie ca. 6 Wochen nach Saat; Sommer-/Herbstsorten nach ca. 4 Wochen.
Verwendung: Rohkost, Salat.
Sorten: Früh-/Herbstsorten: 'Knacker': sehr schnell wachsend, unter Glas, Folie; 'Cherry Belle', 'Fanal': schnell wachsend; 'French Breakfast': rot-weiß (→ Bild o. li.); 'Saxa': mittelgroß, rund; 'Alba': rund, weiß; 'Goldball': rund, gelb; 'Neckarperle': mittelgroß; 'Rhodos': fürs Freiland; 'Hailstone': rund, weiß, unter Glas/Folie, fürs Freiland; Sommersorten: 'Rudi', 'Celesta', 'Raxe'; Sommer-/Herbstsorten: 'Riesenbutter': pelzfest, zuverlässig; ganzjährig: 'Eiszapfen': weiß, länglich; 'Flamboyant': zweifarbig, länglich (→ Bild o. re.).

Möhren & Co.

Möhre, Karotte, Mohrrübe

Daucus carota subsp. sativus

J	F	M	A	M	J	J	A	S	O	N	D

Saattiefe: 1–2 cm | **Pflanzabstand:** 25 × 5 cm

Die Vorfahren unserer Möhren dienten wahrscheinlich schon steinzeitlichen Jägern und Sammlern als Nahrungsmittel, wie Samenfunde aus Pfahlbausiedlungen dieser Zeit beweisen. Was die Menschen damals sammelten, ähnelte allerdings mehr der wilden Möhre, die heute auf unseren Wiesen wächst. Ihre Wurzel ist gelblich-weiß und längst nicht so süß wie die der Gartenmöhre. Ihre schöne Farbe sowie den hohen Zucker- und Vitamingehalt entwickelte sie erst durch Züchtung. Die begann wahrscheinlich im 16./17. Jahrhundert in den Niederlanden. Von dort wanderte die Möhre auf die Gemüsebeete ganz Europas. Sie verdrängte Pastinake, Zuckerwurzel, Haferwurzel und andere alte Wurzelgemüse. Das zuvor mit den »alten« Gemüsewurzeln praktizierte Pflanzenbrauchtum übertrug man auf die »neuen« Wurzeln. So säte man Möhren aus dickbauchigen Töpfen und Krügen, um möglichst dicke Rüben zu ernten. Zu Heilzwecken verabreichte man rohe, geraspelte Wurzeln gegen Eingeweidewürmer und Karottenbrei gegen bakteriellen Durchfall bei Kindern. Die schöne orangene Farbe entsteht durch Carotin. Diese Vorstufe des lebensnotwendigen Vitamins A ist wichtiger Bestandteil unserer täglichen Ernährung.

Hätten Sie´s erkannt? So zauberhaft sieht der Blütenstand der Möhre aus.

Mittelzehrer

Familie: Doldenblütler

Standort: Locker, leicht, sandig, humos.

Anbau/Pflege: Lange Keimzeit (3–4 Wochen), daher Radieschen als Markiersaat verwenden; in handwarmem Wasser 24 Std. vorgequollene Samen keimen schneller; gleichmäßige Bodenfeuchte, Rüben platzen sonst; nicht frisch kalken oder frisch organisch düngen; mindestens 3 Jahre Anbaupause.

Gute Partner: Bohne, Endivie, Erbse, Knoblauch, Lauch, Mangold, Zwiebel.

Ernte: Juni–Oktober. Rüben am Nachmittag nach mehreren sonnigen Tagen ernten, dann ist der Nitratgehalt niedriger; Lagersorten nicht vor Ende Oktober/Anfang November; zum Einlagern nicht waschen!

Verwendung: Frisch für Rohkost, Salat, Gemüse, Eintopf, Suppen, Kuchen, Saft.

Sorten: 'Parmex': Frühsorte, kleine, runde Rüben; 'Purple Dragon': Frühsorte, rötlich-violette Rüben; 'Milan': Früh-/Sommer- und Lagersorte; 'Pariser Markt': frühreifend, kugelförmige Sommer-/Herbstsorte; 'Crème de Lite': mittelfrüh, süß, weiße Rüben, lagerfähig; 'Rodelika': stark wachsende Sommer-/Lagersorte; 'Purple Haze': Sommer-/Lagersorte, Rüben im Kern orangefarben, außen rot-violett; 'Jaune Du Doubs': langsam wachsende, alte Sommer-/Lagersorte mit hellgelben, »grünköpfigen«, nicht ganz so süßen Rüben; 'Oxheart': späte, langsam wachsende, alte Lagersorte mit kurzen, stumpfen, dicken Rüben; 'Rothild': späte Lagersorte.

Vorkultur · Aussaat · Pflanzung · Sonne · Halbschatten · Schatten · lagerfähig

Möhrenvielfalt: 1. 'Purple Haze', 2. 'Milan', 3. 'Pariser Markt', 4. 'Purple Dragon'.

Pastinake, Hammelmöhre, Moorwurzel

Pastinaca sativa

J	F	M	A	M	J	J	A	S	O	N	D

Saattiefe: 2 cm | **Pflanzabstand:** 30 × 50 cm

Starkzehrer
Familie: Doldenblütler
Standort: Humos, locker, tiefgründig.
Anbau/Pflege: Samen ist nur 1 Jahr keimfähig; nicht frisch organisch düngen; gleichmäßige Bodenfeuchte; mulchen; zum Überwintern mit Kompost oder Stroh abdecken; mindestens 3 Jahre Anbaupause.
Gute Partner: Dill, Erbse, Majoran, Radieschen, Rote Bete, Salat, Sellerie, Spinat, Zwiebel.
Ernte: September–März. Sommersaaten erst im folgenden Frühling erntereif; mildes Aroma bei früher Ernte, sehr würzig nach dem ersten Frost.
Verwendung: Wurzel als Gemüse, Suppe, Eintopf, Rohkost; Einlagern in Miete, Keller, Frühbeet; Samen getrocknet als Gewürz. Je dicker die Pastinaken, desto weicher ihr Fruchtfleisch.
Sorten: 'Parsnip Countess': längliche Rüben; 'Javelin': schmal-keilförmige Rüben; 'White Diamond': breit-keilförmige Rüben; alle Sorten eignen sich gut zum Einlagern.

Wurzelpetersilie

Petroselinum crispum tuberosum

J	F	M	A	M	J	J	A	S	O	N	D

Saattiefe: 0,5 cm |
Pflanzabstand: 30 × 10 cm

Mittelzehrer
Familie: Doldenblütler

Vorkultur · Aussaat · Pflanzung · Sonne · Halbschatten · Schatten · lagerfähig

Standort: Humos, locker, tiefgründig, sandig-lehmig, nahrhaft.
Anbau/Pflege: Lange, unregelmäßige Keimung; gleichmäßig feucht halten; nicht frisch organisch düngen; mindestens 3 Jahre Anbaupause.
Gute Partner: Erbse, Feldsalat, Gurke, Petersilie, Sellerie, Zuckerhut.
Ernte: September–November. Die Wurzeln wie Möhren ernten; in Mieten, Keller oder ins Frühbeet einlagern.
Verwendung: Die Wurzeln für Salat, Gemüse und für Suppen; die Blätter wie Petersilie verwenden. Petersilienwurzeln schmecken sehr aromatisch, kräftig und würzig. Sie können gedünstet, gekocht, gebraten und püriert werden. Beim Kochen geht das Aroma der Wurzel nicht verloren. Das Wurzelgemüse enthält viel Eiweiß, Vitamin C und B-Vitamine sowie Kalzium und Eisen.
Sorten: 'Eagle': besonders aromatisch, auch zum Einlagern; 'Halblange': sehr geschmacksintensive Wurzeln und ideal zum Kochen von Fleisch- und Gemüsebrühe.

Knollenfenchel

Foeniculum vulgare var. *azoricum*

J F M A M J J A S O N D

Saattiefe: 1,5–2 cm |
Pflanzabstand: 30 × 20 cm

Mittelzehrer
Familie: Doldenblütler
Standort: Humos, locker, tiefgründig, sandig-lehmig, nährstoffreich.
Anbau/Pflege: Nicht frisch organisch düngen; nicht zu tief pflanzen; anhäufeln, wenn Knollen 3 cm messen; mindestens 3 Jahre Anbaupause.
Gute Partner: Erbse, Feldsalat, Gurke, Zuckerhut, Sellerie, Petersilie.
Ernte: Juli–September. Nicht später als Oktober/Anfang November.
Verwendung: Knollen als Salat oder als Gemüse, Auflauf.
Sorten: 'Rudy': schossfeste Frühsorte; 'Fino': für ganzjährigen Anbau.

Knollensellerie

Apium graveolens

J F M A M J J A S O N D

Saattiefe: 0,5 cm | **Pflanzabstand:** 40 × 40 cm

Starkzehrer
Familie: Doldenblütler
Standort: Humos, schwer, ausreichend feucht.
Anbau/Pflege: Nicht zu tief setzen; mit Kompost versorgen; Düngung auf 3 Gaben verteilen; bei Herzbräune Bordünger geben; ist die Knolle walnussgroß, dann obere Wurzeln freilegen; diese vertrocknen, was die Knollenbildung anregt; mindestens 2 Jahre Anbaupause.
Gute Partner: Buschbohne, Erbse, Gurke, Kohl, Haferwurzel, Knollenfenchel, Kohlrabi, Lauch, Salat, Spinat, Stangenbohne, Tomate, Zwiebel.
Ernte: September, spätestens Ende Oktober; zum Lagern nicht waschen; in Miete, Frühbeet oder Keller einlagern.
Verwendung: Laub als Suppengrün; die Knollen als Rohkost, Gemüse oder für Suppen verwenden.
Sorten: 'Ibis': schossfest, auch für Frühanbau; 'Bergers weiße Kugel': schossfest, große Knollen; 'Monarch', 'Prinz', 'Mars': gute Lagersorten.

Stangensellerie, Bleichsellerie

Apium graveolens var. *secalinum* var. *dulce*

J F M A M J J A S O N D

Saattiefe: 0,5 cm | **Pflanzabstand:** 40 × 30 cm

Starkzehrer
Familie: Doldenblütler
Standort: Humos, etwas schwerer, wasserspeichernd.
Anbau/Pflege: Mit Kompost versorgen; Düngung auf 3 Gaben verteilen; bei Herzfäule Bordünger geben; flach wachsende Wurzeln, daher regelmäßig mulchen und gießen; selbstbleichende Sorten in Horsten pflanzen; andere Sorten zum Bleichen ab Mitte August unterhalb der Blätter mit Wellpappenmanschetten oder schwarzer Folie umwickeln bzw. Dränagerohre darüberstülpen; mindestens 2 Jahre Anbaupause!
Gute Partner: Buschbohne, Gurke, Kohl, Lauch, Tomate.
Ernte: Juli–Oktober. Blattstiele oder die ganze Pflanze vor Frosteintritt abernten.
Verwendung: Blattstiele als Rohkost.
Sorten: 'Darklett': dunkelgrün, 'Tall Utah': hellgrün, beide Sorten können für einen besonders milden Geschmack 3 Wochen vor der Ernte zusätzlich gebleicht werden; 'Tango': schossfest, selbstbleichend.

Vorkultur | Aussaat | Pflanzung | Sonne | Halbschatten | Schatten | lagerfähig

Stangensellerie war schon bei den alten Römern und Griechen beliebt.

Rüben

Rüben in verschiedenen Arten kannten bereits Griechen und Römer im Altertum. In Mitteleuropa standen Rüben bis zur Einführung der Kartoffel als Nahrungsmittel im 17. Jahrhundert auf dem täglichen Speiseplan. Sie waren beliebt wegen ihres hohen Nährwerts, ihrer guten Lagerfähigkeit und wegen ihrer Winterhärte.

»SÜSSE« UND GESUNDE RÜBEN

Die Mitglieder verschiedener Pflanzenfamilien bilden rübenartige unterirdische Speicherorgane. Diese enthalten als »Speicherstoff« oft Stärke, die z. B. unter Frosteinwirkung in Zucker umgewandelt werden kann, weshalb die Rüben dann süß schmecken. Außerdem sind alle Rüben reich an Vitaminen, Kalzium, Eisen, Kalium, Phosphor und Natrium. Ein hoher Wasser- und Ballaststoffgehalt macht Rüben zu einem kalorienarmen »Fitnessgemüse«. Ganz anders als in Deutschland, wo Rüben oft nicht sehr geschätzt werden, gibt es z. B. in Frankreich zahlreiche Rezepte. Beliebt sind unter anderem ganze, junge Rübchen, in Butter und Zucker geröstet und karamellisiert, als Beilage zum Fleisch.

Neben der bekannten Roten Bete gibt es noch zahlreiche weitere Rübenarten.

RÜBEN FÜR FRÜHLINGS- UND HERBSTGENÜSSE

Die kleinen, runden und weißfleischigen Mairüben erinnern im Geschmack an eine Mischung aus milden Radieschen und Kohlrabi. Man genießt sie am besten frisch geerntet. Ebenfalls weißfleischig und rund kommen die Herbstrüben daher. Sie sind ideal für wärmende, gehaltvolle Eintöpfe oder als delikates Püree.

DAS COMEBACK DER SPEZIALITÄTEN

Die mild-süßen Teltower Rübchen verdanken ihren Namen dem vor dem Krieg einzigen deutschen Anbaugebiet Teltow in der Mark Brandenburg, wo in Butter und Zucker karamellisierte Rübchen mit Fleischbrühe abgelöscht und gedünstet werden. Mit Steckrüben hingegen verbanden viele unangenehme Erinnerungen: Im »Steckrübenwinter« 1916/1917 war das »Schweinefutter« vielerorts das einzige verfügbare Lebensmittel. Heute haben die Züchter aus der Kriegskost ein delikates Wurzelgemüse gemacht. Die kalorienärmste Rübe ist ernährungsphysiologisch sehr wertvoll. Eine echte Delikatesse ist die Kerbelrübe, die gegart nach mehligen Kartoffeln und Maronen schmeckt. Länger gelagert, wird sie immer würziger.

Vorkultur Aussaat Pflanzung Sonne Halbschatten Schatten lagerfähig

Rote Bete, Rote Rübe, Rande

Beta vulgaris var. *vulgaris*

J	F	M	A	M	J	J	A	S	O	N	D

Saattiefe: 2–3 cm | **Pflanzabstand:** 25 × 10 cm

Nahezu jeder kennt Rote Bete aufgrund ihrer intensiven, für Gemüse eher unüblichen Färbung. Die Knolle, deren Saft dem traditionellen russischen Eintopf »Borschtsch« die typische Farbe verleiht, enthält Zucker, pflanzliches Eiweiß und gesunde Pflanzenfarbstoffe, die Anthocyane. In der Volksheilkunde schätzte man das Gemüse als stärkend, appetitanregend, blutbildend, gallensekretionsfördernd und erkältungsvorbeugend. Da es allerdings auch gesundheitsschädliches Nitrat anreichern kann, geben Sie bei der Zubereitung Zitronensaft oder Äpfel dazu: Der gleichzeitige Verzehr von Vitamin-C-haltigen Lebensmitteln vermeidet die mögliche Umwandlung des Nitrats zu schädlichen Nitrosaminen. Oder Sie trinken ein Glas Orangensaft zum Rübengericht.

Mittelzehrer

Familie: Fuchsschwanzgewächse

Standort: Humos, tiefgründig, durchlässig, feucht, nicht zu schwer, nicht zu kalkreich.

Anbau/Pflege: Während der Hauptwachstumszeit im Sommer auf eine gleichmäßige Wasserversorgung achten; mit Kompost düngen; vor dem Anbau nicht frisch kalken; nur wenig Stickstoff geben; bei Herzfäule einen chloridhaltigen Bordünger verwenden; mindestens 2 Jahre Anbaupause einhalten.

Gute Partner: Buschbohne, Erbse, Erdbeere, Feldsalat, Fenchel, Gurke, Knoblauch, Kohl, Kohlrabi, Pastinake, Salat, Zucchini, Zwiebel.

Ernte: Ab August für den Frischverzehr; zum Einlagern vor den ersten Nachtfrösten im Oktober/November, sobald das Laub deutlich welkt oder altert; dafür die Rüben morgens mit einer Grabegabel etwas anheben, ohne die Wurzeln abzureißen, liegen lassen und erst am Nachmittag endgültig aus der Erde nehmen, dann wird der Nitratgehalt durch die Lichteinwirkung reduziert; Rüben zum Einlagern nicht verletzen; Blätter abdrehen, das Herz aber an der Rübe belassen.

Verwendung: Besonders schmackhaft kurz vor der Reife, wenn im Inneren der Rübe noch keine weißen Ringe sichtbar sind; Sorten mit länglichen Rüben haben kaum Ringe; Rüben als Rohkost, Saft oder gedünstet; geschmort als Suppe, Eintopf, Gemüse; in Essig eingelegt.

Sorten: 'Rote Kugel': rasch wachsende Frühsorte, runde, lagerfähige Rübe; 'Ägyptische Plattrunde': eine alte Sommersorte mit runder Rübe; 'Albina Vereduna': runde, weiße Rübe; 'Burpees Golden': gelbe Sorte mit runder Rübe; 'Rocket': zylinderförmige, dunkelrote Rübe; 'Bolivar': runde, lagerfähige, wenig nitratanreichernde Rübe; 'Chioggia': außen rosafarbene, innen attraktiv rot-weiß gestreifte, glattschalige, süße Rübe.

Mairübchen, Navette

Brassica rapa subsp. *rapa*

J F M A M J J A S O N D

Saattiefe: 1 cm | **Pflanzabstand:** 25 × 20 cm

Schwachzehrer

Familie: Kreuzblütler
Standort: Humos, feucht, nährstoffreich, lehmig-sandig.
Anbau/Pflege: Boden gleichmäßig feucht halten; Anbau ist während der heißen Sommermonate nicht zu empfehlen, da die Mairübchen bei großer Hitze sehr streng schmecken; mindestens 4 Jahre Anbaupause. Die anspruchslosen Mairübchen brauchen nicht viel Pflege. Es reicht, wenn Sie regelmäßig gießen und hacken, damit der Boden schön locker bleibt. Dann wachsen die Rübchen gleichmäßig und werden zart.
Gute Partner: Buschbohne, Erbse, Erdbeere, Feldsalat, Fenchel, Gurke, Knoblauch, Kohl, Kohlrabi, Zucchini.
Ernte: Ende April–Mai und September–Oktober. Rüben möglichst jung ernten, mit 4–5 cm Durchmesser, auch junge Blätter. Schön aromatisch schmecken die Mairübchen nämlich dann, wenn sie noch nicht zu dick und groß sind.
Verwendung: Rüben ungeschält roh als knackigen Rohkost-Salat, wie Kohlrabi gedünstet, geschmort als cremige Suppe; Auflauf, gefüllt; Blätter wie Spinat gedünstet.
Mairübchen zeichnen sich durch einen feinen, leicht süßlichen und dabei dezent rettichähnlichen Geschmack aus.
Sorten: 'Jaune Boule d'Or': gelbe Rübe; 'Market Express': weiße Rübe; 'Primera': rotschopfige Rübe; 'Mailänder Treib': rotschopfige, flachrunde Rübe; 'Tokyo Express': weiße, runde, schnell wachsende Rübe; 'Goldball': runde, gelbe Rübe.

Steckrübe, Wruke, Kohlrübe, Butterrübe, Erdkohlrabi

Brassica napus subsp. *rapifera*

J F M A M J J A S O N D

Saattiefe: 2 cm | **Pflanzabstand:** 50 × 40 cm

Mittelzehrer
Familie: Kreuzblütler
Standort: Humos, ausreichend feucht.
Anbau/Pflege: Kompost geben; mulchen; 4 Jahre Anbaupause.
Gute Partner: Erbse, Feldsalat, Fenchel, Kohl, Kohlrabi, Zwiebel.
Ernte: September–November. Ab September, zum Einlagern ab Ende Oktober. Rüben mit Grabegabel vor langen, starken Frösten aus der Erde nehmen.
Verwendung: Rüben geschält roh als Salat, gedünstet, geschmort.
Sorten: 'Wilhelmsburger': orange-gelb; 'Hoffmanns Gelbe': gelb.

Teltower Rübchen

Brassica rapa subsp. *rapa* forma *teltowiensis*

J F M A M J J A S O N D

Saattiefe: 2 cm |
Pflanzabstand: 30 × 25 cm

Schwachzehrer
Familie: Kreuzblütler
Standort: Nährstoffarm, leicht, locker, sandig.
Anbau/Pflege: Regelmäßig wässern; sparsam düngen; auf schweren, nährstoffreichen Böden strenger Geschmack. Gut nach Buschbohnen.
Gute Partner: Erbse, Mangold, Rettich, Salat, Sellerie, Spinat.
Ernte: Oktober–März. Wenn die Rübchen 3–4 cm groß sind.
Verwendung: Die Rüben geschält roh als Salat und Rohkost oder gedünstet, geschmort sowie in Zucker glasiert.
Sorten: 'Teltower Kleine': feine, mild-süßliche Speiserübe.

Herbstrübe, Weiße Rübe, Stoppelrübe, Krautrübe

Brassica rapa subsp. *rapa* subvar. *esculenta*

J F M A M J J A S O N D

Saattiefe: 2–3 cm | **Pflanzabstand:** 25 × 10 cm

Schwachzehrer
Familie: Kreuzblütler
Standort: Humos, durchlässig, sandig-lehmig, locker.
Anbau/Pflege: Regelmäßig gießen; wenig düngen; gut nach Erbsen, Bohnen; mindestens 4 Jahre Anbaupause.
Gute Partner: Erbse, Fenchel, Kohl, Kopfsalat, Mangold, Radieschen, Rettich.
Ernte: Mai–Juni und September–Dezember. Rübchen mit 5–6 cm Größe ernten; der aus der Erde herausschauende Teil der Rübchen ist meist grün oder rötlich gefärbt; winterhart, nach dem Frost schmecken sie noch zarter.
Verwendung: Junge, zarte Rübchen roh oder gekocht, gedünstet und püriert, für Auflauf, Eintopf.
Sorten: 'Butterrübchen Golden Ball': gelbschalig, zart, auch Frühlingsanbau; 'Runde Weiße': weißschalig; 'Rotköpfige': weißschalig, roter Kopf; 'Teutoburger': gelbschalig; 'Ulmer Ochsenhörner': weißschalig, roter Kopf.

Kerbelrübe, Knolliger Kälberkropf, Knollenkerbel

Chaerophyllum bulbosum

J F M A M J J A S O N D

Saattiefe: 1–2 cm | **Pflanzabstand:** 25 × 30 cm

Schwachzehrer
Familie: Doldenblütler
Standort: Leicht, tiefgründig, etwas feucht, sandig-lehmig.
Anbau/Pflege: Herbstaussaat ratsam, da Kaltkeimer; Kompost einarbeiten; gleichmäßig wässern; regelmäßig jäten; nicht frisch organisch düngen.
Gute Partner: Bohne, Erbse, Fenchel, Gurke, Kohl, Lauch, Salat, Zwiebel.
Ernte: Juli–Dezember. Sobald Laub welkt, mit Grabegabel ernten; zu kleine Exemplare (haselnussgroß) wieder einpflanzen; nach Blüte im 2. Jahr nicht mehr ernten.
Verwendung: Nach einigen Wochen Lagerzeit sind die Rüben noch aromatischer und süßer; Rüben ungeschält roh als Salat, Rohkost oder gedünstet bzw. geschmort; junges Laub als Suppen-/Salatwürze verwenden.
Arten: Sibirische Kerbelrübe *(C. bulbosum* subsp. *prescotti)*: Bildet eine gelbschalige, gelbfleischige, größere, aber weniger aromatische Rübe aus.

Vorkultur · Aussaat · Pflanzung · Sonne · Halbschatten · Schatten · lagerfähig

Kerbelrübe: Schon im Mittelalter wurde dieses alte Wintergemüse in Klostergärten kultiviert.

Kohlgewächse

Kohl in der ganzen Vielfalt seiner zahlreichen Arten und Sorten ist ein echtes Kind Mitteleuropas, da er kühl-feuchtes, atlantisches Klima gut verträgt. Schon die Wikinger schätzten die Wildform des nahrhaften Gemüses, und bei den Kelten war Kohl bereits zur gezielt angebauten Gartenpflanze avanciert.

Wohlgeratene Kohlköpfe sind ein attraktiver »Augenschmaus« im Beet.

KOHL – EINE PFLANZE DER GÖTTER

In der griechischen Mythologie galt der Kohl sogar als heilige Pflanze. Als Göttervater Zeus anlässlich eines schwer zu deutenden Orakels ins Schwitzen kam, entstand aus einem seiner Schweißtropfen die Kohlpflanze. In der Folge schwur man Eide beim Kohl und vertrieb mit Kohl unliebsame Geister. Die den Griechen bekannten und bereits 400 v. Chr. beschriebenen, krausblättrigen Kohlpflanzen sahen wahrscheinlich so ähnlich aus wie der uns heute bekannte, typisch »norddeutsche« Grünkohl. Die Römer nutzten den Kohl so: Vor einem großen Gelage sollte man ausreichend rohen Kohlsalat zu sich nehmen, um nachher ausgiebig essen und trinken zu können. So kennt Columella im 1. Jahrhundert n. Chr. bereits 14 Kohlsorten, von denen verschiedene Bestandteile (Blätter, Stängel, Blüten) gegessen wurden. Allerdings waren diese Sorten in ihrem Aussehen wahrscheinlich noch weit von dem uns heute geläufigen Kopfkohl entfernt. Dieser entstand als Rot- und Weißkohl in Mitteleuropa vermutlich erst im Hochmittelalter. Auch Hildegard von Bingen (1098–1179) lobte das Gemüse wegen seiner wohltuenden Wirkung bei vielerlei Beschwerden.

»VITAMINBOMBE« KOHL

Alle Kohlsorten sind reich an Mineralien wie Kalium, Kalzium, Phosphor, Eisen; Rotkohl enthält zudem Anthocyane – gesunde rote Farbstoffe. Die Kohlsorten weisen insbesondere in den Blättern teils hohe Dosen Vitamin C, B und Provitamin A (Carotin) auf.

Weißkohl, Weißkraut

Brassica oleracea var. *capitata*

J F M A M J J A S O N D

Saattiefe: 0,5–1 cm |
Pflanzabstand: 50 × 60 cm

Die gute Lagerfähigkeit und die praktische Haltbarmachung in Form von Sauerkraut trugen dazu bei, dass im 17. und 18. Jahrhundert sogar ganze Schiffsmannschaften mit Fässern voll sauer eingelegtem Kohl gegen den Skorbut, eine gefürchtete Vitamin-C-Mangelerscheinung, zu Felde zogen. Die Volksheilkunde empfahl das Gemüse außerdem in Form von Wickeln und Umschlägen auf schlecht heilenden Wunden, Geschwüren und bei rheumatischen Beschwerden.

Starkzehrer
Familie: Kreuzblütler
Standort: wie Rotkohl (→ Seite 196)
Anbau/Pflege: wie Rotkohl (→ Seite 190)
Gute Partner: Bohne, Dill, Endivie, Erbse, Kartoffel, Kopfsalat, Lauch, Sellerie, Spinat, Tomate.
Ernte: Januar/Februar–November. Nach Bildung fester Köpfe.
Verwendung: Köpfe, Blätter für Salat, Sauerkraut, Eintopf und Suppe. Weißkohl ist ein richtiges »Super-Food« und ein wichtiger Nährstofflieferant in der Winterzeit. Er enthält viel Vitamin C und E, Kalium, Eisen, Mineralstoffe, sekundäre Pflanzenstoffe und Senföle.
Sorten: 'Dithmarscher Früher': erster Frühkohl; 'Erstling': sehr frühe Spitzkohlsorte; 'Braunschweiger': Herbstkohl; 'Filderkraut': gute Spitzkohlsorte für die Sauerkrautherstellung; 'Kalibos': alte, rote Spitzkohlsorte; 'Marner Lagerweiß': Lagersorte; 'January King': eine kälteunempfindliche Sorte zum Überwintern.

Rotkohl, Rotkraut, Blaukraut

Brassica oleracea var. *capitata*

J F M A M J J A S O N D

Saattiefe: 0,5–1 cm | **Pflanzabstand:** 50 × 60 cm

Starkzehrer

Familie: Kreuzblütler
Standort: Sonnig, humos, lehmig, nicht zu trocken, kalkhaltig.
Anbau/Pflege: Aussaat von Früh-/Sommerkohl im Haus ab Februar/März, ab Ende März/April auspflanzen; Aussaat von Herbst-/Lagerkohl ab April/Mai ins Beet, nur leicht mit Sand bedecken; die Aussaat feucht halten; 4 Wochen nach der Pflanzung anhäufeln; 3- bis 4-mal düngen, 4 Jahre Anbaupause.
Gute Partner: Bohne, Dill, Endivie, Erbse, Kartoffel, Kopfsalat, Lauch, Sellerie und Spinat sowie Tomate.
Ernte: Januar/Februar–November. Nach Bildung fester Köpfe.
Verwendung: Köpfe und Blätter für Rohkost, Salat, »Blaukraut«.
Sorten: 'Amarant', 'Topas': Frühkohl; 'Red Danish': bewährte alte Lagersorte; 'Dauerrot', 'Marner Lagerrot': späte Lagersorten.

Wirsing

B. oleracea convar. *capitata* var. *sabauda*

J F M A M J J A S O N D

Saattiefe: 0,5–1 cm | **Pflanzabstand:** 50 × 60 cm

Starkzehrer

Familie: Kreuzblütler
Standort: Sonnig, humos, lehmig, nicht zu trocken, kalkhaltig.
Anbau/Pflege: Aussaat Früh-/Sommersorten im Haus ab März, ab Ende April auspflanzen; Aussaat Spät-/Lagersorten ab April/Mai ins Beet, ansonsten wie Rotkohl.
Gute Partner: Bohne, Dill, Endivie, Erbse, Kartoffel, Kopfsalat, Lauch, Sellerie, Spinat.
Ernte: März–November. Sobald die Köpfe beim Schütteln »rasseln«.
Verwendung: Köpfe und Blätter für Rohkost, Salat, Eintopf, Gemüsegerichte.
Sorten: 'Vorbote': erste Frühsorte für den Frischverbrauch; 'Atlanta': eine Sommersorte; 'Butterkohl-Wirsing Darsa': besonders zarter, hellgrüner Herbstwirsing; 'Marner Grüfewi': frostharter Lagerwirsing; 'Winterfürst': sehr späte Lagersorte, auch zum Überwintern; 'Alaska', 'Kamtschatka', 'Advent': zum Überwintern.

Vorkultur · Aussaat · Pflanzung · Sonne · Halbschatten · Schatten · lagerfähig

Blumenkohl, Karfiol

Brassica oleracea convar. *botrytis* var. *botrytis*

J F M A M J J A S O N D

Saattiefe: 0,5–1 cm | **Pflanzabstand:** 40 × 50 cm

Starkzehrer

Familie: Kreuzblütler

Standort: Humus- und strukturreich, nicht zu trocken, kalkhaltig.

Anbau/Pflege: Tief setzen; gleichmäßig feucht halten, höchster Wasserbedarf aller Kohlarten, empfindlich gegen unregelmäßige Nährstoff- und Wassergaben; mulchen; anhäufeln; organisch und mineralisch düngen; gut mit Stickstoff versorgen; Gemüseschutznetz/Kohlkragen (→ Seite 296/297, Tabelle Pflanzenschutz) gegen Kohlweißling und Kohlfliege anwenden; 4 Jahre Anbaupause.

Gute Partner: Bohne, Dill, Endivie, Erbse, Kartoffel, Kopfsalat, Lauch, Sellerie, Spinat, Tomate.

Ernte: April–November. Zügig ernten, sonst Blütenbildung; Köpfe kurz vor Ernte mit abgeknickten Laubblättern abdecken, dann bleiben sie weiß; violette Sorten ernten, wenn sich Köpfe leuchtend violett färben.

Verwendung: Köpfe, (junge) Blätter für Rohkost, Salat, Eintopf, Suppe, Gemüsegerichte. Violette Sorten werden beim Kochen weiß!

Sorten: 'Erfurter Zwerg': schnell wachsende Frühsorte; 'Phenomenal Early': Frühsorte mit großen Köpfen; 'Early Snowball': sehr alte Frühjahrs- und Herbstsorte, kleine Köpfe; 'Minarett', 'Veronica': langsam wachsende Romanesco-Sorten für frühen Anbau und späte Ernte, ertragen leichte Fröste, geometrisch geformte, gelbgrüne Köpfe; 'Idol': hitzebeständige Sorte für Früh- bis Herbstanbau, große, niedrige Köpfe; 'Neckarperle': Früh- und Herbstsorte, nicht für den Hochsommer; 'Sunset': Früh-/Sommersorte, orangene Köpfe; 'Sicilia Violetto': alte, schnell wachsende Früh-/Sommersorte, große, violette Köpfe; 'Graffiti': violette Köpfe, färben sich beim Kochen grün; 'Purple of Sicily': alte Sorte, Köpfe zuerst weiß und violett geädert, später einheitlich violett; 'Clapton': sehr krankheitsresistente Sommer-/Herbstsorte; 'Herbstriesen': wüchsige Herbstsorte; 'Burt': Wintersorte für milde Gegenden; 'Dalton': mittelspät, sehr winterhart; 'Eskimo': Wintersorte, unter –6 °C mit Vlies schützen; 'Walcheren': Wintersorte, unter –10 °C mit Vlies schützen.

Brokkoli

Brassica oleracea var. *italica*

J F M A M J J A S O N D

Saattiefe: 0,5–1 cm |
Pflanzabstand: 40 × 50 cm

Starkzehrer
Familie: Kreuzblütler
Standort: Humos, nährstoffreich, nicht zu trocken.
Anbau/Pflege: Boden gleichmäßig feucht halten; mulchen; organische Düngung in 2 Gaben; Vlies für Ernteverfrühung und als Schädlingsschutz. Mindestens 4 Jahre Anbaupause!
Gute Partner: Bohne, Dill, Endivie, Erbse, Kartoffel.
Ernte: Juni–Oktober. Bevor sich Blütenknospen öffnen, erst nur Haupt-»Kopf«, für 2. Ernte Nebentriebe ernten.
Verwendung: Rohkost, Salat, Eintopf, Gemüsegerichte.
Sorten: 'Calabrese Natalino': mittelfrüh, ertragreich, bildet viele Nebentriebe; 'Violett Queen': mittelfrüh, violetter Kopf, wird beim Kochen grün; 'Santee': milder, violetter »Sprossen-Brokkoli« für Sommer-/Herbsternte, bildet viele Nebentriebe; 'Belstar': anspruchslose, wüchsige Sommer-/Herbstsorte; 'Winter Rudolph': für die Überwinterung, bildet violette Sprosse.

Rosenkohl

Brassica oleracea var. *gemmifera*

J F M A M J J A S O N D

Saattiefe: 0,5–1 cm |
Pflanzabstand: 50 × 60 cm

Starkzehrer
Familie: Kreuzblütler
Standort: Humos, strukturreich.
Anbau/Pflege: Ausreichend organisch und mineralisch düngen, nicht zu viel Stickstoff; standfest durch Anhäufeln; mindestens 4 Jahre Anbaupause.
Gute Partner: Bohne, Dill, Endivie, Erbse, Kartoffel, Kopfsalat, Lauch.
Ernte: September–Februar. Bei frühen Sorten werden die einzelnen Röschen größer, wenn man rechtzeitig die Spitzenknospe »köpft«.
Verwendung: Blätter für Rohkost und Salat; Röschen für Gemüsegerichte, Auflauf, Suppe, Eintopf.
Sorten: 'Ideal', 'Igor': besonders frostharte Herbst- und Wintersorten, lange erntbar; 'Lunet': Herbstsorte; 'Rosella' und 'Rubine': rote Sorten; 'Noisette': alte Herbst- und Wintersorte; 'Harald': niedrige bis mittelgroße Sorte mit mittelgroßen Röschen, mäßig winterhart; 'Roodnerf': hohe Sorte mit leicht rötlichen Blattstielen für eine relativ frühe Ernte, mit guter Winterhärte.

Vorkultur | Aussaat | Pflanzung | Sonne | Halbschatten | Schatten | lagerfähig

Grünkohl, Braunkohl

Brassica oleracea var. *sabellica*

J F M A M J J A S O N D

Saattiefe: 2 cm | **Pflanzabstand:** 50 × 60 cm

Starkzehrer
Familie: Kreuzblütler
Standort: Humos, lehmig, kalkhaltig.
Anbau/Pflege: Boden gleichmäßig feucht halten, Düngung auf 2 Gaben verteilen; gut als Folgekultur nach Erbsen, Bohnen, Dicken Bohnen, Frühkartoffeln; mindestens 3 Jahre Anbaupause einhalten.
Gute Partner: Bohne, Erbse, Gurke, Kohlrabi, Petersilie, Endivie, Radieschen, Rettich.
Ernte: Oktober–Februar. Sobald die Blätter Frost bekommen haben; kann nach Aussaat auch wie Spinat geerntet werden.
Verwendung: Blätter als Salat, Gemüse, Auflauf, Eintopf, Suppe.
Sorten: 'Vitessa': niedrige, nicht ganz frostfeste Sorte für frühe Ernte; 'Lerchenzungen': mittelhohe, grüne, sehr winterharte Sorte; 'Frostara': mittelhohe, grüne, sehr winterharte Sorte; 'Winterbor': hohe, blaugrüne/dunkelgrüne, sehr winterharte Sorte; 'Redbor': hohe, violette, sehr winterharte Sorte, wird beim Kochen grün.

Palmkohl

Brassica oleracea var. *palmifolia*

J F M A M J J A S O N D

Saattiefe: 1,5 cm | **Pflanzabstand:** 50 × 60 cm

Starkzehrer
Familie: Kreuzblütler
Standort: Humos, lehmig, nährstoffreich, kalkhaltig.
Anbau/Pflege: Feucht halten; Düngung auf 2 Gaben verteilen; gut nach Erbsen, Frühkartoffeln; mindestens 3 Jahre Anbaupause; auch für Kübel.
Gute Partner: Bohne, Endivie, Erbse, Gurke, Kohlrabi, Petersilie.
Ernte: Juli–Oktober. Blätter nach Bedarf von unten nach oben.
Verwendung: Blätter als Salat, Gemüse, Auflauf, Eintopf, Suppe.
Sorten: 'Nero di Toscana': mittelhohe Sorte, Blätter blau-/schwarzgrün, besonders milder Geschmack, Ernte bis zum Wintereinbruch; 'Negro Romano': sehr frosthart und attraktiv.

Kohlrabi

Brassica oleracea var. *gongylodes*

J F M A M J J A S O N D

Saattiefe: 1–2 cm |
Pflanzabstand: 30 × 25 cm

Mittelzehrer
Familie: Kreuzblütler
Standort: Humos, nährstoffreich.
Anbau/Pflege: Tief pflanzen; gleichmäßig feucht halten; organische Düngung auf 2 Gaben verteilen; mindestens 3 Jahre Anbaupause.
Gute Partner: Bohne, Erbse, Gurke, Kartoffel, Rote Bete, Salat.
Ernte: Mai–Oktober. Knollen nicht zu groß werden lassen.
Verwendung: Knollen, junge Blätter als Salat, Gemüse, Suppe.
Sorten: 'Blaro', 'Azur Star': schossfest, blau und früh; 'Delicatess': mittelfrüh, blau, eine Sommersorte; 'Lanro': weiß, schnell wachsend, eine Früh-/Spätsorte; 'Superschmelz': eine alte Sorte, weiß, langsam wachsend, ein butterzarter »Riesenkohlrabi«, vorzüglich im Geschmack.

Stielmus, Rübstiel

Brassica rapa var. *rapa*

J F M A M J J A S O N D

Saattiefe: 1–2 cm |
Pflanzabstand: 20 × 10 cm

Schwachzehrer
Familie: Kreuzblütler
Standort: Humos, durchlässig, leicht sandig.
Anbau/Pflege: Gleichmäßig feucht halten; mindestens 3 Jahre Anbaupause. Als Stielmus können auch Mairüben besonders dicht (3 g/m^2) gesät werden, die dann keine Rüben, sondern nur Stiele und Blätter bilden.
Gute Partner: Bohne, Erbse, Gurke, Kartoffel, Salat, Rote Bete.
Ernte: Ende April–September. Ganze Blattrosetten abschneiden; Geschmack im Herbst/Frühling mildwürzig, im Sommer kräftig, pikant.
Verwendung: Stiele (nach Belieben auch Blätter) als Salat, Gemüse, Eintopf; Verwendung ähnlich wie Spinat oder Mangold.
Sorten: 'Namenia' und 'Hymenia': sehr zarte, schmackhafte Blätter.

Pak Choi, Chinesischer Senfkohl

Brassica rapa subsp. *chinensis*

J	F	M	A	M	J	J	A	S	O	N	D

Saattiefe: 2 cm |
Pflanzabstand: 30 × 30 cm

Starkzehrer
Familie: Kreuzblütler
Standort: Humos, nährstoffreich.
Anbau/Pflege: Den Boden stets gleichmäßig feucht halten; Düngung auf 2 Gaben; gute Nachkultur zu Bohnen, Erbsen, frühen Möhren sowie Erdbeeren; 3 Jahre Anbaupause einhalten.
Gute Partner: Bohne, Erbse, Gurke, Kartoffel, Rote Bete, Salat.
Ernte: Ende Mai–Dezember. Bis zum ersten Frost; ganze Rosetten.
Verwendung: Blattrosetten für Salat, Gemüse, Wok-Gerichte; Zubereitung ähnlich wie Spinat.
Sorten/Arten: 'Joi Choi', 'Hypro': sehr schossfeste Sorten. Chinakohl (*B. rapa* subsp. *pekinensis*): 'Bilko F1': schnellwüchsig, hochtolerant gegen Kohlhernie, gut lagerfähig; 'Autumn Fun': Blätter innen gelb, außen dunkelgrün.

Meerkohl, Strandkohl

Crambe maritima

J	F	M	A	M	J	J	A	S	O	N	D

Saattiefe: 1–2 cm |
Pflanzabstand: 80 × 60 cm

Starkzehrer
Familie: Kreuzblütler
Standort: Humos, nährstoffreich, sandig-lehmig, nicht zu trocken.
Anbau/Pflege: Mehrjährig, gut mit Kompost/Guano versorgen, auch nach der Ernte; im Sommer reichlich nachdüngen, wässern, mulchen; Blütentriebe ausbrechen; Wurzel im Winter mit Laub/Reisig schützen; Samen 1 Jahr keimfähig.
Gute Partner: Bohne, Erbse, Kartoffel.
Ernte: Ab Mai. Blätter, Stiele; ab 2. Jahr im Februar/März für ca. 4 Wochen Eimer oder »Meerkohlbleicher« über Pflanze stülpen oder sie hoch anhäufeln; gebleichte Sprossen ernten, wenn sie etwa 20 cm lang sind; 2–3 Ernten möglich; ungebleichte Sprossen schmecken streng und bitter.
Verwendung: Blätter und Blattstiele als Gemüse; gebleichte Triebe wie Spargel zubereiten.

Zwiebeln & Lauch

Zwiebeln und Lauch, zwei Vertreter aus der Familie der Zwiebelgewächse, zählen schon lange zur menschlichen Nahrung. Bereits im alten Ägypten wurden angeblich Fronarbeiter, welche die Pyramiden bauten, mit Zwiebeln und Lauch verköstigt. Diese Pflanzen waren sowohl gesund als auch leicht zu kultivieren.

Winterheckzwiebel (*Allium fistulosum*)

PFLANZENMAGIE UND HAUSAPOTHEKE

Aus dem östlichen Mittelmeerraum brachten die Römer den Lauch und die Gemüsezwiebel, wie wir sie heute kennen, ins Land der Kelten und Germanen. Dort sammelte man zuvor bereits wilde Laucharten und integrierte die würzigen Neuankömmlinge schnell in die heimische Küche. Darüber hinaus diente die Zwiebel auch als preisgünstiges und für jedermann verfügbares Mittel der Volksheilkunde.

Der Lauch hingegen erfreute sich großer Beliebtheit als Aphrodisiakum und wurde als magische Pflanze zum Schutz- und Abwehrzauber genutzt und verehrt. Daher steckten sich germanische Krieger, wenn sie in den Kampf zogen, Lauchstängel in den Gürtel, um siegreich und unverwundet zurückzukehren. In Wales (Großbritannien) ist der Lauch noch heute das nationale Wahrzeichen, welches die Mützen der walisischen Truppe ziert.

HEILSAME HAUSMITTEL

Die ursprünglich aus den Steppen Asiens stammenden Zwiebelknollen enthalten viel ätherisches Öl, welches immunstärkend und entzündungshemmend wirkt.

Als bewährtes Hausmittel leisteten daher Wickel und Packungen aus klein geschnittenen und erwärmten Zwiebeln gute Dienste bei Stirnhöhlenentzündung, Ohrenschmerzen und Abszessen. Zwiebeln mit Honig ergaben einen wirkungsvollen Hustensirup.

Lauch, Porree

Allium porrum

J F M A M J J A S O N D

Saattiefe: 1–2 cm | **Pflanzabstand:** 30 × 15 cm

Starkzehrer

Familie: Liliengewächse
Standort: Tiefgründig, humos, locker.
Anbau/Pflege: Beet mit Kompost/reifem Stallmist versorgen; tief setzen, 3–4 Wochen nach Pflanzung anhäufeln, regelmäßig weiter anhäufeln; Wintersorten vor Frost anhäufeln, abdecken; kaliumbetont düngen, Düngung auf 2 Gaben verteilen; gut nach Frühkartoffeln; mindestens 3 Jahre Anbaupause einhalten.
Gute Partner: Erdbeere, Kohl, Kopfsalat, Möhre, Sellerie, Tomate, Gurke, Rettich, Kohlrabi.
Ernte: Juni–August. Mit Grabegabel anheben, Wurzeln abschneiden.
Verwendung: Stangen für Gemüsegerichte, Salate, Auflauf, Quiche.
Sorten: 'Easton': früh; 'Pancho': frühe Sommersorte; 'Catcher'/'Miracle': Herbst-/Lagersorten; 'Blaugrüner Winter Eskimo': frosthart.

Küchenzwiebel, Gemüsezwiebel

Allium cepa

J F M A M J J A S O N D

Saattiefe: 1–2 cm | **Pflanzabstand:** 30 × 20 cm

Zwiebelvielfalt: Gemüsezwiebeln, »Ewige Zwiebeln«, Luft- oder Etagenzwiebeln, Winterheckzwiebeln liefern sommers wie winters würziges Laub; Verwendung ähnlich wie Schnittlauch.

Schwach-/Mittelzehrer

Familie: Liliengewächse
Standort: Durchlässig, humos, locker.
Anbau/Pflege: Bei Trockenheit wässern; Boden regelmäßig vorsichtig lockern; keine frische organische Düngung vornehmen; mit Netz vor Zwiebelfliege schützen; gut nach Starkzehrern; mindestens 5 Jahre Anbaupause.
Gute Partner: Bohnenkraut, Dill, Erdbeere, Kopfsalat, Möhre, Petersilie, Rote Bete, Spinat.
Ernte: Wintersorten ab April, Frühsorten ab Juni; sobald Laub welkt; bei trockenem Wetter, zum Lagern gut trocknen lassen.
Verwendung: Zwiebeln, junges Laub im Frühling, als Gemüse, Suppe, Würze; sauer eingelegt.
Sorten/Arten: Steckzwiebeln: 'Herkules': früh, lagerfähig; 'Stuttgarter Riesen': plattrund, lagerfähig; **Saatzwiebeln:** 'Braunschweiger Dunkelblutrote': plattrund; **Lauchzwiebeln:** 'Rossa Lunga di Firenze': mild, rot, zum Säen; **Pflanzschalotten** *(A. ascalonicum)***:** 'Longor' (→ Bild unten): länglich, kupfer; **Winterheckzwiebeln:** *(A. fistulosum)* 'Freddy': zum Säen; **Luftzwiebeln, Etagenzwiebeln:** *A. cepa* var. *proliferum.*

Hülsenfrüchte

Hülsenfrüchte, wie Erbsen und Bohnen, sind nahezu weltweit verbreitet. Die Schoten und ihre Kerne gelten vielerorts als Grundnahrungsmittel und liefern lebenswichtiges Eiweiß. So stammen Feuer-, Busch- und Stangenbohne aus den südamerikanischen Tropen, insbesondere aus Mexiko.

»BOHNENKÖNIG« UND »ZAUBERERBSE«

Als diese Pflanzen in Mitteleuropa eingeführt wurden, wo man bereits Erbsen und eine Art Dicke Bohnen anbaute, wurden Letztere bald zum gering geschätzten Viehfutter »degradiert« und die »Welschen Bohnen« oder »Indianerbohnen« gewannen zunehmend an Beliebtheit. Zahlreiche Bräuche entstanden rund um das nahrhafte Hülsengemüse. So wurde z. B. am Dreikönigstag (6. Januar) ein Kuchen verzehrt, worin eine einzelne Bohne eingebacken war. Wer das Kuchenstück mit der Bohne erhielt, war »Bohnenkönig« für einen Tag und genoss besondere Vorrechte beim Feiern und Essen. Auch die Erbse erfreute sich in Märchen und Brauchtum großer Beliebtheit. Fast jeder kennt die Geschichte von den Kölner Heinzelmännchen, die mit ausgestreuten Erbsenkörnern bei ihrer heimlichen Tätigkeit aufgespürt wurden. Sie erschraken dabei so sehr, dass sie die Stadt verließen und diese in Zukunft auf die hilfreichen nächtlichen Dienste des Zwergenvolks verzichten musste. Auch das Märchen von den Zauberbohnen oder -erbsen, die über Nacht bis in den Himmel wachsen und an denen ihr glücklicher Besitzer dort hinaufklettern kann, kursiert in verschiedenen Kulturkreisen.

Kletter- und Rankgerüste lassen sich gut mit Stangenbohnen begrünen.

IDEALE GARTENPFLANZEN

Selbst die Volksheilkunde entdeckte die Hülsenfrüchte und kurierte mit Umschlägen aus Bohnenmehl Ausschläge und Prellungen. Wollte man Bohnen säen, galt folgender Hinweis: »Bohnen sollen die Glocken läuten hören.« Das erinnerte daran, dass die Kerne ja nicht zu tief gesteckt werden dürfen, was ihnen tatsächlich nicht gut bekommt. Die Eigenschaft aller Hülsenfrüchte, Stickstoff aus dem Boden in ihren Wurzeln anzureichern und wieder an diesen abzugeben, sobald sie welken, machte sie zum bevorzugt angebauten Gartengemüse. Erbsen und Bohnen sind daher ideale Vorkulturen für nährstoffbedürftige, starkzehrende Pflanzen, die von diesem angesammelten Stickstoffvorrat profitieren.

Buschbohne, Welsche Bohne, Fasole

Phaseolus vulgaris var. nanus

J	F	M	A	M	J	J	A	S	O	N	D

Saattiefe: 2–3 cm | **Pflanzabstand:** 40 × 40 cm

Schwachzehrer
Familie: Schmetterlingsblütler
Standort: Locker, humos, kalkhaltig.
Anbau/Pflege: Je 4–6 Samen zusammen stecken; Pflanzen an Stängelbasis anhäufeln, sind dann standfester; chloridarm düngen; abgeerntete Pflanzen abschneiden, Wurzeln in Erde lassen; mindestens 3 Jahre Anbaupause.
Gute Partner: Endivie, Erdbeere, Radieschen, Rhabarber, Tomate, Zucchini.
Ernte: Juli–Oktober. Ganze Schoten.
Verwendung: Roh in größeren Mengen giftig; Schoten/Körner als Gemüse, Suppe, Püree, Salat, eingelegt; Körner frisch oder als Trockenbohnen; blauhülsige Sorten werden beim Kochen grün.
Sorten: 'Reine des Pourpres': blau; 'Eisbohne': früh, lange Ernte, bedingt winterhart; 'Mariazeller Bohne': grün, rot-weiß gesprenkeltes Korn, guter Ertrag; 'Valdor': gelb, früh, lange Ernte; 'Purple Queen': blau, schmackhaft (→ Bild o. li.); 'Violetta': gelb, ertragreich, aromatisch, sehr gesund.

Stangenbohne

Phaseolus vulgaris var. vulgaris

J	F	M	A	M	J	J	A	S	O	N	D

Saattiefe: 2–3 cm | **Pflanzabstand:** 50 × 40 cm

Schwachzehrer
Familie: Schmetterlingsblütler
Standort: Locker, humos, kalkhaltig.
Anbau/Pflege: Je 5–7 Samen zusammen stecken; bei Saat Stangen aufstellen; an Stängelbasis anhäufeln, sind dann standfester; chloridarm düngen; abgeerntete Pflanzen abschneiden, Wurzeln im Boden lassen; mindestens 3 Jahre Anbaupause.
Gute Partner: Kohl, Kohlrabi, Radieschen, Rote Bete, Sellerie, Spinat, Zucchini.
Ernte: Juni–August. Ganze Schoten.
Verwendung: Roh in größeren Mengen giftig; Schoten oder Körner als Gemüse, Suppe, Püree, Salat, eingelegt; Körner frisch oder als Trockenbohnen; blauhülsige werden beim Kochen grün.
Sorten: 'Mombacher Speck': grün, sehr früh, sehr ertragreich; 'Blaue Wachtel': grün, blau gesprenkeltes Korn; 'Kaiser Friedrich': rosa, bläuliches Korn; 'Blauhilde': blau, mittelspät; 'Stortino Trento': gefleckte Schoten, hell-/dunkelbraun geflecktes Korn, sehr ertragreich (→ Bild o. re.).

Feuerbohne, Käferbohne, Prunkbohne

Phaseolus coccineus

J F M A M J J A S O N D

Saattiefe: 3–4 cm | **Pflanzabstand:** 50 × 50 cm

Schwachzehrer
Familie: Schmetterlingsblütler
Standort: Humos, durchlässig, locker.
Anbau/Pflege: Samen vor der Saat etwas anfeilen/anstechen, 24 Std. in lauwarmem Wasser vorquellen; an der Stängelbasis für Standfestigkeit anhäufeln; an 4–5 m hohen Stangen hochleiten; keine frische organische Düngung; bei großer Hitze fallen Blüten ab, bei Trockenheit die jungen Schoten.
Gute Partner: Endivie, Erdbeere, Gurke, Kartoffel, Kohl, Radieschen, Rettich, Rote Bete, Salat, Spinat, Tomate.
Ernte: Juli–September. Rohe Schoten giftig! Junge ganze Schoten oder Samen der ausgewachsenen Schoten (gut zum Trocknen).
Verwendung: Junge Hülsen als Gemüse, getrocknete, gekochte Samen als Suppe, Eintopf, Gemüse, Salat.
Sorten: 'Lady Di', 'Preisgewinner': rote Blüte; 'Weiße Riesen': weiße Blüte.

Dicke Bohne, Saubohne, Pferdebohne, Puffbohne

Vicia faba

J F M A M J J A S O N D

Saattiefe: 3–6 cm | **Pflanzabstand:** 40 × 50 cm

Mittelzehrer
Familie: Schmetterlingsblütler
Standort: Nicht zu schwer, kalkhaltig.
Anbau/Pflege: Direktaussaat ab einer Bodentemperatur von 5 °C; da Dicke Bohnen ausgesprochen lange Pfahlwurzeln bilden, sollten Sie sie besser nicht vorziehen oder aber in tiefen Töpfen aussäen, sodass Sie die Bohnen nicht pikieren müssen; anhäufeln, mit Reisig stützen; wenn sich Hülsen bilden.
Gute Partner: Gurke, Kartoffel, Kohl, Rote Bete, Sellerie, Spinat.
Ernte: Juni–August. Rohe Schoten giftig! Wenn Samen milchig und Hülsen noch nicht hart sind; untere zuerst; reife Samen zum Trocknen.
Verwendung: Salat, deftige Eintöpfe und Suppen. Die Bohnen schmecken süßlich und zart.
Sorten: 'Witkiem': früh, sehr schmackhaft, weiße Kerne, lange breite Hülsen; 'Perla', 'Piccola': grüne Kerne, Delikatesssorten; 'Winsor': schnellwüchsig, hellbraune Kerne, gut zum Trocknen.

Vorkultur Aussaat Pflanzung Sonne Halbschatten Schatten lagerfähig

Erbse

Pisum sativum

J	F	M	A	M	J	J	A	S	O	N	D

Saattiefe: 2–4 cm | **Pflanzabstand:** 25 × 30 cm

Schwachzehrer
Familie: Schmetterlingsblütler
Standort: Humos, durchlässig, locker, tiefgründig, kalkhaltig.
Anbau/Pflege: Aussaaten mit Netzen vor Vögeln schützen; Pflanzen an der Stängelbasis mit Erde anhäufeln, damit sie standfester sind; höhere Sorten mit Reisig oder Maschendraht stützen, an dem sich die Ranken festhalten können; keine frische organische Düngung; den Boden nicht kurz vor dem Anbau kalken; Erbsen reichern Stickstoff im Boden an, daher abgeerntete Pflanzen abschneiden und die Wurzeln im Boden lassen; mindestens 4 Jahre Anbaupause.
Gute Partner: Fenchel, Gurke, Kartoffel, Kohl, Kohlrabi, Kopfsalat, Mairübe, Mangold, Radieschen, Rettich, Rote Bete, Salat, Salbei, Sellerie.
Ernte: Mai/Juni–August. Größere Mengen roher Schoten sind giftig! Von den Markerbsen die ganzen Schoten; von den Schalerbsen die ganzen, unreifen Schoten (für Gemüse) sowie die reifen Samen (zum Trocknen).
Verwendung: Frisch oder getrocknet für Gemüse, Suppe, Eintopf; sofort nach dem Pflücken verarbeiten, nach 2 Tagen wird Zucker zu Stärke umgewandelt, wodurch Erbsen bitter und mehlig werden; Markerbsen gut zum Einfrieren; Pal- oder Schalerbsen zum Trocknen und Einfrieren.
Sorten: Markerbsen: 'Spring': »Nascherbse« für sehr frühen und Anbau bis Herbst; 'Karina': standfest, ertragreich, früh; 'Aldemann': hohe, alte, süße, ertragreiche Sorte; 'Markana': mittelspät, mit dunklen Schoten, gut zum Einfrieren; **Schalerbsen:** 'Proval': sehr früh, niedrig, robust; 'Dorian': niedrige »Nascherbse« zum Frischverzehr; 'Kleine Rheinländerin': niedrig, mittelfrüh; 'Germana': ertragreich, mittelfrüh; 'Überreich': hohe, alte Sorte mit grün-blaugrünen, eckigen Samen; 'Mahndorfer Grüne Viktoria': hohe, alte Sorte, blaugrüne Samen; 'Kapuzinererbse' oder 'Blauschocker': alte Sorte, blauviolette Schoten und grüne Samen (→ Bild unten); 'Ostfriesische Felderbse': niedrig; 'Marktüberraschung': alte Sorte, eckige, grüne und gelbe Samen an einer Pflanze; 'Kent Blue': mit grünen Samen (→ Bild oben).

Spargelerbse, Flügelerbse, Kaffeeerbse

Tetragonolobus purpureus

J	F	M	A	M	J	J	A	S	O	N	D

Saattiefe: 3 cm | **Pflanzabstand:** 40 × 30 cm

Schwachzehrer
Familie: Schmetterlingsblütler
Standort: Humos, durchlässig.
Anbau/Pflege: An Stängelbasis für Standfestigkeit anhäufeln; mit Reisig stützen; nicht frisch organisch düngen; abgeerntete Pflanzen abschneiden, Wurzeln im Boden lassen; 3 Jahre Anbaupause einhalten; eignet sich auch gut für die Kultur in Töpfen.
Gute Partner: Gurke, Kartoffel, Kohlrabi, Pflücksalat, Sellerie, Spinat.
Ernte: Juni–August. Roh in größeren Mengen giftig! Nur junge Hülsen ab 4–5 cm Länge genießbar; auch junge Sprosse verwendbar.
Verwendung: Hülsen gedünstet als Gemüse, für Wok-Gerichte.

Zuckerschote, Kefe, Kiefelerbse

Pisum sativum convar. *axiphium*

J	F	M	A	M	J	J	A	S	O	N	D

Saattiefe: 3–4 cm | **Pflanzabstand:** 30 × 25 cm

Schwachzehrer
Familie: Schmetterlingsblütler
Standort: Humos, tiefgründig, locker.
Anbau/Pflege: Höhere Sorten mit Reisig stützen; anhäufeln; nicht frisch organisch düngen; abgeerntete Pflanzen abschneiden und Wurzeln im Boden lassen.
Gute Partner: Fenchel, Kohl, Möhre, Radieschen, Rettich, Salat.
Ernte: Juni–August. Junge Schoten im Ganzen, aus den älteren Schoten nur die Samen.
Verwendung: Rohe Schoten sind in größeren Mengen giftig; junge Schoten im Ganzen verwenden; Samen der älteren Schoten gedünstet als Gemüse oder Salat. Ihre volle Süße entfalten die Schoten beim Garen. Achten Sie darauf, insbesondere bei den älteren Schoten, vorab die »Fäden« an den Längsseiten zu entfernen, die ansonsten das Essvergnügen mindern.
Sorten: 'Norli': niedrige und süße Frühsorte; 'Delikata': süße, hohe Früh- und Herbstsorte; 'Riesenzucker': mittelfrüh, mittelhoch, große Schoten; 'Frieda Welten': starkwüchsige Winterkefe, über 2 m hoch, violett blühend und in den meisten Jahren frostfest.

Vorkultur · Aussaat · Pflanzung · Sonne · Halbschatten · Schatten · lagerfähig

Zuckerschoten galten schon immer als edles Gemüse mit einer kurzen Erntesaison.

Tomaten & Co.

Tomate, Paradeiser

Lycopersicon esculentum var. *esculentum*

J	F	M	A	M	J	J	A	S	O	N	D

Saattiefe: 1–2 cm | **Pflanzabstand:** 60 × 80 cm

Der Name »Tomate« hat seinen Ursprung in einem Wort der Aztekensprache, »xitomatl«. Wie viele andere Gemüse stammt die Tomate aus Mittelamerika und wurde, als man sie in Europa einführte, zuerst nur als Zierpflanze kultiviert. Heute gibt es mindestens 2500 verschiedene Sorten. Während bei der Züchtung alter Sorten mehr Wert auf Geschmack gelegt wurde, punkten neue Sorten mit erhöhter Widerstandsfähigkeit. Lecker und gesund sind alle – neben vielen Vitaminen enthalten die Früchte Mineralstoffe, Pflanzenfarbstoffe und Spurenelemente.

Starkzehrer

Familie: Nachtschattengewächse
Standort: Humos, durchlässig, tiefgründig, kalkhaltig, feucht, nährstoffreich.
Anbau/Pflege: Boden mit Kompost vorbereiten, mindestens 2 Spatenlängen tief lockern; Pflanzen tief setzen; eintriebig an Stäben ziehen; Triebe in den Blattachseln regelmäßig ausbrechen (»ausgeizen«); Pflanzenteile beim Gießen nicht benetzen; bei Blütenbeginn und nach Fruchtansatz mit Kompost düngen; wenig Stickstoff; im Freien mit Tomatenhauben abdecken; blühende Pflanzen im Gewächshaus und unter Folienhauben wegen besserer Befruchtung mehrmals mittags oder bei Sonne schütteln; insbesondere ab Fruchtansatz regelmäßig wässern; im Gewächshaus alle paar Jahre Erde erneuern.
Gute Partner: Lauch, Knoblauch, Kohl, Möhre, Radieschen, Rettich, Salat, Sellerie, Spinat.
Ernte: Juli–September. Rohe, grüne Früchte giftig; vollreif mit Stiel ernten; grüne Früchte im Haus nachreifen.
Verwendung: Frisch für Salat, Saft; gedünstet für Soße, Suppe, Eintopf, Pizzabelag, Tomatenmark, Ketchup; getrocknet oder frisch in Öl eingelegt; nicht im Kühlschrank lagern, sondern dunkel bei 13–15 °C; nicht zusammen mit Beerenobst, Zitrusfrüchten, Kohl, Gurken aufbewahren, sonst halten diese sich weniger lange.
Sorten: Stabtomaten: 'Frühzauber': sehr früh, geeignet für Freiland; 'Tigerella': sehr robust, frühtragend, im grünen Stadium stark, später schwach gelb gestreift; 'Goldene Königin': alte Sorte, orangegelb, mild-säuerlich; 'Schwarze Pflaume': süß, saftig, schwarzrot, je sonniger, desto dunkler die Früchte; 'Striped Roman': länglich, spitz zulaufend, längs gestreift; 'Weiße Schönheit': sehr süß, milchig-weiß, gelblich, mit wenig Säure; 'Green Zebra': grün bleibend, sehr aromatisch, mit dunkel-/hellgrünen Streifen; **Cocktail-/Kirschtomaten:** 'Zuckertraube': langtraubig, süß, aromatisch; 'Mirabell': klein, gelb, sehr süß; 'Sweet Million': platzfest, zuckersüß; 'Johannisbeertomate': kleine, zuckersüße Wildtomate aus den Anden; 'Black Cherry': reich tragend, dunkelviolett, sehr süß; 'Yellow Pear': gelb, birnenförmig; **Buschtomaten für die Topfkultur:** 'Balkonstar', 'Gnom': hängender Wuchs, für Ampelbepflanzung geeignet; 'Roma': ertragreiche, süße Busch-Eiertomate; **Flaschentomaten:** 'San Marzano': robust, sehr fruchtig; 'Corianne': sehr aromatisch und ertragreich; **Fleischtomaten:** 'Brandywine': alte Sorte, hell- bis schwarzrot, schwer; 'Marmande': groß, kräftig schmeckend; 'Black Krim': schwarzrot, süß, saftig, aromatisch, langsam reifend.

Tomatenvielfalt: 1. 'Frühzauber', 2. 'Yellow Pear', 3. 'Marmande', 4. 'Black Cherry', 5. 'Mirabell', 6. 'Sweet Million'.

Aubergine, Eierfrucht, Melanzani

Solanum melongena

J F M A M J J A S O N D

Saattiefe: 2–3 cm | **Pflanzabstand:** 60 × 40 cm

Die Aubergine gedeiht am besten im warmen Gewächshaus. Kein Wunder, schließlich liegt ihre angestammte Heimat in Indien sowie China, wo sie schon seit Jahrtausenden bekannt ist. Die ursprünglichen Auberginen trugen gelblich weiße, eiförmige Früchte. Als die Mauren diese Pflanzen im 13. Jahrhundert nach Europa brachten, nannte man sie daher »Spanisches Ei« oder »Eierfrucht«.

Starkzehrer
Familie: Nachtschattengewächse
Standort: Humos, tiefgründig, feucht, durchlässig, nährstoffreich.
Anbau/Pflege: Anbau im Gewächshaus ratsam, insbesondere bei rundfrüchtigen Sorten; Sorten mit länglichen Früchten oft unempfindlicher; nicht nach Tomaten oder Kartoffeln anbauen; organisch oder flüssig chloridfrei düngen; beim Gießen die Pflanzenteile nicht benetzen; Pflanzen nach der Blütenbildung gegen Mittag öfter schütteln, damit die Bestäubung gesichert wird; Haupttrieb nach erstem Fruchtansatz einkürzen und wie bei Tomaten überzählige Blätter und Triebe entfernen; an Stützstäben oder Schnüren ziehen.
Gute Partner: Basilikum, Kohlrabi, Radieschen, Spinat.
Ernte: Juni–September. Wenn die Früchte auf Druck leicht nachgeben und die Fruchtschale hochglänzend ist, mit Blütenkelch und Stiel ernten; sehr junge, feste Früchte müssen nachreifen, sonst kann das in ihnen enthaltene Solanin Übelkeit auslösen.
Verwendung: Früchte dünsten, braten, in Öl einlegen. Ob gebraten, gefüllt oder als Püree: Auberginen sind fester Bestandteil der mediterranen und orientalischen Küche. Durch ihren Gehalt an Solanin und Bitterstoffen sind Auberginen nicht zum Rohessen geeignet. Nach dem Garen schmecken sie neutral und leicht bitter, nehmen aber gut eine andere Würze an.

Sorten: 'Bonica': tiefviolette, runde Früchte; 'Golden Eggs': weiße, hühnereigroße Früchte; 'Lange Violette': bis 20 cm lange, tiefviolette, längliche Früchte, sehr robust; 'Obsidian': kugelrunde, tiefviolette Früchte, robust; 'Rotunda Bianca Sfumata di Rosa': rosafarben überlaufene, runde Früchte, alte Sorte; 'Black Beauty': tiefviolette, längliche Früchte, alte Sorte; 'Ophelia': Mini-Aubergine, auch für Topfkultur; 'Striped Toga': Früchte orange mit grünen Streifen, 5 cm lang (→ Bild, Seite 206 u. re.); 'Listada de Gandia': länglich, violett mit weißen Streifen, auch für Topfkultur (→ Bild, Seite 206 u. li.).

Tomatillo, Bergaubergine

Physalis ixocarpa

J F M A M J J A S O N D

Saattiefe: 1–2 cm |
Pflanzabstand: 80 × 80 cm

Mittelzehrer
Familie: Nachtschattengewächse
Standort: Humos, locker, nährstoffreich, warm, geschützt.
Anbau/Pflege: Tief pflanzen, fördert Seitenwurzelbildung; an Schnüren oder Stäben ziehen; regelmäßig wässern; mit Kompost versorgen.
Die ursprüngliche Heimat der Tomatillo ist Mittelamerika bzw. Mexiko. Dort wird sie auch umfangreich kultiviert, aber auch in Indien, Australien, Südafrika und dem Süden der USA baut man Tomatillos an. Die Pflanzen wachsen sowohl auf Meeresniveau als auch im Gebirge bis in Höhen von 2600 Metern.
Gute Partner: Knoblauch, Zwiebel.
Ernte: Juli–September, im Gewächshaus bis November. Sobald lampionartige Hüllblätter aufbrechen und die Früchte zu Boden fallen.
Verwendung: Vollreife, süße Früchte ohne Hüllblatt frisch für Rohgenuss, Salat, Konfitüre, zum Einlegen; nicht ganz vollreif säuerlicher, dann für Chutney, Curry, Salsa (beispielsweise die bekannte »Salsa verde«), Soße, Ratatouille, Gemüsegerichte, Eintöpfe.
Das Fruchtfleisch erinnert in seiner Konsistenz beim Kauen an Äpfel und der süßsaurer Geschmack am ehesten an Stachelbeeren.
Sorten: 'Cisneros': sehr große, grüne Früchte; 'Tomate Verde': groß, gelbgrün; 'Purple': dunkelviolett; 'Little Lanterns': kirschgroß, süß, orangerot, sehr delikat; die Sorte ist auch gut für die Topfkultur geeignet.

Andenbeere, Kapstachelbeere

Physalis peruviana

J F M A M J J A S O N D

Saattiefe: 1–2 cm |
Pflanzabstand: 60 × 60 cm

Mittelzehrer
Familie: Nachtschattengewächse
Standort: Nicht zu leicht, warm, vollsonnig, geschützt, nährstoffreich.
Anbau/Pflege: Regelmäßig wässern, mit Kompost versorgen, mehrtriebig an Stäben/Schnüren ziehen, regelmäßiges Ausgeizen (wie bei Tomaten) nicht nötig, jedoch fördert Auskneifen der Triebspitzen einen buschigen Wuchs.
Gute Partner: Kohlrabi, Lauch, Radieschen.

Ernte: August–September, unter Glas bis November. Keine grünen Beeren verzehren; bei Verfärbung der Beeren von gelb nach orange, wenn Hüllblätter trocken und braun werden; mit Kelch ernten.
Verwendung: Im Salat, zum Naschen, für Dessert, Marmelade.
Sorten: 'Purple de Milpa': frühreifend, gut für hiesiges Klima geeignet; 'Schönbrunner Gold': großfruchtig, sehr aromatisch.

Ananaskirsche, Süße Erdkirsche

Physalis pruinosa

J F M A M J J A S O N D

Saattiefe: 0,5–1 cm |
Pflanzabstand: 30 × 30 cm

Mittelzehrer
Familie: Nachtschattengewächse
Standort: Humos, locker, warm.
Anbau/Pflege: Regelmäßig wässern; mit Kompost versorgen; mit 50 cm Höhe keine Stütze nötig; verzweigen sich von selbst.
Gute Partner: Knoblauch, Kohlrabi, Lauch, Möhre, Neuseeländer Spinat, Radieschen, Sellerie, Spinat, Zwiebel.
Ernte: Juli–September, unter Glas bis November. Keine grünen Beeren verzehren! Sobald die Früchte zu Boden fallen.
Verwendung: Kirschgroße, gelbgrüne, süße Beeren, leichtes Ananasaroma; ohne Hüllblatt frisch in Salaten, als Naschgemüse, Rohkost, für Dessert, Marmelade, Kuchen.
Sorten: 'Aunt Molly': Diese Sorte wurde Anfang des 19. Jahrhunderts in Polen gezüchtet; die reifen Früchte verfärben sich gold-orange, sind etwas größer als die der Art und haben darüber hinaus ein wundervolles Mandarinenaroma.

Vorkultur | Aussaat | Pflanzung | Sonne | Halbschatten | Schatten | lagerfähig

Die Ananaskirschen sind nicht nur sehr dekorativ, sondern auch besonders vitaminreich.

Paprika & Chili

Christoph Kolumbus entdeckte 1492 auf seinen abenteuerlichen Seereisen nicht nur die »Neue Welt«, sondern brachte auch eine große Anzahl neuer Pflanzen und Früchte mit nach Europa. Auf diese Weise kamen 1493 auch Paprika, Chili und weitere aromatische Schoten nach Spanien und Portugal.

»SPANISCHER PFEFFER«

Schnell erkannte man, dass sich das neue Gewürz hervorragend als Ersatz für den teuren »echten« Pfeffer eignete. Man handelte die mehr oder weniger scharfen Schoten daher als »Spanischen Pfeffer« und verbreitete sie so entlang des Mittelmeeres und über den Orient bis nach Afrika und Asien. Dort aß man gerne scharfe und gut gewürzte Speisen und integrierte Paprika, Chili & Co. in kürzester Zeit in die heimischen Rezepte. Als die feurigen Früchte auf ihrem Weg durch Europa in Ungarn ankamen, avancierten sie dort ebenfalls sehr schnell zum unverzichtbaren Bestandteil der Küche. Kein Wunder, dass einem noch heute bei Paprika als Erstes oft typisch ungarische Gerichte wie Gulasch und Letscho (oder Lecsó, Eintopf) in den Sinn kommen. Bei uns verhielt es sich hingegen ganz anders. Die Paprikapflanze wurde zwar schon seit 1542 als Zierpflanze erwähnt, doch Einzug in die Küche hielten die farbenprächtigen Schoten erst viel später. Erst ab etwa 1950 mauserte sich die Paprika ganz langsam zum gebräuchlichen Gewürz und beliebten Gemüse in deutschen Küchen.

Ob als Gemüse oder als Gewürz – Paprika & Chili bereichern die Küche.

SCHARF ODER NICHT SCHARF?

Neben den süßen Gemüsepaprika in unterschiedlichen Farben und Formen reicht das Spektrum über leicht scharfe Sorten, die z. B. getrocknet zu Rosenpaprikapulver verarbeitet werden, bis zu den feurig-scharfen Chilis, aus denen man Cayennepfeffer und noch Schärferes herstellt. Scharf macht die Früchte der jeweilige Gehalt des Inhaltsstoffes Capsaicin. Um unterschiedliche Schärfegrade klassifizieren und beschreiben zu können, wurde sogar eine eigene »Schärfe-Skala«, die sogenannte Scoville-Skala, entwickelt. Diese reicht von der »harmlosen« Gemüsepaprika bei einem Wert von 0–10 bis hin zu den chinesischen »HabaneroChilis« mit einem höllischen Schärfe-Wert von 100 000–350 000!

Vorkultur Aussaat Pflanzung Sonne Halbschatten Schatten lagerfähig

Gemüsepaprika

Capsicum annuum

J F M A M J J A S O N D

Saattiefe: 1–1,5 cm |
Pflanzabstand: 40 × 60 cm

Scharfe Früchtchen sind nicht nach jedermanns Geschmack, weshalb der weltweite Paprika-Anbau gleich um ca. 30 % anstieg, als man vermehrt milde, süße Gemüsepaprika-Sorten zu züchten begann.

Starkzehrer
Familie: Nachtschattengewächse
Standort: Tiefgründig, humos, nährstoffreich, durchlässig, leicht erwärmbar.
Anbau/Pflege: Am besten unter Glas oder Folie anbauen, es erfolgt keine Fruchtbildung bei Temperaturen unter 19 °C während der Blüte; Boden mit Kompost oder verrottetem Stallmist versorgen; tief setzen; ca. 3 Wochen nach der Pflanzung anhäufeln; mulchen; höhere Sorten aufbinden; gleichmäßig feucht halten; »Königsblüte« in der Mitte der ersten Stängelverzweigung ausbrechen, dann erhöht sich der Gesamtertrag; mindestens 3–4 Jahre Anbaupause einhalten.
Gute Partner: Gurke, Knoblauch, Kohl, Kohlrabi, Petersilie, Lauch, Sellerie, Zwiebel.

Ernte: Juli–September. Sobald sich die sortentypische Ausfärbung entwickelt hat; auch grün ernten; ausgefärbte Früchte süßer, weniger scharf, Vitamin-C-reicher; unreife Früchte vor Frost ernten, im Haus nachreifen.
Verwendung: Roh für Salat, Rohkost; zum Einlegen; gedünstet, gefüllt, gebraten, gegart für Gemüsegerichte, Suppe, Soße, Eintopf, Pizzabelag.
Sorten: Unter Glas/Folie 'Agio': »Ungarischer Feuer-Paprika«, früh, spitz zulaufend, aromatisch, reift von gelbgrün nach orangerot; 'Sumher': »Türkischer Spiral-Paprika«, aromatisch, leicht spiralförmig, grün nicht scharf, würzig, rot schärfer; 'Liebesapfel': rot, plattrund, gerippt, tomatenförmig, sehr süß; 'Mavras': blockförmig, groß, reift von grün über schwarzviolett nach rot (→ Bild, o. re.); 'Frigitello': länglich-spitz, von grün (süß) nach rot (etwas scharf) (→ Bild, o. li.); 'Red Pointed Pepper': länglich-spitz, von grün nach rot, süß; 'Sweet Chocolate': früh, blockförmig, von dunkelgrün nach schokobraun; Freiland 'Bontempi': rot, blockförmig, von grün nach rot, reich tragend, robust, kältetolerant; 'Golden Bell': gelb, robust; 'Pusztagold': gelb, kegelförmig, kältetolerant; 'Roter Augsburger': 10 cm lang, spitzkegelig, rot; Kübel/Balkon 'Nazar': sehr aromatisch, süß, blockförmig, von grün nach leuchtend rot; 'Mini-Mix': aromatisch, in Grün, Gelb, Rot, Violett.

Chili, Peperoni, Pfefferschote, Indianischer Pfeffer

Capsicum annuum, C. baccatum, C. chinense, C. frutescens

J	F	M	A	M	J	J	A	S	O	N	D

Saattiefe: 2–3 cm | **Pflanzabstand:** 40 × 40 cm

Mit den scharfen Schoten, eigentlich »Beeren«, würzten Maya und Azteken in Mittel- und Südamerika bereits vor 9000 Jahren ihre Speisen. Ein Getränk aus Kakao und scharfen Chilis war sehr beliebt – »Chocolatl«. 100 g Chili enthalten etwa doppelt so viel Vitamin C wie eine ganze Zitrone sowie unter allen Gemüsearten die höchste Dosis an Carotinoiden. Zusammen mit Scharfstoffen und weiteren Inhaltsstoffen wirken Chilis entzündungshemmend, kreislauf- und immunanregend. Ja, es wird sogar behauptet, dass beim Verzehr der scharfen Schoten sogenannte Endorphine, also »Glückshormone«, ausgeschüttet werden. Vielleicht hat auch das zur großen Beliebtheit der Chili-Pflanzen beigetragen. Zahlreiche Arten und Sorten der pikanten »Gewürz-Paprika« sind im Handel. Doch Vorsicht: Reiben Sie sich nach der Zubereitung von Chilis nie die Augen, bevor Sie sich nicht gründlich die Hände gewaschen haben!

Starkzehrer
Familie: Nachtschattengewächse
Standort: Tiefgründig, humos, schnell warm, nahrhaft.
Anbau/Pflege: Vor der Pflanzung Erde mit Kompost oder verrottetem Stallmist versorgen; Pflanzen tief setzen, am besten im Gewächshaus, da sehr wärmebedürftig; höhere Sorten an Stäben aufbinden; erste Blüte ausknipsen, damit weitere Blütenbildung angeregt wird; mindestens 4 Jahre Anbaupause.
Gute Partner: Gurke, Kohlrabi.
Ernte: Juli–September. Wenn sortentypische Größe und Farbe erreicht und die Fruchthaut fest und glänzend ist.
Verwendung: Schoten frisch oder getrocknet zum Würzen, Einlegen.
Sorten: 'Trinidad Perfume': orange, stumpf-breit, mild bis leicht scharf; 'NuMex Twilight': essbare, dreifarbige Zierchili, leicht scharf (→ Bild unten); 'Anaheim': hellgrüne und gebogene Schoten, bis ca. 20 cm lang, mittelscharf bis mild; 'Jalapeno': grüne, dickschalige Schoten, scharf; 'Tabasco': orangerote, 2,5 cm lange Schoten, sehr scharf; 'Chocolate Habanero': braune, breite Schoten, sehr scharf; 'Brazilian Starfish': rot, glockenförmige Schoten, sehr scharf.

■ Vorkultur ■ Aussaat ■ Pflanzung ☼ Sonne Halbschatten ● Schatten lagerfähig

Die pikante Schärfe der Chili-Sorte 'Jalapeno' *(C. annuum)* ist auf das in den Früchten enthaltene Capsaicin zurückzuführen.

Kürbisgewächse

Gurke

Cucumis sativus

J F M A M J J A S O N D

Saattiefe: 2 cm | **Pflanzabstand:** 40 cm

Gurken, deren bitterfrüchtige Stammform im subtropischen Indien zu Hause ist, werden bei uns schon seit dem späten Mittelalter kultiviert. Neben Wärme und hoher Luftfeuchtigkeit lieben die Pflanzen nährstoffreiche, salzfreie Erde. Wenn Sie im Frühling Gurken pflanzen wollen, bereiten Sie den Platz am besten schon im Herbst vor. Lockern Sie den Boden tiefgründig auf. Idealerweise arbeiten Sie anschließend frischen Pferde- oder Rindermist ein. Alternativ kann auch grober, höchstens halb verrotteter Kompost verwendet werden. Kommen im Frühling dann die Gurken ins Beet, ist der Standort optimal vorbereitet.

Starkzehrer
Familie: Kürbisgewächse
Standort: Humos, locker, leicht erwärmbar, nährstoffreich, windgeschützt.
Anbau/Pflege: Boden ca. 14 Tage vor der Pflanzung mit Kompost versorgen; Pflanzen tief setzen; Salatgurken an Gittern oder Schnüren hochziehen; vor Schnecken schützen: regelmäßig wässern, mulchen, anhäufeln (Juni); nicht mineralisch düngen; im August dann eventuell Neutriebe zugunsten bestehender Fruchtansätze auskneifen, nach dem Fruchtansatz die Seitentriebe einkürzen, 4 Früchte am Haupttrieb belassen; mindestens 3 Jahre Anbaupause.
Gute Partner: Buschbohne, Erbse, Fenchel, Knoblauch, Sellerie, Spinat.
Ernte: Juli–September. Salatgurken 2 Wochen nach der Blüte; Einlegegurken je nach gewünschter Größe ernten, bevor die Früchte gelb werden.
Verwendung: Gurken frisch und roh als Salat, gedünstet als Gemüse, in Salzlake oder Essig eingelegt.
Sorten: Salatgurken: 'Chinesische Schlangen': lang, kleines Kerngehäuse, weiche Schale; 'White Wonder': weiß (→ Bild, li. u.); 'Tanja': bitterfrei, für Freiland/Gewächshaus; 'Marketmore': bitterfrei; 'Bellando': bitterfrei, Freiland; 'Karim': Mini-Schlangengurke (→ Bild, re. u.); 'Lemon': rund, hellgelb, Freiland; 'Delikatess': jung als Einlegegurke, ausgewachsen als Salatgurke, Freiland; Einlegegurke: 'Claudine': bitterfrei, ertragreich selbst bei schlechter Witterung.

Zucchini

Cucurbita pepo subsp. *pepo* convar. *giromontiina*

J F M A M J J A S O N D

Saattiefe: 2–3 cm | **Pflanzabstand:** 80 × 80 cm

Zucchini (italienisch) heißt wörtlich übersetzt »kleine Kürbisse«. »Zucca«, der Kürbis, ist Stammvater der Zucchini. Gegen Ende des 17. Jahrhundert züchtete man in Europa aus rankenden Kürbispflanzen mit schweren, runden Früchten die Zucchini mit länglichen Früchten und nur wenigen Ranken. Noch heute feiert man in vielen Regionen Italiens am 7. Mai den »Tag der Zucchini«, der einen günstigen Aussaatzeitpunkt markiert.

Starkzehrer

Familie: Kürbisgewächse
Standort: Humos, nährstoffreich, locker.
Anbau/Pflege: Jungpflanzen vor Schnecken schützen; 2- bis 3-mal während der Vegetationszeit mit Kompost versorgen; ausreichend wässern, sonst werden die Früchte bitter; Pflanze beim Gießen nicht benetzen, um Mehltaubefall vorzubeugen; mulchen; blühen männliche und weibliche Blüten nicht gleichzeitig, findet kein Fruchtansatz statt, daher mit einem Pinsel bestäuben; mindestens 4 Jahre Anbaupause einhalten.
Gute Partner: Bohne, Erbse, Mairübe, Mangold.
Ernte: Juni–Oktober. Früchte von klein bis 20 cm Länge, nicht größer werden lassen; auch die Blüten sind essbar.
Verwendung: Roh im Salat, gedünstet, gegart, gegrillt, für Suppe, Kuchen, Pizzabelag, in Öl eingelegt; Blüten gefüllt und gebraten.
Zucchini enthalten, wie andere Kürbissorten auch, viel Wasser, sind kalorienarm, vitaminreich und leicht verdaulich.
Sorten: Längliche Früchte: 'Zuboda': früh, rankenlos, grün, marmoriert, länglich, kernarm; 'Gold Rush': früh, rankenlos, länglich, goldgelb, glänzend, sehr ertragreich (→ Bild, Seite 216); 'Black Beauty': mittelfrüh, reich tragend, länglich, dunkelgrün; 'Striato d'Italia': mittelfrüh, buschig, lang, zylindrisch, grün marmoriert mit hellen Streifen (→ Bild oben); 'Bianco di Trieste': hellgrün, beinahe weiß; 'Radiant': grün, auch für halbschattige Standorte, ertragreich, gesund; 'Ambassador': grün, buschig; 'Bonito': cremeweiß; 'Black Forrest': kletternd, grüne Früchte; **Rondini (runde Früchte):** 'Rondo De Nice': kugelrund, dunkelgrün; 'Eight Ball': jung dunkelgrün, reif mit orangefarbenen Längsstreifen.

Eine der auffälligsten Zucchini-Sorten ist 'Gold Rush', deren gelbe Früchte im Beet leuchten.

Kürbis

Cucurbita maxima, C. moschata, C. pepo, C. ficifolia

J F M A M J J A S O N D

Saattiefe: 1,5–2 cm | **Pflanzabstand:** 150 × 150 cm

Die ersten Kürbispflanzen bzw. ihre Samen kamen wahrscheinlich 1492 im Gepäck von Christoph Kolumbus nach Europa. Aus botanischer Sicht handelt es sich bei der riesigen Frucht um eine Beere – wohl die größte, die in unseren Gärten gedeiht!

Starkzehrer
Familie: Kürbisgewächse
Standort: Humos, nährstoffreich, warm.
Anbau/Pflege: Gut am Fuß eines Komposthaufens, ideal auf Hoch- und Hügelbeeten; 2–3 Samenkörner pro Stelle säen; Jungpflanzen vor Schnecken schützen; gut mit Kompost versorgen; gleichmäßig feucht halten; mulchen; Seitentriebe bei 60–100 cm einkürzen; Holzbrett oder Stroh unter Früchte legen, damit sie nicht faulen.
Gute Partner: Bohne, Brokkoli, Erbse, Mairübe, Radieschen, Zwiebel.
Ernte: Oktober–November. Winterkürbis möglichst spät ernten (erhöht Lagerfähigkeit), aber vor dem ersten Frost, wenn der Stiel verholzt, die Frucht beim Dranklopfen hohl klingt, die Schale sich mit dem Fingernagel nicht mehr einritzen lässt; unreife Früchte im Haus nachreifen; Sommerkürbis (z. B. Patisson) unreif ernten, größere Sorten auch lagerfähig; Blüten sind essbar.
Verwendung: Einige Sorten auch roh essbar, Sommerkürbis meist mit Schale; gegart, gedünstet, gebraten, als Gemüsegericht, Suppe, Kuchen, eingelegt, Marmelade.
Sorten: Sommerkürbisse: Typ Patisson *(Cucurbita pepo)*, »ufo-förmig«, z. B. 'Sunburst': gelb; 'Moonbeam', 'Patisson Blanc': weiß; 'Flying Saucer': gelb-grün; 'Spaghettikürbis' *(C. pepo)*: länglich-breit, hellgelb, Fleisch in spaghettiartigen Fasern; 'Sweet Dumpling' *(C. pepo)*: klein, rund, hellgelb mit Streifen, sehr aromatisch (→ Bild, li. u.); 'Ponca', 'Butternut' *(C. moschata)*: cremefarben, birnenförmig, Muskataroma; Feigenblatt-/Siamkürbis *(C. ficifolia)*: melonenähnlich, weißfleischig, süß. **Winterkürbisse** *(C. maxima)*: 'Red Kuri', 'Roter Hokkaido': zwiebelförmig, orangerot, sehr aromatisch; 'Chioggia': flachrund, dunkelgrün genoppt, sehr aromatisch; 'Gelber Zentner': sehr groß, gelb, geschmacksarm; 'Blue Hubbard': graublau, breit zwiebelförmig, sehr aromatisch; 'Golden Nugget': rund, orangerot; 'Blauer Ungarischer': groß, graublau (→ Bild, re. u.).

Artischocke & Kardone

Artischocke und Kardone, die beiden imposanten »Riesendisteln« aus dem Mittelmeerraum, liefern jeweils eine ganz besondere Art von Gemüse. Kaum bringt man es übers Herz, die wundervoll violett blühenden Artischocken ihrer Pracht zu berauben und die Köpfe, noch bevor sie aufblühen, abzuschneiden.

ZARTE BLÜTENBÖDEN FÜR GENIESSER

Bei »großköpfigen« Artischocken-Sorten werden nur die unteren, fleischigen Teile der Schuppenblätter und die Blütenböden gegessen. Unter den Schuppenblättern liegen feine stechende Härchen, das sogenannte »Heu«. Dieses ist nicht zum Verzehr geeignet. Kleinere, oft schmal- und violettköpfige Artischockensorten genießt man im Ganzen. Sie sind meist auch früher reif. Ihre noch geschlossenen Blütenköpfe werden gekocht oder geviertelt und gebraten. Die einzelnen Blätter zupft man ab und zieht das Artischockenfleisch im unteren Teil mit den Zähnen heraus. Der Geschmack ist leicht bitter und aromatisch herb. Die Bitterstoffe der Artischocke sind auch für ihre Heilwirkung verantwortlich. Schon im Mittelalter wurde sie als magen- und darmstärkende Medizin verwendet, die den Leber- und Gallenstoffwechsel anregt. In den prunkvollen Gärten des Adels hingegen wurde sie angepflanzt, um Reichtum und vornehme Lebensart zu demonstrieren. Ähnliche gesunde Inhaltsstoffe wie die Artischocke enthält auch ihre nahe Verwandte, die Kardone. Allerdings wird diese ganz anders genutzt: Statt Blütenboden kommen ihre fleischigen, gebleichten Blattstängel als Stielgemüse auf den Teller.

Eine Artischockenpflanze braucht unbedingt ausreichend Platz im Beet.

»WEHRHAFTE« KARDONE

Wie die Artischocke ist auch die Kardone eine mehrjährige Pflanze, wird im Gemüseanbau jedoch meist nur einjährig kultiviert. Mit ihren grau-grünen Blättern ist sie eine auffällige Erscheinung. Seien Sie vorsichtig im Umgang mit der Pflanze, damit Sie ihre Stacheln nicht zu spüren bekommen! Sie sitzen auf den mit kurzen, silbrigen Haaren bedeckten Blattunterseiten. Schon im Altertum war man von ihrer Wehrhaftigkeit beeindruckt und verlieh ihr vermutlich deshalb ihre lateinische Bezeichnung »Cynara«. Der griechische Ursprung des Wortes bedeutet nämlich »Hund« und sollte wohl die Blattstacheln mit einem Hundegebiss assoziieren.

Artischocke

Cynara scolymus

J	F	M	A	M	J	J	A	S	O	N	D

Saattiefe: 2–3 cm | **Pflanzabstand:** 100 × 100 cm

Starkzehrer
Familie: Korbblütler
Standort: Locker, warm, feucht, humos, nährstoffreich.
Anbau/Pflege: 3-triebig ziehen, Seitenknospen entfernen; regelmäßig düngen und wässern; mulchen; im Herbst ausgraben, frostfrei überwintern oder zurückschneiden und ca. 30 cm hoch gut mit Laub, Erde etc. abdecken; im April aufdecken; Einzelpflanzen 3–4 Jahre lang kultivieren; Standort regelmäßig wechseln.
Gute Partner: Fenchel, Radieschen, Salat.
Ernte: September (im Pflanzjahr), Juni/Juli in den Folgejahren. Blütenköpfe, wenn Schuppenblätter noch eng anliegen, 10 cm unter Blütenkopf schräg abschneiden.
Verwendung: Blütenboden oder ganze Köpfe roh, gekocht, gebraten, eingelegt.
Sorten: 'Camus de Bretagne': »Stupsnase«, zart und fleischig; 'Violetto': auch roh genießbar; 'Imperial Star': schnellwüchsig, schon im 1. Jahr große Knospen.

Kardone, Cardy, Spanische Artischocke

Cynara cardunculus

J	F	M	A	M	J	J	A	S	O	N	D

Saattiefe: 2–3 cm | **Pflanzabstand:** 100 × 100 cm

Starkzehrer
Familie: Korbblütler
Standort: Locker, tiefgründig, warm, feucht, humos, nährstoffreich.
Anbau/Pflege: Vorsicht: stachelig; regelmäßig düngen (Kompost, organische Fertigdünger) und wässern, mulchen; zum Bleichen (→ Verwendung) Blätter ab einer Länge von ca. 1 cm zusammenbinden bzw. mit Stroh/schwarzer Folie umwickeln oder Dränagerohre über die Pflanze stülpen; Anbau erfolgt nur einjährig, Standort regelmäßig wechseln.
Gute Partner: Fenchel, Radieschen, Salat.
Ernte: August–September. 2 Wochen nach dem Umwickeln mit Stroh oder Folie (s. o.) die gebleichten Blattstiele ernten; sie müssen gleich verwendet werden, Bleichen daher nur nach Bedarf.
Verwendung: Gebleichte Blattstiele gedünstet als Gemüse, Blätter als Gemüse/getrocknet als Tee.
Sorten: 'Cardon argente epineux de Plainpalais': bleibt beim Kochen knackig, kaum faserig.

FEINE KRÄUTER

Kräuter lassen sich im Küchengarten immer unterbringen. Wählen Sie die Arten passend zu Ihren Ansprüchen und zu den gegebenen Standortbedingungen in Ihrem Garten aus.

- Viele Kräuter, von denen ein oder zwei Stück ausreichen, brauchen kein eigenes Beet: Sie gedeihen völlig unkompliziert am Rande von Staudenrabatten, als duftende Rosenbegleiter oder auch als Einfassung einer Terrasse. Lavendel, Salbei, Oregano oder Goldmelisse eignen sich für diese Zwecke hervorragend.

- Rosmarin, Lorbeer, Zitronenmelisse, Basilikum, Salbei und Thymian lassen sich gut dauerhaft in Töpfen und Kübeln kultivieren. Sie haben dann den großen Vorteil, die Pflanzen bei sommerlichem Dauerregen an trockene, geschützte Plätze stellen und so dennoch aromatische Blätter und Triebe ernten zu können.

- Einjährige Kräuter, wie Dill, Kerbel oder Ringelblume, gedeihen gut in Mischkultur mit verschiedenen Gemüse- und Salatarten. Oft haben sie gleichzeitig auch noch positive Auswirkungen auf das Gedeihen der Beetnachbarn. Wählen Sie am besten anhand der Angaben im folgenden Porträtteil aus, zu welchen Arten die Kräuter sinnvolle Partner abgeben.

- Wildkräuter wachsen in jedem Garten nahezu von selbst. Fast immer findet sich ein Wiesen- oder Rasenstück, auf dem Spitzwegerich, Löwenzahn, Gänseblümchen und Gundermann stehen. Waldmeister und Bärlauch gedeihen gut unter Bäumen und Sträuchern. Haben Sie vielleicht eine »wilde« Ecke in Ihrem Garten? Dann findet dort die Brennnessel einen geeigneten Platz, an der sich im Sommer viele heimische Schmetterlingsarten freuen und von der Sie im Frühling gesunden »Spinat« ernten.

- Haben Sie Obstbäume, deren Baumscheiben Sie bepflanzen möchten? Auch dazu sind einige der verschiedenen Kräuterarten ideal, beispielsweise Löwenzahn, Ringelblume sowie Kapuzinerkresse.

Blattkräuter

Blattpetersilie

Petroselinum crispum

J	F	M	A	M	J	J	A	S	O	N	D

Saattiefe: 0,5–1 cm | **Pflanzabstand:** 15 × 15 cm

Schwachzehrer
Familie: Doldenblütler
Standort: Humos, nährstoffreich, durchlässig, feucht, locker, kalkhaltig.
Anbau/Pflege: Samen nur 2 Jahre keimfähig; Saat nicht austrocknen lassen; Sommer-Saat besser; nicht umsetzen; mit Kompost düngen; mindestens 3 Jahre Anbaupause.
Gute Partner: Kohl, Gurke, Knoblauch, Lauch, Radieschen, Rettich, Tomate.
Ernte: Mai–November (Dezember). Laufend frische Blättchen, Herzblätter stehen lassen; im Winter z. B. unter Vlies weiterernten.
Verwendung: Nicht während der Schwangerschaft; Blätter roh, getrocknet als Würze für Suppe, Kartoffelgerichte, Kräuterbutter.
Sorten: 'Gigante d'Italia': glattblättrig, ertragreich, gut für Herbsternte; 'Grüne Perle': fein gekraust, weitere Ernte nach Überwinterung; 'Mooskrause': aromatisch, dicht gekraust, robust.

Liebstöckel, Maggikraut

Levisticum officinale

J	F	M	A	M	J	J	A	S	O	N	D

Saattiefe: 1 cm | **Pflanzabstand:** 60 × 60 cm

Schwachzehrer
Familie: Doldenblütler
Standort: Humos, feucht, kalkhaltig, locker, tiefgründig, lehmig.
Anbau/Pflege: Mehrjährig, winterhart, Samen nur kurz keimfähig; feucht, aber nicht nass halten; Kompost/organischer Dünger; mulchen.
Gute Partner: Lavendel, Rosmarin, Salbei, Wermut.
Ernte: Mai–Oktober. Laufend junge Blätter, im September Wurzeln.
Verwendung: Nicht während Schwangerschaft; Blätter und Wurzeln für Fleischgerichte, Suppe, Eintopf; Wurzeln für Likör, Magenbitter.

Kerbel

Anthriscus cerefolium

J F M A M J J A S O N D

Saattiefe: 0,5–1 cm | **Pflanzabstand:** 10 × 5 cm

Schwachzehrer
Familie: Doldenblütler
Standort: Humos, feucht, locker, tiefgründig, warm, nicht zu sonnig.
Anbau/Pflege: Herbstsaat vorteilhafter; Samen nur ganz dünn mit Erde bedecken, Saat feucht halten; Boden mit Kompost versorgen.
Gute Partner: Radieschen, Rettich, Salat und Zwiebel.
Ernte: April–November. Junge Triebe/Blätter bis kurz vor Blüte.
Verwendung: Blätter und Triebe frisch für Fisch, Fleisch, Geflügel, Gemüse, Salat, Kräuterbutter, Suppe; verlieren beim Trocknen, Einfrieren und Erhitzen einen Teil ihres Aromas.
Sorten: ‘Fijne Krul’: würzig, wüchsig.

Koriander

Coriandrum sativum

J F M A M J J A S O N D

Saattiefe: 0,5–1 cm | **Pflanzabstand:** 10 × 30 cm

Schwachzehrer
Familie: Doldenblütler
Standort: Kalkhaltig, leicht, sandig, durchlässig, warm.
Anbau/Pflege: Für Blatternte eher halbschattig, für Samenernte eher sonnig kultivieren; Saat nicht austrocknen lassen; nicht zu spät umpflanzen; gelegentlich mit Kompost und Kali versorgen.
Gute Partner: Gurke, Möhre, Kartoffel, Zwiebel.
Ernte: Juli–September. Laufend vor der Blüte frische Blätter und ganzes Kraut; ab August reife Samenkörner, wenn sie sich hellbraun verfärben.
Verwendung: Blätter und Kraut als Würze für asiatische Gerichte oder ähnlich wie Petersilie; reife, getrocknete Samenkörner als Würze für Hülsenfrüchte, Brot, Weihnachtsgebäck.

Fenchel

Foeniculum vulgare

J	F	M	A	M	J	J	A	S	O	N	D

Saattiefe: 1–2 cm |
Pflanzabstand: 50 × 40 cm

Schwachzehrer
Familie: Doldenblütler
Standort: Humos, nährstoffreich, kalkhaltig, feucht und warm; empfindlich gegen Bodenverdichtung.
Anbau/Pflege: Zwei- bis mehrjährig, winterhart; Jungpflanzen zügig umpflanzen (Pfahlwurzel); ausreichend mit Kompost versorgen; in rauem Klima Mulchschicht als Frostschutz auflegen.

Gute Partner: Gurke, Salat, Salbei.
Ernte: Kraut Mai–November. Samen im September/Oktober des 2. Standjahres, wenn sich die Dolden graugrün färben.
Verwendung: Frisches Kraut und Blüten als Würze zu Aal, Geflügel, Suppen; Samen getrocknet als Würze für Brot, Backwaren, fetten Fisch, Krautgerichte, gegrilltes Fleisch; getrocknete Samen (und getrocknetes Kraut) für blähungswidrigen, magenstärkenden Verdauungstee.
Sorten: 'Purpureum': rotlaubig, bleibt meist kleiner als die grünblättrige Form.

Dill

Anethum graveolens

J	F	M	A	M	J	J	A	S	O	N	D

Saattiefe: 0,5–1 cm |
Pflanzabstand: 20 × 15 cm

Schwachzehrer
Familie: Doldenblütler
Standort: Locker, humos, warm.
Anbau/Pflege: Dill direkt säen, nicht verpflanzen (Pfahlwurzel); Staunässe meiden.
Gute Partner: Bohne, Erbse, Erdbeere, Fenchel, Gurke, Kohl, Kohlrabi, Mairübe, Möhre, Pastinake, Rote Bete, Salat, Tomate, Zwiebel.
Ernte: Mai–Oktober. Laufend Blätter und Triebspitzen, auch halbreife Blütendolden und reife Samen.
Verwendung: Blätter und Triebspitzen als Würze zu Fisch, Fleisch, Gurkengerichten, (Kartoffel-)Salat, zum Einlegen von Gurken/Kürbissen. Nie kochen! Verliert getrocknet viel Aroma, besser einfrieren/in Essig einlegen.
Sorten: 'Delikat': kompakt, gut für Topfkultur; 'Elefant': stark wachsend, sehr aromatisch; 'Tetra': ertragreich; 'Blattreicher': bildet üppiges Laub.

Vorkultur · Aussaat · Pflanzung · Sonne · Halbschatten · Schatten · lagerfähig

Dill stammt ursprünglich aus Vorderasien, wird heute jedoch weltweit angebaut.

Zwiebelgewächse

Die Zwiebel- oder Lauchgewächse zeichnen sich fast alle durch ihren intensiven Geruch aus. Auslöser ist ein bestimmter Inhaltsstoff, das Allicin, das bei Verletzung der Pflanzenteile entsteht. Daneben punkten sie mit ätherischen Lauchölen, Flavonoiden, Vitamin C, Mineralstoffen und Zucker.

Auch die Blüten des Schnittlauchs finden in der Küche Verwendung.

In der Heil- und Ernährungskunde werden die allesamt gesunden Lauchgewächse u. a. wegen ihrer antibakteriellen, blutgefäßschützenden und pilzwidrigen Eigenschaften seit Langem geschätzt. Daher kommt die Empfehlung: »Iss Knoblauch im März und Bärlauch im Mai, dann hat der Arzt das ganze Jahr frei.«
Bereits vor 5000 Jahren wurden Speisezwiebeln als beliebte Kulturpflanzen quellenkundlich erwähnt. Ihren Ursprung vermutet man heute in Mittelasien – in Pakistan, Afghanistan und Iran. Auch in China wurden zu dieser Zeit bereits Zwiebelgewächse kultiviert und im alten Ägypten gehörten sie zur fest etablierten Volksnahrung. Eine Inschrift auf der Pyramide von Gizeh belegt, dass den Arbeitern beim Bau der Pyramiden Knoblauch- und Zwiebelrationen zugeteilt wurden, um sie körperlich zu stärken und vor Infektionskrankheiten zu schützen.
Selbst magische Kräfte sollten die würzigen Zwiebeln angeblich besitzen: Schon der griechische Held Odysseus schützte sich mit Knoblauch vor dem Zauber der Hexe Circe und Generationen von Vampirjägern benutzten die »Hexenzwiebeln« zu ähnlichen Zwecken.
Paracelsus (1493–1541), Arzt und Alchemist des Spätmittelalters, empfahl ihn als Mittel gegen die Pest, und der französische König Henri IV. (1553–1610) ließ sich mit Knoblauchöl einreiben, um vor Bosheit und Krankheit geschützt zu sein. Die Germanen hingegen verzehrten den wild in den Flussauen und feuchten Wäldern wachsenden Bärlauch als Frühlings-Kultspeise, um sich »Bärenkräfte« anzueignen.

Schnittlauch

Allium schoenoprasum

J F M A M J J A S O N D

Saattiefe: 1–2 cm | **Pflanzabstand:** 25 × 25 cm

Schwachzehrer
Familie: Lauchgewächse
Standort: Humos, nahrhaft, kalkhaltig, feucht, warm, sandig-lehmig.
Anbau/Pflege: Kompost geben, gut wässern; regelmäßig auf 3–4 cm kürzen; alle 2–3 Jahre teilen; zum Antreiben im Herbst 2-jährige Pflanzen topfen, trocken im Freien aufstellen, bis die oberirdischen Teile verdorrt sind; Frost schadet nicht; ab Dezember warm stellen, angießen.
Gute Partner: Erdbeere, Fenchel, Kapuzinerkresse, Kohlrabi, Möhre, Pastinake, Petersilie, Ringelblume, Sellerie, Spinat, Thymian, Tomate.
Ernte: Mai–November. Stängel vor der Blüte ernten, Blüten essbar.
Verwendung: Stängel und Blüten für Kartoffel-, Quark- und Eiergerichte, für Kräuterbutter, Salat und Suppe.
Sorten: 'Staro': aromatisch; 'Polycross': wüchsig, gut für Zimmerkultur.

Bärlauch

Allium ursinum

J F M A M J J A S O N D

Saattiefe: 1–2/5–10 cm | **Pflanzabstand:** 20 × 20 cm

Schwachzehrer
Familie: Lauchgewächse
Standort: Humos, kalkhaltig, feucht.
Anbau/Pflege: Pflanzung ratsam, da schneller beerntbare Pflanzen als bei Aussaat; nicht frisch organisch düngen; je trockener der Boden, desto schärfer im Geschmack; gerne unter Sträuchern und Hecken; das Laub zieht nach der Blüte ein.
Gute Partner: Gut auf Baumscheiben von Obstbäumen.
Ernte: April–Juni. Frische junge Blätter; vor der Blüte am aromatischsten; auch Zwiebeln, Blüten und Knospen sind genießbar.
Verwendung: Blätter, Blüten, Knospen frisch als Würze wie Knoblauch (jedoch ohne unangenehmen »Knoblauchgeruch« nach dem Essen!) für Brotaufstrich, Kräuterbutter, Suppe, Soße, Pesto, Würzöl.
Arten: Zierlauch *(Allium sphaerocephalon)*: Blüten essbar.

Schnittknoblauch, Knolau

Allium tuberosum

J	F	M	A	M	J	J	A	S	O	N	D

Saattiefe: 0,5 cm | **Pflanzabstand:** 30 × 30 cm

Schwachzehrer
Familie: Lauchgewächse
Standort: Humos, locker, sandig-lehmig, nur mäßig feucht.
Anbau/Pflege: Mehrjährig, winterhart; vor Pflanzung Kompost einarbeiten, Boden gut lockern; nicht frisch organisch düngen.
Gute Partner: Fenchel, Möhre, Pastinake und Tomate.
Ernte: Juni–Oktober. Laufend Blätter bzw. Stängel vor Blüte, auch Blüten/Zwiebeln.
Verwendung: Frische Stängel, Blüten, Zwiebeln wie Knoblauch (ohne »Knoblauchgeruch«!) für Brotaufstrich, Suppe, Soße, Pesto, asiatische (Wok-)Gerichte, Würzöl.
Arten: Chinesischer Duftlauch *(Allium odorum,* Syn. *Allium ramosum)* unterscheidet sich vom Schnittknoblauch durch einen hellroten Mittelnerv auf den Blütenhüllblättern; sonst ähnlich Schnittknoblauch, kann ebenso verwendet werden wie dieser.

Knoblauch, Knofel

Allium sativum

J	F	M	A	M	J	J	A	S	O	N	D

Saattiefe: 4–6 cm | **Pflanzabstand:** 20 × 15 cm

Mittelzehrer
Familie: Lauchgewächse
Standort: Humos, lehmig, nicht zu nass.
Anbau/Pflege: Pflanzung ratsam; Staunässe meiden; nicht frisch düngen; die Anbaufläche jährlich wechseln. Es können auch die kleinen Brutzwiebeln (Bulbillen) eingesetzt werden, die der Knoblauch an der Triebspitze ausbildet. Im ersten Jahr werden daraus sogenannte Rundlinge, im zweiten Jahr bilden sich ganze Knollen, die geerntet werden können.
Gute Partner: Erdbeere, Salat, Tomate.
Ernte: Juli–September. Zwiebeln, sobald das untere Drittel der Pflanzen vertrocknet ist, für die Lagerung gut trocknen lassen.
Verwendung: Knollen roh oder gekocht für Salat, Knoblauchbutter, Gemüse-, Fleischgerichte, Würzöl, Würzessig.
Arten: Zimmerknoblauch ‘Knobiflirt’ *(Tulbaghia violacea)*: dekorative Blütenstände, die Blätter einfach wie Schnittknoblauch verwenden.

■ Vorkultur ■ Aussaat ■ Pflanzung ☼ Sonne Halbschatten ● Schatten lagerfähig

Knoblauch ist aus der Küche nicht wegzudenken. Ganz nebenbei ist die würzige Knolle auch unglaublich gesund.

Mediterrane Kräuter

In der Familie der Lippenblütler finden sich viele aromatische Garten- und Würzkräuter wie Majoran, Oregano, Ysop, Basilikum, Lavendel, Salbei und Thymian. Es handelt sich bei ihnen um »Kontaktdufter«, d. h., Laub und Triebe verströmen ihren würzigen Duft, sobald man sie berührt.

Diese Kräuter produzieren ätherische Öle, die uns in die Nase steigen, wenn wir z. B. über einen Lavendelstrauch streichen. Ihr Gehalt in den Pflanzen ist umso höher, je wärmer und sonnenexponierter die Kräuter wachsen.
Kein Wunder also, dass viele von ihnen im mediterranen Raum zu Hause sind. Und selbst das Basilikum, welches vermutlich aus dem fernen Indien stammt, ist mittlerweile ein fester Bestandteil der mediterranen Kräuterküche und ebenso ein Liebhaber warmer Temperaturen.
Geben Sie allen diesen Pflanzen im Garten daher immer einen möglichst hellen, sonnigen, windgeschützten Standort. Haben Sie keinen passenden Platz, gedeihen sie oft sogar besser in Töpfen und Kübeln, die Sie warm und geschützt aufstellen. Ernten Sie diese typisch mediterranen Kräuter nach mehreren warmen Tagen am späten Vormittag, dann ist die Ausbeute an aromatischen Inhaltsstoffen am höchsten. Besonders gut konservieren lassen sich die duftenden Blätter, Blüten und Triebe in Olivenöl und in getrockneter Form.

Mediterrane Kräuterbeete sind Gartenoasen voller Düfte und Aromen.

Majoran, Wurstkraut

Origanum majorana

J F M A M J J A S O N D

Saattiefe: 0,5 cm | **Pflanzabstand:** 25 × 20 cm

Schwachzehrer
Familie: Lippenblütler
Standort: Humos, nahrhaft, nicht frisch gedüngt, locker, warm, feucht.
Anbau/Pflege: Für ausreichend Bodenfeuchtigkeit sorgen; nach der Blüte zurückschneiden; Standort im Folgejahr wechseln.
Gute Partner: Endivie, Feldsalat, Salat.
Ernte: Juni–August. Ganze Triebspitzen kurz vor der Blüte ernten, mit Blättern, Knospen und den ersten Blüten.
Verwendung: Frische/getrocknete Triebspitzen für Fisch, Fleisch, Leberknödel, Leberwurst, Gemüse, Hülsenfruchteintopf, Kartoffeln, Pizza. Getrocknet für Tee gegen Erkältung und Verdauungsbeschwerden.
Sorten/Arten: 'Französischer Majoran': er ist besonders aromatisch; Sizilianischer Majoran *(Origanum × majoricum)*: er ist robust, wüchsig und mehrjährig.

Oregano, Dost, Wilder Majoran

Origanum vulgare

J F M A M J J A S O N D

Saattiefe: 0,5 cm | **Pflanzabstand:** 25 × 20 cm

Schwachzehrer
Familie: Lippenblütler
Standort: Warm, trocken, durchlässig, nährstoffarm, kalkhaltig.
Anbau/Pflege: Mehrjährig, winterhart; kompletter Rückschnitt im Frühjahr; keine Staunässe!
Gute Partner: Kohlrabi, Salat.
Ernte: Juli–September. Junge Blätter/Triebspitzen/Blüten/ganze Stängel 10 cm über dem Boden abschneiden; meistes Aroma während der Blüte.
Verwendung: Blätter/Blüten frisch oder getrocknet für Nudel- und Pizzagerichte, Fleisch, Eintopf, Blütenbutter, Würzmischungen; für schleimlösenden Erkältungstee.
Sorten/Arten: 'Compactum': niedrig, würzig; 'Goldtaler': gelbgrün; Gold-Oregano 'Aureum Crispum': krauser Blattrand; 'Polyphant': weiß gezeichnet; 'Diabolo': hängender Wuchs; 'Panta': weiß gefleckt; Griechischer Oregano *(O. heracleoticum)*: aromatisch, relativ winterfest.

Ysop, Essigkraut, Bienenkraut

Hyssopus officinalis

J F M A M J J A S O N D

Saattiefe: 0,5 cm | **Pflanzabstand:** 40 × 40 cm

Schwachzehrer
Familie: Lippenblütler
Standort: Kalkhaltig, leicht, locker sowie trocken und warm.
Anbau/Pflege: Mehrjährig, winterhart; Rückschnitt auf die Hälfte oder ein Drittel vor Austrieb und nach Blüte (oft nachblühend); das wärmeliebende Würzkraut verträgt keine Staunässe; es passt gut auf Trockenmauern, ist aber auch gleichermaßen als niedrige, geschnittene (Beet-) Einfassung geeignet.

Gute Partner: Kohl, Lauch, Lavendel, Rote Bete, Möhre, Mairübchen, Radieschen, Rettich, Salbei, Schnittlauch, Thymian.
Ernte: April–Oktober. Junge Blätter und Triebspitzen kurz vor Blüte; auch Blüten verwenden.
Verwendung: Frische oder getrocknete Blätter (und Blüten) als Würze für Salat, Kräuterquark, Blütenbutter, Schweinefleisch- und Gemüsegerichte, Hackfleisch, Hülsenfrüchte, Eintopf, Soße, Würzöl; getrocknete Blätter und Triebe für magenstärkenden und erkältungswidrigen Tee.
Sorten/Arten: 'Albus': weiß blühend; 'Roseus': rosafarben blühend; Zwerg- oder Felsen-Ysop *(Hyssopus officinalis* subsp. *aristatus)*: kompakt wachsend, niedrig (25 cm), violettblau blühend.

Basilikum, Königskraut

Ocimum basilicum

J F M A M J J A S O N D

Saattiefe: 0,5 cm | **Pflanzabstand:** 25 × 20 cm

Das »Königskraut« stammt vermutlich ursprünglich aus Indien, wo es schon vor rund 3000 Jahren als Medizin und Speisezutat benutzt wurde. Man schätzte die kleine grüne Pflanze so sehr, dass man sie sogar als »heiliges Basilikum« dem Gott Vishnu weihte. Im griechischen Altertum verwendeten die Ärzte Basilikum wegen »seiner reinigenden Wirkung auf das Haupt« und im Mittelalter wollte man böse Geister damit bannen. Seit einigen Jahrzehnten ist es aus einer gesunden, aromatischen Sommerküche bei uns nicht mehr wegzudenken.

Mittelzehrer
Familie: Lippenblütler
Standort: Humos, locker, sandig-lehmig, warm.
Anbau/Pflege: Sehr empfindlich gegen Nässe und Kälte (nie unter 10 °C); Anbau in Töpfen und Schalen ratsam; beim Verpflanzen etwas tiefer setzen als zuvor im Topf oder Aussaatgefäß; sehr schneckenanfällig; gleichmäßig feucht halten; Boden mit Kompost versorgen.

Vorkultur   Aussaat   Pflanzung   Sonne   Halbschatten   Schatten   lagerfähig

Gute Partner: Bohne, Fenchel, Gurke, Kohlrabi, Mangold, Paprika, Salat, Schwarzwurzel, Tomate und Zucchini.
Ernte: Juni–September. Laufend frische Blätter und Triebspitzen; am aromatischsten vor der Blüte; Blüten können auch verwendet werden.
Verwendung: Blätter, Triebspitzen, Blüten frisch für Bohnen-, Kartoffel-, Linsengerichte, Fischgerichte, Fleischgerichte (Hackfleisch, Hammel), Salate, Suppen, Soßen, Pizza, Pesto und Würzöl; Basilikum möglichst frisch verwenden, da dessen Aromastoffe nach Erhitzen verloren gehen. Beim Zubereiten von Speisen das Kraut erst nach dem Kochen, Braten oder Backen beifügen.
Sorten/Arten: 'Balkonstar': kleinblättrig und kompakt (→ Bild rechts); 'Opal': rotblättrig und pfeffrig-süß; 'Dark Opal': rot-, großblättrig; 'Aromata', 'Sweet Lemon': Zitronenaroma; Thai-Basilikum 'Thai Magic': pink-violette Blüten, süßlich-würzig; Zimt-Basilikum 'Cino': violette Stängel, purpurrote Blüten, Zimtaroma; Genoveser Basilikum 'Aton': kompakt, großblättrig, intensiv, 50 cm; Strauch-Basilikum 'African Blue' *(O. kilimandscharicum × basilikum Purpurascens):* herb, hell bei 8–12 °C überwintern (→ Bild oben).

Lavendel

Lavandula angustifolia

J F M A M J J A S O N D

Saattiefe: 1–2 cm | **Pflanzabstand:** 30 × 30 cm

Wer denkt nicht bei »Lavendel« an duftende, sonnenwarme Felder in der Provence oder an Großmutters Wäscheschränke? Kaum ein anderes Kraut ruft so schnell Urlaubs- oder Kindheitserinnerungen wach.
Sein Bezug zu Reinlichkeit und Sauberkeit ist schon alt: Der Name des Krauts soll sich vom lateinischen »lavare« ableiten, was »waschen« bedeutet. Bereits im 1. Jahrhundert n. Chr. wurde die Herstellung von Lavendelwein und Lavendelessig beschrieben und Hildegard von Bingen (1098–1179) empfahl den Lavendel als Mittel gegen Läuse. Das ätherische Öl des Lavendels hält Motten vom Wäscheschrank fern und wirkt zudem desinfizierend und keimtötend. Die Blüten wurden deshalb in der Volksheilkunde gerne als Zusatz zum Wasch- und Badewasser von Kranken und Gesunden genutzt. Ein Lavendelbad wirkt außerdem harmonisierend, beruhigend und entspannend – probieren Sie es aus!

Schwachzehrer

Familie: Lippenblütler
Standort: Locker, lehmig-humos oder sandig, auch steinig, warm, kalkhaltig,
Anbau/Pflege: Mehrjährig, winterhart; Pflanzung ratsam; gelegentlich mit Kompost versorgen, kein Stickstoffdünger, je magerer die Pflanze steht, desto intensiver wird das Aroma; Staunässe vermeiden; Rückschnitt im März alle 2–3 Jahre um die Hälfte bis ein Drittel sowie Rückschnitt der abgeblühten Stängel im Sommer, dann wächst die Pflanze schön buschig und kompakt.
Gute Partner: Oregano, Rosmarin, Thymian sowie Ysop.
Ernte: Juni–September. Laufend junge Blätter, Triebspitzen und Blüten.
Verwendung: Blätter und Blüten frisch oder getrocknet zu Fleisch (Geflügel, Lamm), Kurzgebratenem, Eis, Süßspeisen, Desserts, Likör; für entspannenden, schlaffördernden Tee.
Prinzipiell sollte mit der Dosierung des Lavendels sparsam umgegangen werden, da die Blätter meist sehr aromatisch sind und einen intensiven Geschmack erzeugen.
Sorten/Arten: 'Munstead': kräftig blau, frühblühend, dicht, gut geeignet für niedrige Hecken; 'Hidcote Blue': kurze, dunkelviolettblaue Blütenähren (→ Bild links); 'Hidcote Pink': blass rosafarben; 'Miss Katherine': lange, kräftig rosafarbene Blütenähren; 'Two Seasons': hellblau, Nachblüte im Herbst; 'Nana Alba': niedrig, kompakt, weiß; Provence-Lavendel 'Grappenhall' *(Lavandula × intermedia)*: blau, Blatt breit, silbergrau, spätblühend, weniger winterfest.

Salbei, Gartensalbei

Salvia officinalis

J F M A M J J A S O N D

Saattiefe: 1–2 cm | **Pflanzabstand:** 30 × 40 cm

Salbei ist seit der Antike als Würz- und Heilpflanze beliebt. Man sagte ihm vielfältigste Heilwirkungen nach. Daher sein Name: »salvare« (lateinisch) heißt »heilen«. Die Inhaltsstoffe wirken antiseptisch, entzündungshemmend und keimtötend. Praktisch für die Konservierung von Speisen: In Salbeiblätter gewickelt oder damit gewürzt, blieben sie länger haltbar.
Lange galt Salbei als »Allheilmittel«, das sogar den Tod abschrecken sollte. Um böse Geister und Dämonen zu bannen, wurde mit Salbei geräuchert. Ob das Rezept für »Salbeimäusle«, in Bierteig ausgebackene Salbeiblätter, Relikt einer kultischen Salbeispeise ist? Lecker schmecken sie auf jeden Fall! Übrigens sind die Blüten des Salbeis eine hervorragende Bienenweide.

Schwachzehrer
Familie: Lippenblütler
Standort: Humos, trocken, kalkhaltig.
Anbau/Pflege: Mehrjährig, winterhart; im März sowie nach Blüte Rückschnitt auf die Hälfte, nicht zu tief ins alte Holz; gute Dränage; gut auf Trockenmauern.
Gute Partner: Bohne, Erbse, Rosmarin, Ysop.
Ernte: Juni–September. Junge Blätter und Triebspitzen; meistes Aroma kurz vor Blüte; Blüten ebenfalls essbar.
Verwendung: Nicht während Schwangerschaft; Blätter (Blüten) frisch oder getrocknet für Soßen, Würzöl, Kräuterbutter, Nudel-, Fisch-, Fleischgerichte, in Teig ausgebacken; für schweißhemmenden Tee, zum Gurgeln bei Halsentzündung, nicht zum Dauergebrauch.
Sorten/Arten: 'Purpurascens': Laub rotviolett; 'Aurea': Laub gelbbunt; 'Berggarten': sehr winterhart; 'Icterina'; gelbgrün, nicht so winterhart; 'Tricolor': Laub graugrün-gelblich-purpurfarben (→ Bild oben); Ananassalbei 'Pineapple Scarlet' *(Salvia rutilans)*: nicht winterhart, Blüten als Würze und Tee; Frucht-Salbei *(Salvia dorisiana)*: nicht winterhart, Blätter als Würze und Tee.

Thymian, Römischer Quendel

Thymus vulgaris

J	F	M	A	M	J	J	A	S	O	N	D

Saattiefe: 0,5 cm | **Pflanzabstand:** 20 × 20 cm

Die botanische Bezeichnung *Thymus* rührt möglicherweise von einem altägyptischen Wort her. »Tham« war dort eine stark duftende Pflanze, die zur Einbalsamierung verwendet wurde. Der intensive Duft der Polsterpflanze hatte es auch Griechen und Römern angetan.
Ab dem 11. Jahrhundert wurde sie von Benediktinermönchen in mitteleuropäischen Klöstern zu Heilzwecken benutzt. Thymian stärkt nämlich die Abwehrkräfte und wirkt gegen Husten und Erkältung. Dennoch hielt sich viel heidnisches Brauchtum. So sollte ein Zweig unterm Kopfkissen Albträume vertreiben und verräucherter Thymian Hellsichtigkeit bewirken. Ein Sträußchen in der Kleidung verleihe dem Träger Mut und Tapferkeit, sagte man, und ein Suppenrezept aus dem 17. Jahrhundert empfiehlt als Zutaten Thymian und Bier – gegen Schüchternheit! Noch heute ist Thymian Bestandteil der Kräuterbüschel, die an Mariä Himmelfahrt geweiht werden.

Schwachzehrer
Familie: Lippenblütler
Standort: Durchlässig, warm, sandig, steinig, trocken, nährstoffarm, kalkhaltig.
Anbau/Pflege: Mehrjährig, winterhart; im März und nach Blüte Rückschnitt auf die Hälfte; gute Dränage; für Trockenmauern; evtl. Reisigabdeckung als Winterschutz.
Gute Partner: Bohne, Erbse, Kohl, Möhre, Salat.
Ernte: Mai–September. Junge Triebspitzen und Blättchen kurz vor der Blüte; Blüten auch essbar.
Verwendung: Blätter/Blüten frisch oder getrocknet für Fleischgerichte, mediterrane Küche, Pizza, Würzöl, Kräuterbutter, Erkältungstee.
Sorten/Arten: 'Compactus': kompakt, aromatisch, für Kübel, robust; 'Deutscher Winter': sehr winterhart; 'Orange Spice': buschig, wüchsig, mit Orangen-/Zitronenaroma; Sand-Thymian/Quendel *(Th. serpyllum)*: heimische Wildart, polsterbildend sowie winterhart (→ Bild, Seite 237); Zitronen-Thymian 'Doone Valley' *(Th. × citriodorus)*: gelbbunt und robust; Zitronen-Thymian 'Silver Queen' *(Th. × citriodorus;* → Bild unten*)*: weißbunt, Winterschutz ratsam; Kümmel-Thymian *(Th. herba-barona)*: kriechend, für Duftrasen, Winterschutz ratsam.

Vorkultur | Aussaat | Pflanzung | Sonne | Halbschatten | Schatten | lagerfähig

Sand-Thymian (*Thymus serpyllum*) bevorzugt als wärmeliebende Pflanze einen Standort in der vollen Sonne.

Minzen & Melissen

Pfefferminze, Balsam(kraut), Englische Minze, Katzenkraut, Münze

Mentha × piperita

J	F	M	A	M	J	J	A	S	O	N	D

Saattiefe: 0,5 cm | **Pflanzabstand:** 30 × 40 cm

Mentha (Minthe) war nach der griechischen (römischen) Mythologie eine von Hades (Pluto) geliebte Nymphe, die von seiner Frau Persephone (Prosperina) in wilder Eifersucht zerrissen und in eine duftende Pflanze verwandelt wurde. Was uns als ätherisches Öl in die Nase steigt, hat eine lange Tradition. Minze fand man um 1000 v. Chr. in Ägypten als Bestandteil von Blumenkränzen in Gräbern. In China ist sie als uralte Arzneipflanze bekannt. In Europa wurde sie erst spät eingeführt. 1696 beschrieb der englische Botaniker John Ray erstmals die »Echte« Pfefferminze. Ihr ätherisches Öl besteht bis zu 60 % aus Menthol, was ihr das typische Aroma verleiht. Trinken Sie Tee aus der »Echten« Pfefferminze nicht über einen längeren Zeitraum als 5 Wochen täglich und nicht in großen Mengen: Das stark wirkende Menthol kann zu Magenreizungen führen. Verwenden Sie in diesem Fall für den Tee lieber eine mentholarme oder auch mentholfreie Minze, z. B. Krauseminze *(Mentha spicata)*.

Mittelzehrer

Familie: Lippenblütler

Standort: Humose, leichte, ausreichend feuchte, auch moorige, kalkhaltige und lehmige Böden.

Anbau/Pflege: Mehrjährig, winterhart; in eingesenkte Töpfe pflanzen (wuchert stark); gelegentlich Kompost geben; 2- bis 3-mal/Jahr bodennah zurückschneiden.

Gute Partner: Kohl, Möhre, Tomate sowie auch Waldmeister.

Ernte: Juni–September. Laufend frische Blätter und Triebe, für Getränke oder Desserts auch blühend; zum Trocknen Blätter und Triebe kurz vor der Blüte.

Verwendung: Frische Blätter für Desserts, Soße, Bowle, Likör, Fleischgerichte; Blätter frisch oder getrocknet für die Zubereitung von Erkältungs- oder magenstärkendem Tee.

Sorten/Arten: 'Mitcham': »historische« Pfefferminze aus England; 'Multimentha': robust, aromatisch; Krauseminze 'Marokko' *(M. spicata* var. *crispa*; → Bild li.*)*, Apfelminze *(M. suaveolens)*: mentholarm, für täglichen Teegenuss.

Vorkultur | Aussaat | Pflanzung | Sonne | Halbschatten | Schatten | lagerfähig

Zitronenmelisse

Melissa officinalis

J F M A M J J A S O N D

Saattiefe: 0,5 cm | **Pflanzabstand:** 30 × 40 cm

Mittelzehrer
Familie: Lippenblütler
Standort: Locker und tiefgründig (Wurzeln bis 30 cm tief), humos, nahrhaft, warm, kalkhaltig, nicht zu trocken.
Anbau/Pflege: Mehrjährig, winterhart; 2- bis 3-mal pro Jahr bodennah zurückschneiden.
Gute Partner: Kohl, Pfefferminze.
Ernte: Juni–September. Frische Blätter/Triebspitzen vor und während Blüte; zum Trocknen besser vor der Blüte.
Verwendung: Frische Blätter als Würze für Salat, Obstdessert, Sirup, Marmelade, Eintopf, Fisch, Fleisch, Marinade, Soße, Suppe, Würzessig; die Blätter frisch oder getrocknet für die Zubereitung von beruhigendem, schlaffförderndem Tee.
Sorten/Arten: 'Binsuga': wüchsig, besonders aromatisch; 'Limoni': wüchsig, herbes Limonenaroma; 'Aureovariegata': gelbgrün gefleckte Blätter, schwachwüchsig, für lichten Schatten, feiner Zitronenduft, der sich an sonnigen Standorten intensiviert; Kreta-Melisse *(Melissa officinalis* var. *altissima)*: hochwüchsig, fruchtiges Aroma.

Indianernessel, Goldmelisse, Präriebergamotte

Monarda didyma

J F M A M J J A S O N D

Saattiefe: 0,5–1 cm | **Pflanzabstand:** 35 × 35 cm

Mittelzehrer
Familie: Lippenblütler
Standort: Nahrhaft, humos, warm und nicht zu trocken.
Anbau/Pflege: Mehrjährig, winterhart; gelegentlich mit Kompost versorgen, mulchen; nicht zu dicht pflanzen; bei Mehltaubefall stark zurückschneiden.
Gute Partner: Lavendel, Oregano, Ringelblume.
Ernte: Juni–August. Blüten und junge Blätter.
Verwendung: Frische Blütenblätter für Salate, Fisch- und Fleischgerichte, Süßspeisen, Desserts; ganze Blüten und Blätter frisch/getrocknet für anregenden, schleimlösenden und verdauungsfördernden »Oswego«-Tee.
Sorten/Arten: 'Scharlachrot': leuchtend rot und 100 cm hoch; 'Squaw': signalrot, 120 cm hoch, relativ mehltaufest (→ Bild, o. re.); 'Präriennacht': purpurlila, 120 cm hoch, relativ mehltaufest; Wilde Bergamotte *(Monarda fistulosa)*: rosa, 120 cm hoch; Rosenmelisse *(Monarda fistulosa × tetraploid)*: rosa, 90 cm hoch, Rosen-/Lavendelaroma.

Wermut & Co.

Wermut, ebenso Beifuß und Estragon, die »Artemisien«, sind nach der griechischen Göttin Artemis benannt. In der griechischen Mythologie war Artemis die Göttin der Jagd, des Waldes und die Hüterin der Frauen und Kinder. Auf alten Abbildungen wird sie häufig mit einem Wermutstängel in der Hand dargestellt.

»GRÜNE FEE« UND »SONNWENDGÜRTEL«

Wermut und Beifuß galten schon im Altertum, im Mittelalter und weit darüber hinaus als wichtige Kräuter in der Volksheilkunde. Ihre reichlich vorhandenen Bitterstoffe machten sie zu wirksamen Magen- und Verdauungsmitteln. Aufgrund ihrer erwärmenden, stark anregenden Wirkungen wurden sie auch in der Frauenheilkunde verwendet. Heute nutzen wir die Pflanzen hauptsächlich als aromatische Gewürze zu fetten Speisen und als magenstärkenden Tee. Von allzu intensivem Gebrauch ist abzuraten, da sie Thujon enthalten, einen in hohen Dosen gesundheitsschädlichen Stoff. Zweifelhafte Berühmtheit erlangte er in Form von Absinth, einem alkoholischen Wermutgetränk, das in der 2. Hälfte des 19. Jahrhundert groß in Mode war. 1915 war die »grüne Fee«, wie die berauschende Spirituose genannt wurde, in vielen Ländern wieder verboten. Angeblich führte ihr hoher Gehalt an Thujon bei »Dauertrinkern« zu gesundheitlichen Schäden. Genau das Gegenteil sollte der aus Beifußtrieben geflochtene »Sonnwendgürtel« bewirken. Ihn trugen die Germanen zu ihren magischen Sonnwendritualen und sprangen damit übers Sonnwendfeuer, um gegen Krankheiten und Dämonen gefeit zu sein. Noch heutzutage findet man den Beifuß im Volksbrauchtum. Als eines der »Johanni-Kräuter« streut man ihn ins Johannisfeuer und im Kräuterbuschen, der zu Mariä Himmelfahrt geweiht wird, darf er nicht fehlen. Auch der Wermut ist in diesen traditionellen Kräutersträußen meist mit von der Partie.

Wärmeliebende, graulaubige Artemisien passen gut auf mediterrane Beete.

KRÄUTERWEIHE UND »DRACHENKRAUT«

Dem Dritten im Bunde der Artemisien, dem Estragon, wurden ebenfalls wundersame Kräfte nachgesagt. So sollten der Genuss der Pflanze oder einige am Körper getragene Stängel vor dem Biss giftiger Schlangen schützen und seinen Träger vor dem heimtückischen Angriff eines »Drachen« bewahren. Darauf weist der botanische Name des Estragons, *Artemisia dracunculus*, »Drachenkraut«, heute noch hin.

Russischer Estragon

Artemisia dracunculus

J F M A M J J A S O N D

Saattiefe: 0,5 cm |
Pflanzabstand: 40 × 40 cm

Schwachzehrer
Familie: Korbblütler
Standort: Humusreich, warm, kalkhaltig, mager, ausreichend feucht.
Anbau/Pflege: Mehrjährig, winterhart; ausreichend wässern, Staunässe vermeiden; gelegentlich mit Kompost versorgen; Blätter/Triebe bei Hitze/Trockenheit oft bitter.
Gute Partner: Bohne, Gurke, Liebstöckel sowie Spinat.
Ernte: Juni–August. Laufend junge Blätter, Triebe vor der Blüte, auch knospig; ab dem 2. Jahr aromatischer.
Verwendung: Frische Blätter/Triebspitzen für Salat, Würzessig/-öl, Soße (Sauce béarnaise), Fleisch-, Fischgerichte, Lamm-, Entenbraten; eingelegte Gurken und Heringe; mitgaren, sparsam verwenden. Eine weitere Delikatesse ist Estragonsenf, der meist aus Dijonsenf, etwas Honig und Essig hergestellt wird. Ein solcher Senf passt hervorragend zu gegrillten Fleisch- und Gemüsegerichten sowie zu Fisch.
Arten: Französischer Estragon (*Artemisia dracunculus* var. *sativus*): sehr aromatisch, schwachwüchsiger, Winterschutz, Vermehrung durch Stecklinge, keine Aussaat. Russischer Estragon (*Artemisia dracunculus* var. *inodora*) für karge Böden, kältetoleranter, herbes Aroma.

Wermut

Artemisia absinthium

J F M A M J J A S O N D

Saattiefe: 0,5 cm | **Pflanzabstand:** 50 × 40 cm

Schwachzehrer
Familie: Korbblütler
Standort: Warm, durchlässig, trocken, mager, kalkhaltig, auch steinig.
Anbau/Pflege: Mehrjährig und winterhart.
Gute Partner: Hemmt andere Kulturen, einzeln stellen.
Ernte: Juli/August. Blätter (Triebspitzen) kurz vor und während der Blüte. In dieser Zeit ist der Gehalt an wirksamen Inhaltsstoffen im Wermut am höchsten.

Verwendung: Nicht während Schwangerschaft; Blätter (Triebspitzen) frisch oder getrocknet und knospige Triebspitzen zum Aromatisieren von Wein, Likör, Magenbitter; für verdauungsfördernden (bitteren!) Tee; wenig gebräuchlich zum Würzen von fetten Fleischgerichten, ähnlich wie Beifuß zu verwenden; sparsam dosieren!
Arten: Römischer Wermut *(Artemisia pontica)*: starkwüchsig, mild; Provence Wermut (*Artemisia gallica*): ideale Sorte für Balkonkasten und Kübel, wächst kompakt und erreicht eine Maximalhöhe von 40 cm, Blätter herb-süß, fruchtig und angenehm aromatisch.

Beifuß, Gänsekraut, Mugwurz

Artemisia vulgaris

J F M A M J J A S O N D

Saattiefe: 0,5 cm | **Pflanzabstand:** 60 × 60 cm

Schwachzehrer
Familie: Korbblütler
Standort: Trocken, mager, kalkhaltig.
Anbau/Pflege: Mehrjährig, winterhart; auf sauren Böden mit Kalk versorgen.
Gute Partner: Kohl.
Ernte: August/September. Triebspitzen mit noch geschlossenen Blütenknospen ernten; für Tee Triebspitzen mit jungen Blättern.
Verwendung: Nicht während der Schwangerschaft und bei akuten Fiebererkrankungen zu sich nehmen; Blütenknospen als bitteres Gewürz für Herzhaftes wie Gänse- und Entenbraten, Hammelkeule, Aal-, Pilz- und Hülsenfruchtgerichte, Schmalz; Beifuß macht Schweres verdaulicher; sparsam dosieren; Blätter geeignet für die Zubereitung von verdauungsförderndem und krampflösendem Tee.
Sorten/Arten: 'Oriental Limelight': gelb-weißbuntes Laub; Einjähriger Beifuß *(A. annua)*: einjährig; Weißer China-Beifuß 'Guizho' *(A. lactiflora)*: bräunliches Laub, Zierstaude; Weißer Beifuß 'Silver Queen' *(A. ludoviciana)*: silbergrau, starkwüchsig, Zierstaude.

Beifuß wurde schon in der Antike als eine der kraftvollsten Heilpflanzen verehrt.

Essbare Blüten

Bunte Blüten sind nicht nur eine Augenweide; viele von ihnen geben auch als essbare Beigabe, Würze oder Dekoration Speisen und Getränken den letzten Pfiff. Manche von ihnen, wie z. B. die Kapuzinerkresse mit ihren antibiotisch wirkenden Inhaltsstoffen, sind daneben auch noch ausgesprochen gesund.

Mit Blüten zu kochen ist dabei durchaus kein neuer Trend. So beklagte sich schon der römische Dichter Horaz (65–8 v. Chr.) darüber, dass die Olivenhaine vernachlässigt und die fruchtbaren Äcker stattdessen mit Rosen und Veilchen für die Küche der Reichen bepflanzt würden. Auch Rezeptsammlungen und Kochbücher aus England zur Stuart- und Tudorzeit belegen, dass insbesondere bei Hofe gerne »blumig« gespeist wurde. Unsere Großmütter färbten oft noch Suppen, Soßen, Kuchenteig und Butter mit Ringelblumengelb, dem preisgünstigen »Safran der armen Leute«. Frikassee verliehen sie mit Veilchen, Kuchen und Torten mit kandierten Rosen- oder auch Stiefmütterchenblüten eine besondere Note. Neben Ringelblume und Kapuzinerkresse eignen sich übrigens auch die Blüten vieler Küchenkräuter, wie beispielsweise Schnittlauch, Bärlauch, Basilikum, Salbei, Lavendel, Thymian, Oregano, Pfefferminze, für blütenreiche Küchen-Kreationen. Und auch zum Würzen taugen Blüten anstelle von Blättern.

Borretsch, Ringelblume & Co. – diese Blumenbeete können Sie aufessen!

Borretsch, Gurkenkraut

Borago officinalis

J F M A M J J A S O N D

Saattiefe: 1–2 cm | **Pflanzabstand:** 30 × 30 cm

Mittelzehrer
Familie: Raublattgewächse
Standort: Humos, durchlässig, feucht, nährstoffreich, kalkhaltig.
Anbau/Pflege: Umpflanzen ungünstig (Pfahlwurzel); nicht zu dicht stehen lassen, sonst Mehltaubefall; gelegentlich Kompost geben; versamt sich stark; gut als Folgekultur nach einem Starkzehrer.
Gute Partner: Bohne, Dill, Erbse, Erdbeere, Gurke, Kohl, Kohlrabi, Mangold, Lauch, Ringelblume, Rote Bete, Salat, Spinat, Tomate, Zucchini.
Ernte: Juni–September. Laufend Blüten abzupfen, auch junge Blätter.
Verwendung: Frische Blüten für Salate, Desserts, Kräuterquark; als Blüten-Eiswürfel in erfrischenden Kinderbowlen und Sommergetränken. Junge Blätter frisch für (Gurken-)Salat, Kräuterquark, Soßen.
Arten: Zwerg-Borretsch *(Borago pygmaea)*: mehrjährig.

Kapuzinerkresse

Tropaeolum majus

J F M A M J J A S O N D

Saattiefe: 2 cm | **Pflanzabstand:** 30 × 30 cm

Schwachzehrer
Familie: Kapuzinerkressengewächse
Standort: Humos, feucht, locker.
Anbau/Pflege: Ausreichend feucht halten; mit Kompost versorgen; gut auf Baumscheiben von Obstbäumen.
Gute Partner: Bohne, Erbse, Gurke, Kartoffel, Kohl, Tomate, Zwiebel.
Ernte: Juni–Oktober. Blüten, junge Blätter, Knospen, grüne Samen.
Verwendung: Blüten/junge Blätter frisch für Salat, Kräuterquark, Kräuterbutter; nicht zu oft in großen Mengen verzehren; Knospen/grüne Samen als Würze oder ähnlich wie Kapern in Essig eingelegt.
Sorten/Arten: 'Tiptop Alaska': Laub weiß-grün; 'Rankende Mischung': 3–4 m hoch; Zwerg-Kapuzinerkresse 'Kaiserin von Indien' *(Tropaeolum minus)*: kompakt, Blüten orangerot; Zwerg-Kapuzinerkresse 'Banana Cream': niedrig, Blüten cremeweiß bis hellgelb.

Spitzwegerich

Plantago lanceolata

J F M A M J J A S O N D

Saattiefe: 1 cm | **Pflanzabstand:** 20 × 15 cm

Schwachzehrer
Familie: Wegerichgewächse
Standort: Durchlässig, trocken, wächst auf fast allen Böden.
Anbau/Pflege: Mehrjährig, winterhart; gut am Rand von Nutz-/Zierbeeten.
Gute Partner: Möhre, Gurke, Knoblauch, Lauch, Radieschen, Rettich.
Ernte: Mai–September. Blütenknospen/Blätter vor Blüte, Herzblätter stehen lassen.
Verwendung: Geschlossene Blütenknospen für Spitzwegerichsuppe (Champignongeschmack), Soßen, marinierten Weichkäse; frische Blätter für Salat, Suppen, Soßen, Kartoffel-Getreide-Gerichte, Kräuterquark; frisch oder getrocknet für hustenstillenden Tee/Sirup. Rasch und sorgsam trocknen; Blätter dürfen nicht braun oder schwarz werden; frische, zerriebene Blätter bei Mückenstichen als »Wiesenpflaster« auflegen.
Arten: Breitwegerich *(Plantago major):* junge Blätter auch essbar, Blüten nicht geeignet.

Ringelblume

Calendula officinalis

J F M A M J J A S O N D

Saattiefe: 2–3 cm | **Pflanzabstand:** 25 × 25 cm

Schwachzehrer
Familie: Korbblütler
Standort: Humos, nährstoffreich, sandig, mäßig feucht, kalkhaltig.
Anbau/Pflege: Versamt sich am passenden Standort leicht von selbst; gut auf Baumscheiben von Obstbäumen.
Gute Partner: Erbse, Erdbeere, Gurke, Kohl, Mairübe, Möhre.
Ernte: Juni–Oktober. Laufend frische Blüten abknipsen.
Verwendung: Frische oder getrocknete Blütenblätter für Salate, Blütenbutter, Desserts, Brot-/Nudel-/Kuchenteig; für lymphflussanregenden Tee; größere Mengen getrockneter Blütenblätter färben Speisen gelb.
Sorten: 'Fiesta Gitana': in Gelb- und Orangetönen, großblumig; 'Calendula Oranja': gefüllte und leuchtend orangene Blüten; 'Touch of Red Buff': eine Besonderheit, gefüllte Blüten in creme-roter Farbe; 'Chrysantha': Blüten von zitronengelber Farbe und dicht gefüllt; 'Mädchenauge Cosmidium': gelbe Blüten mit braunen Augen.

Die Ringelblume öffnet pünktlich zum Sonnenaufgang ihre leuchtenden Blüten.

Kübelpflanzen

Rosmarin

Rosmarinus officinalis

J F M A M J J A S O N D

Saattiefe: 0,5 cm | **Pflanzabstand:** 30 × 40 cm

»Tau des Meeres« – *ros marinus* – wird der Rosmarin vielleicht deshalb genannt, weil er in seiner Heimat, dem Mittelmeerraum, gerne im küstennahen Buschgürtel (Macchia) wächst und sich morgens der Tau in seinen Blüten sammelt. Im Volksbrauchtum wurden die Zweige des immergrünen, duftenden Strauchs geräuchert, um böse Geister und Krankheiten zu vertreiben. Man gab Verstorbenen einen Zweig mit ins Grab, um das immerwährende Gedenken zu symbolisieren, bekränzte aber auch Bräute damit, zum Ausdruck ewiger Liebe.

Rosmarin ist eines der bekanntesten Gewürzkräuter und bereits seit dem Altertum hochgeschätzt. Aber er ist mehr als nur ein Küchenkraut. Seine zahlreichen Inhaltsstoffe haben eine große heilkundliche Bedeutung. Er wirkt sowohl erwärmend als auch anregend und antibakteriell. Bei winterlichem Frösteln ist ein Rosmarinfußbad herrlich wohltuend.

Schwachzehrer

Familie: Lippenblütler
Standort: Humos, durchlässig, leicht, trocken, locker, sandig, kalkhaltig.
Anbau/Pflege: Mehrjährig, immergrün; am besten im Topf/Kübel; im Sommer ins Beet pflanzen; kalibetont düngen; gute Dränage, nur in sehr milden Gegenden frosthart; sonst hell bei 0–10 °C überwintern; ab Mitte Mai ins Freie; auch sehr winterharte Sorten die ersten 1–2 Jahre frostfrei halten, dann ständig im Freien lassen.
Gute Partner: Möhre, Salbei, Schnittlauch sowie Sellerie.
Ernte: Mai–Oktober. Blätter/Triebspitzen, Blüten.
Verwendung: Blätter und Triebspitzen frisch und getrocknet für Fleisch-, Wild-, Pilz- und Kartoffelgerichte, für Suppe, Soße, Eintopf, Salate, Pizza, Kräuterbutter, Kräuterquark und Würzöl; für belebenden, stark anregenden Tee; nicht bei hohem Blutdruck und während der Schwangerschaft zu sich nehmen.
Sorten/Arten: 'Rex': sehr wüchsig und winterhart bis –10 °C; 'Majorcan Pink': rosafarbene Blüten, frostfrei überwintern; 'Upright White': weiße Blüten, sehr wüchsig, frostfrei überwintern; 'Veitshöchheim': robust und winterhart bis –10 °C (→ Bild li.); 'Blue Winter': robust und winterhart bis –10 °C; 'Hill Hardy': winterfest bis –20 °C; 'Arp': winterfest bis –20 °C; Hänge-Rosmarin 'Capri' *(Rosmarinus lavandulaceus)*: frostfrei überwintern.

Lorbeer, Gewürzlorbeer

Laurus nobilis

J F M A M J J A S O N D

Saattiefe: 2–3 cm | **Pflanzabstand:** 40 × 40 cm

Mittelzehrer
Familie: Lorbeergewächse
Standort: Lehmige, durchlässige Böden.
Anbau/Pflege: Mehrjährig, immergrün; vor der Aussaat die Samen 24 Std. in lauwarmem Wasser quellen lassen; am besten im Topf/Kübel kultivieren; hell, luftig, bei Temperaturen zwischen 0–10 °C überwintern, dabei nicht völlig trocken halten; zum Austrieb im Frühling vor praller Sonne schützen; stets ausreichend wässern; Form-/Rückschnitt im März, dabei die Blätter nicht anschneiden; von März–August flüssig düngen.
Gute Partner: Rosmarin, Lavendel.
Ernte: Mai–Oktober. Blätter und Triebspitzen können laufend geerntet werden.
Verwendung: Blätter frisch/getrocknet zu herzhaften Fleisch- und Gemüsegerichten, Eintopf, Soße, Gemüsesuppe, Marinade, saure Gurken, Sauerkraut, eingelegte Heringe, Sülze, Würzöl und -essig; Blätter mitkochen.
Arten: Azoren-Lorbeer *(Laurus azorica)* und Canaren-Lorbeer *(Laurus novocanariensis)*: beide sind nicht winterhart.

Zitronenverbene

Aloysia triphylla, Syn. Lippia citriodora

J F M A M J J A S O N D

Saattiefe: 1–2 cm | **Pflanzabstand:** 30 × 40 cm

Schwachzehrer
Familie: Eisenkrautgewächse
Standort: Humos, durchlässig, mäßig trocken.
Anbau/Pflege: Mehrjährig; am besten im Topf/Kübel; Überwinterung hell, notfalls dunkel, dann Laubabwurf, luftig, frostfrei bei 0–10 °C, nicht ganz trocken halten; ab Ende Mai ins Freie stellen oder mit Topf im Beet einsenken; vor Austrieb im Frühling zurückschneiden, ständiger Schnitt während Wachstumszeit fördert kompakten, buschigen Wuchs; gelegentlich Kompost geben.
Gute Partner: Lavendel, Rosmarin.
Ernte: Juni–September. Laufend frische junge Blätter, Triebe und Blüten abzupfen.
Verwendung: Blätter (Blüten) frisch oder getrocknet für Salat, Dessert, Obstsalat, Mixgetränke, Bowle, Likör, als Würze für Schweinefleisch- und Pilzgerichte sowie für erfrischenden Tee.
Sorten/Arten: ‘Freshman’: hocharomatisch; Anis-Verbene *(Lippia alba)*: anisartig; Minz-Verbene *(L. scaberrima)*: intensiv minzig, frostempfindlich; Echtes Eisenkraut *(Verbena officinalis)*: bitter, Heilpflanze.

kann man einfrieren | kann man trocknen | kann man einmachen und einlegen | Topfkultur möglich

Wildkräuter

Brunnenkresse, Wasserkresse

Nasturtium officinale

J	F	M	A	M	J	J	A	S	O	N	D

Saattiefe: 0,5–1 cm | **Pflanzabstand:** 15 × 15 cm

Schwachzehrer
Familie: Kreuzblütler
Standort: Mager, sandig, feucht.
Anbau/Pflege: Mehrjährig und winterhart; in wasserdichten Gefäßen/in der Uferzone eines Teiches; Aussaat in feuchtes Substrat; sind Pflanzen ca. 5 cm hoch, Wasserstand auf kurz unterhalb der Triebspitzen erhöhen; braucht sauerstoffreiches Wasser, ohne Frischwasserzufuhr Wasser alle 2 Tage wechseln; die Pflanze nach Blüte zurückschneiden.
Gute Partner: Wasser-Minze.
Ernte: September–Mai. Laufend Blätter und Triebspitzen vor der Blüte.
Verwendung: Frische Blätter und junge Triebe als senfscharfe Würze für Soßen, Salate, Suppen, Eintopf, Kräuterquark, ähnlich wie Gartenkresse.
Sorten: 'Claudia': aromatisch; 'Dark Green American': dunkelgrün; 'French Green': hellgrün; Hybride *Nasturtium* × *sterile*: bräunliche Blätter, bildet keine Samen.

Vogelmiere, Hühnerdarm

Stellaria media

J	F	M	A	M	J	J	A	S	O	N	D

Saattiefe: 0,5–1 cm | **Pflanzabstand:** 5 × 5 cm

Schwachzehrer
Familie: Nelkengewächse
Standort: Humos, nährstoffreich, feucht, stickstoffreich.
Anbau/Pflege: Samen in Reihen ausstreuen, leicht andrücken und mit etwas Erde bedecken, gut feucht halten; Folgesaaten ca. alle 2 Wochen.
Gute Partner: Kohl, Tomate, Zucchini.
Ernte: März–November. Triebe mit Blättern/Blüten, auch im Winter.
Verwendung: Triebe für Salat, Suppe, gedünstet wie Spinat, Kräuterquark; schmeckt ähnlich wie junge rohe Maiskölbchen; wegen des Gehalts an Seifenstoffen nicht in großen Mengen verwenden.

Vorkultur   Aussaat   Pflanzung   Sonne   Halbschatten   Schatten   lagerfähig

Gänseblümchen

Bellis perennis

J	F	M	A	M	J	J	A	S	O	N	D

Saattiefe: 0,5–1 cm |
Pflanzabstand: 15 × 15 cm

Schwachzehrer
Familie: Korbblütler
Standort: Humos, nährstoffreich, lehmig, feucht.
Anbau/Pflege: Mehrjährig, winterhart; wächst häufig im kurz gehaltenen Rasen.
Gute Partner: Gurke, Knoblauch, Kohl, Lauch, Radieschen, Rettich, Schnittlauch, Tomate.
Ernte: März–Oktober. Blätter, Blüten, Knospen; Herzblätter belassen.
Verwendung: Blätter/Blüten für Salat, Suppe, Kräuterbutter; getrocknet als blutreinigender, entwässernder Tee; Knospen wie Kapern einlegen.
Sorten: Gefülltblühende »Kulturgänseblümchen« (2-jährig): 'Erdbeersahne': rosafarben; 'Pomponette rot': dunkelrot; Blüten auch verwenden.

Gundermann, Gundelrebe

Glechoma hederacea

J	F	M	A	M	J	J	A	S	O	N	D

Saattiefe: 0,5–1 cm |
Pflanzabstand: 15 × 15 cm

Schwachzehrer
Familie: Lippenblütler
Standort: Humos, feucht, schwer, fruchtbar, kalkhaltig.
Anbau/Pflege: Mehrjährig, winterhart; gelegentlich mit Kompost versorgen; gedeiht problemlos am Rand von Nutz-/Zierbeeten.
Gute Partner: Kohl, Gurke, Knoblauch, Lauch, Radieschen, Tomate.
Ernte: Februar–Juni. Laufend junge Triebe und Blättchen; auch Blüten.
Verwendung: Frische Blätter als Würze und Zutat für Quarkaufstrich, Kräuterbutter, Pesto, Gemüsegerichte, Salat, Suppe; sehr geschmacksintensiv, sparsam verwenden, Blätter blanchieren mildert den herben Geschmack; Blätter frisch als Tee aufgegossen lindern entzündliche Erkrankungen der oberen Luftwege und Husten.
Sorte: 'Variegata': weiß-grün panaschiertes Laub.

Waldmeister

Galium odoratum

J F M A M J J A S O N D

Saattiefe: 0,5–1 cm |
Pflanzabstand: 25 × 25 cm

Schwachzehrer
Familie: Rötegewächse
Standort: Humos, nährstoffreich, ausreichend feucht, lehmig.
Anbau/Pflege: Mehrjährig, winterhart; Frostkeimer, Saaten im Winter mit Reisig abdecken; nicht austrocknen lassen, nicht hacken; guter Bodendecker.
Gute Partner: Pfefferminze.
Ernte: April–Juni. Frische Triebe kurz vor der Blüte; einen halben bis einen Tag welken lassen, erst dann entsteht das typische Aroma.

Verwendung: Frische (angewelkte) oder getrocknete Triebe zum Aromatisieren und Würzen von Bowle, Dessert, Gelee, Likör, Essig: ca. 3 g frisches Kraut pro 1 l Flüssigkeit; Überdosierung kann Kopfweh auslösen; blühendes Kraut getrocknet für beruhigenden, schlaffördernden Tee. Das charakteristische Aroma verdankt der Waldmeister einem ganz bestimmten Inhaltsstoff: dem Cumarin. Zuviel davon kann Kopfschmerzen, Schwindel und Übelkeit auslösen; daher Waldmeister nicht überdosieren und sich an die Mengenangaben von Rezepten halten!
Art: Turiner Meister *(Asperula taurina):* ähnelt Waldmeister, wird doppelt so hoch.

Brennnessel

Urtica dioica

J F M A M J J A S O N D

Saattiefe: 0,5–1 cm |
Pflanzabstand: 15 × 15 cm

Starkzehrer
Familie: Brennnesselgewächse
Standort: Humos, nährstoffreich, feucht, stickstoffreich.
Anbau/Pflege: Mehrjährig, winterhart; wächst überall.
Gute Partner: Kohl, Pfefferminze.
Ernte: Mai–Juli. Laufend junge Blätter und Triebspitzen, auch während der Blüte; mit Handschuhen ernten.
Verwendung: Blätter, Triebspitzen roh als Salat, Blattgemüse, Suppe, wie Spinat gedünstet; getrocknet als entwässernder Tee; getrocknet, blanchiert, mit Salatsoße vermischt verlieren Brennhaare ihre Wirkung.
Art: Kleine Brennnessel *(Urtica urens)* kann auch verwendet werden.

Vorkultur Aussaat Pflanzung Sonne Halbschatten Schatten lagerfähig

Die Brennessel ist vielseitig und kann gut zu einer gesunden Ernährung beitragen.

GESUNDES OBST

Das Sortiment an Obstpflanzen ist äußerst umfangreich; angefangen bei den kleinen, nahezu dauertragenden Monatserdbeeren bis hin zum riesigen Walnussbaum. Wählen Sie aus, was je nach Platzbedarf in Ihren Garten passt und zu unterschiedlichen Zeiten reif wird. Dann können Sie fast das ganze Jahr über frisches Obst ernten bzw. sich an lange haltbaren, eingelagerten Früchten freuen.

- Meist passen nur wenige Obstbäume in die heutigen Gärten, da sie relativ viel Standraum beanspruchen. Platzsparende Alternativen dazu sind schwach wachsende Sorten, kleine Baumformen (Buschbaum) und Spaliere. Wollen Sie mehrere Bäume pflanzen, achten Sie auf entsprechende Befruchtersorten und unterschiedliche Reifezeiten. Stellen Sie ein ausgewogenes Sortiment zum Frischverzehr, zur Verarbeitung und zur Lagerung zusammen. Überlegen Sie insbesondere bei lagerfähigen Apfelsorten, ob Ihnen auch ein geeigneter Lagerraum für die Früchte zur Verfügung steht.

- Beerensträucher brauchen viel weniger Platz als Obstbäume. Als Hochstämmchen oder schmale Hecke sind die Sträucher in einem kleinen Garten wesentlich leichter unterzubringen. Wählen Sie bei Beeren ebenfalls sowohl früh- als auch spätreifende Sorten aus.

- Brombeeren, Kiwis und Tafeltrauben haben einen schlingenden und kletternden Wuchs. Stehen Ihnen geeignete, geschützte Wände, Mauern oder Spaliergerüste zur Verfügung, lassen Sie die »Kletter-Früchte« dort ranken.

- Großfrüchtige Erdbeeren gehören unbedingt ins Beet. Sie gedeihen gut in Mischkultur mit einigen Gemüsearten (→ Mischkulturtabelle, Seite 302) und sind hinsichtlich der Pflegearbeiten ähnlich zu behandeln wie diese. Wollen Sie mit weniger Aufwand und geringerem Platzbedarf süße Erdbeeren ernten? Dann pflanzen Sie doch einfach mal Monatserdbeeren als Einfassung der Gemüsebeete und Sie haben von Frühling bis Herbst etwas zum Naschen.

Johannisbeeren

Um den 24. Juni herum, den »Johannistag«, reifen die ersten Johannisbeersorten im Garten, vorausgesetzt, die Blüten haben im Frühling keinen Spätfrost abbekommen. Daher haben die süß-säuerlichen Beeren ihren Namen. Johannisbeeren sind anspruchslose, pflegeleichte Gartengeschöpfe.

OHNE BIENEN KEINE BEEREN

Meist bringen die Sträucher ohne intensiven Pflegeaufwand alljährlich eine große Menge an Früchten hervor. Wichtig ist lediglich ein regelmäßiges Auslichten im Frühling oder nach der Ernte, damit auch immer wieder neue, ausgiebig früchtetragende Jungtriebe nachwachsen. In manchen Jahren neigen die Sträucher zum »Verrieseln«. Damit ist ein teilweises, verfrühtes Abfallen der Blüten und Früchte gemeint. An den traubigen Fruchtständen kommen dann nur noch einzelne Beeren zur Reife. Pflanzen Sie in sehr frostgefährdeten Gegenden lieber spätere Sorten, denn Frost während der Blüte kann dieses unerwünschte Symptom auslösen. Ein anderer Grund dafür ist eine unzureichende Befruchtung durch fehlende Bienen oder durch eine starke Beschattung der Früchte – insbesondere im Inneren von nur wenig oder gar nicht ausgelichteten Sträuchern. Entfernen Sie daher regelmäßig alte Triebe und sorgen Sie durch das Aufstellen von Insektenhotels (→ Seite 136) sowie einen möglichst vielfältigen Bewuchs im Garten für regen Besuch bestäubender Insekten. Wählen Sie neuere Sorten: Diese neigen oft deutlich weniger zum »Verrieseln«. Dann steht einer reichen Johannisbeerernte nichts mehr im Weg!

Als Hochstamm finden Johannisbeeren nahezu in jedem Garten einen Platz.

JOHANNISBEEREN AM LAUFENDEN METER

Eine platzsparende und zugleich sehr »erntefreundliche« Pflanzform ist die Erziehung von 1- bis 3-triebigen Hecken oder Spalieren. Setzen Sie die Sträucher entlang von 3–4 Drähten, die jeweils in einer Höhe von 50, 100, 140 und 170 cm waagerecht gespannt werden. Lassen Sie an den Pflanzen nur jeweils 1–3 Triebe pro Strauch stehen und heften diese an den Drähten fest. So erhalten die Früchte von allen Seiten ausreichend Licht, es wachsen regelmäßig schöne, neue Jungtriebe heran und Sie können die aromatischen Beeren ganz bequem ernten. In den Folgejahren sorgen Sie durch Schnitt dafür, dass von den nachwachsenden, jungen Trieben auch nur die jeweils gewünschte Anzahl stehen bleibt.

Schwarze und Rote Johannisbeere, Ribisel, Träuble

Ribes nigrum und *Ribes rubrum*

J F M A M J J A S O N D

Höhe: 1–1,5 m | **Platzbedarf:** 1 × 2 m

Familie: Stachelbeergewächse
Standort: Humos, mittelschwer, nährstoffreich, leicht sauer, durchlässig, gut feucht, kalkhaltig.
Anbau/Pflege: Herbstpflanzung vorteilhafter, bei Pflanzung Triebe auf ca. 5 Knospen je Trieb einkürzen, ca. 5-jährige Triebe im März oder nach der Ernte komplett zurückschneiden; jedes Jahr 3–4 neue Triebe stehen lassen; 8–12 Triebe von 1–4 Jahren sind günstig; mulchen, nicht hacken, da Flachwurzler; im Frühling mit Kompost versorgen; insbesondere Rote und Weiße Johannisbeeren als »erntefreundliche« Hochstämmchen oder eintriebige Hecken pflanzen; die Blüte aller drei Sortengruppen ist spätfrostgefährdet; Schwarze Johannisbeeren vertragen mehr Schatten als Rote und Weiße; Weiße Johannisbeeren im Wuchs ähnlich den schwachwüchsigen Sorten der Roten Johanisbeere.
Befruchtung: Teils selbstbefruchtend; besserer Fruchtansatz, wenn mindestens 2 Sorten gepflanzt werden.
Ernte: Juni–August. Ganze »Trauben« mit Stiel.
Verwendung: Naschobst, Gelee, Marmelade, Saft, Rote Grütze, Kuchenbelag (v. a. Rote/Weiße Johannisbeeren); Schwarze Johannisbeeren sehr Vitamin-C-reich, Weiße Früchte deutlich milder und süßer als Rote und Schwarze.
Sorten: Schwarze Johannisbeeren: 'Boskoops Giant', Syn. 'Rosenthals Langtraubige Schwarze': herb-säuerlich, großfrüchtig, starkwüchsig, früh; 'Silvergieters Schwarze': starkwüchsig, ertragreich, früh; 'Titania': ertragreich, starkwüchsig, sehr robust, mittelfrüh: 'Ometa': gesunde Spätsorte. **Rote Johannisbeeren:** 'Jonkheer van Tets': langtraubige, starkwüchsige Frühsorte; 'Rote Vierländer': ertragreiche, starkwüchsige Frühsorte; 'Rotet': starkwüchsige, gesunde, mittelfrühe Sorte mit lockeren Trauben; 'Red Lake': aromatische, ertragreiche, mittelfrühe Sorte; 'Rolan': sehr säuerliche, robuste und starkwüchsige Spätsorte; 'Rovada': ertragreiche und mittelstark wachsende Spätsorte (→ Bild o.); 'Heinemanns Rote Spätlese': säuerliche, ertragreiche Spätsorte. **Weiße Johannisbeeren:** 'Werdavia': ertragreiche, robuste, mittelfrühe Sorte; 'Blanca': leicht säuerliche, mittelstark wachsende, mittelfrühe Sorte; 'Rosa Sport': mittellange Trauben mit hell rosafarbenen Früchten, mittelfrüh; 'Weiße Versailler': aromatische, süß-säuerliche, mittelfrühe Sorte (→ Bild, Umschlagrückseite li.); 'Zitavia': starkwüchsig, ertragreich, mildaromatisch, robust, mittelspät.

Stachelbeere & Co.

Stachelbeere

Ribes uva-crispa

J F M A M J J A S O N D

Höhe: 1–1,5 m | **Platzbedarf:** 1 × 2 m

Familie: Stachelbeergewächse
Standort: Humos, lehmig, durchlässig, ausreichend feucht, kalkhaltig.
Anbau/Pflege: Herbstpflanzung vorteilhafter, Boden tiefgründig lockern; im März oder nach der Ernte regelmäßig alte Triebe entfernen; bei der Pflanzung Triebe auf ca. 5 Knospen je Trieb einkürzen, alte (ca. 5-jährige) Triebe im März oder nach der Ernte bis zum Boden zurückschneiden, jedes Jahr 4–5 neue Triebe stehen lassen, 8–12 Triebe von 1–4 Jahren sind günstig; regelmäßig auslichten, mit Stachelbeermehltau befallene Pflanzen (bräunlich verfärbte, gekrümmte oder verdrehte Triebspitzen) im Frühling/Herbst radikal ins gesunde Holz zurückschneiden; empfohlene Sorten alle weitgehend mehltaufest; mulchen, nicht hacken, im Frühling Kompost geben; platzsparend als Hochstämmchen oder 1- bis 3-triebige Hecke pflanzen.
Befruchtung: Teils selbstbefruchtend, aber ertragreicher, wenn mindestens 2 Sorten gepflanzt werden.
Ernte: Mitte–Ende Mai. Erste, halb reife Beeren zum Einkochen. Juni–Juli. Reife Beeren.
Verwendung: Halb reife Beeren benötigen weniger Zucker zum Einkochen. Reife Beeren für Frischverzehr, Marmelade, Kompott, Kuchenbelag, Wein.
Sorten: Weiße/Grüne Stachelbeeren: 'Weiße Triumphbeere': aromatische, ertragreiche, starkwüchsige, mittelfrühe Sorte; 'Invicta': aromatische, ertragreiche, mittelspäte Sorte; 'Mucurines': starkwüchsige, großfrüchtige Spätsorte. Gelbe Stachelbeeren: 'Risulfa': angenehm süß-säuerliche Frühsorte; 'Gelbe Invicta': süße, mittelfrühe Sorte (→ Bild u.); 'Rixanta': aromatische Spätsorte; 'Hinnonmäki gelb': ertragreiche, süße Spätsorte. Rote Stachelbeeren: 'Remarka': aromatische Frühsorte; 'Xenia': großfrüchtige, sich bei der Reife von orangefarben nach rot verfärbende, wenig bestachelte Frühsorte; 'Pax': starkwüchsige, wenig bestachelte, mittelspäte Sorte; 'Rolonda': ertragreiche Spätsorte; 'Captivator': aromatische, nahezu stachellose Spätsorte.

Vorkultur Aussaat Pflanzung Sonne Halbschatten Schatten lagerfähig

Jostabeere, Jochelbeere

Ribes × nidigrolaria

J F M A M J J A S O N D

Höhe: 1,5–2 m | **Platzbedarf:** 1,5 × 2 m

Die Jostabeere ist, wie der Name verrät, eine Kreuzung aus Schwarzer Johannisbeere und Stachelbeere. Sie entstand als »Zufallsprodukt«, als Obstzüchter versuchten, durch Kreuzungen gegen Krankheiten und Schädlinge möglichst widerstandsfähige Pflanzen zu erzielen. Die Pflanze ist weitaus starkwüchsiger als ihre Elternarten, auch ertragreicher als diese und erfreulicherweise sind ihre Triebe obendrein nicht bestachelt. Sie trägt Früchte von der Farbe Schwarzer Johannisbeeren, die in der Größe zwischen Johannisbeere und Stachelbeere liegen.
Die Beeren schmecken fruchtig, leicht säuerlich und aromatisch, sind wahre »Vitamin-C-Bomben« und weisen einen hohen Anteil an gesunden Anthocyanen (Pflanzenfarbstoffen) auf. Den typischen Geruch, den Zweige und Blätter der Schwarzen Johannisbeere verströmen, lässt die Jostabeere vermissen. Gegen Amerikanischen Stachelbeermehltau, der sowohl Stachelbeeren als auch Johannisbeeren befallen kann, ist die Jostabeere weitgehend immun. Auch die Johannisbeergallmilbe lässt die Knospen der robusten Josta glücklicherweise »links liegen«.

Familie: Stachelbeergewächse
Standort: Nährstoffreich, humos, durchlässig, ausreichend feucht, kalkhaltig.
Anbau/Pflege: Herbstpflanzung vorteilhafter, dafür Triebe auf ca. 5 Knospen je Trieb einkürzen, Boden tiefgründig lockern; im März oder nach der Ernte regelmäßig ca. 5-jährige Triebe bis zum Boden zurückschneiden, jedes Jahr 4–5 neue Triebe stehen lassen, 6–10 1- bis 4-jährige Triebe sind günstig; regelmäßig auslichten; mulchen, aber nicht hacken, da flachwurzelnd; im Frühling mit Kompost versorgen; die Jostabeere ist sehr gesund und widerstandsfähig gegen Mehltau und Gallmilben.
Befruchtung: Teils selbstbefruchtend, aber ertragreicher, wenn mindestens 2 Sorten gepflanzt werden.
Ernte: Juni–Juli. Reife, dunkel ausgefärbte Beeren einzeln pflücken; lassen sich leider oft nicht so leicht vom Strauch ablösen.
Verwendung: Beeren frisch als Naschobst, für Gelee, Marmelade, Saft, Rote Grütze, Kuchenbelag; Früchte enthalten besonders viel Vitamin C.
Sorten: 'Josta': frühblühend, Ende Juni nahezu schwarze, mild säuerliche Früchte; 'Jocheline': Ende Juni violettschwarze Früchte mit ausgeprägtem Johannisbeeraroma; 'Jostine': Anfang Juli mittelgroße, dunkelrote/schwarze Früchte, starkwüchsig, robust und gesund; 'Jogranda': Anfang Juli robust und gesund; 'Jonova': Anfang Juli große, wein-/dunkelrote Früchte, nicht ganz so starkwüchsig; 'Rikö': Anfang Juli mittelgroße, dunkle, sehr aromatische Früchte, starkwüchsig und robust.

Himbeere & Co.

Himbeeren und Brombeeren sammelten unsere Großeltern seinerzeit oft noch von wild wachsenden Sträuchern im Wald. Am passenden Platz gedeihen diese Obstgehölze jedoch schon seit Langem auch gut in nahezu jedem Garten und verlocken mit ihren süßen, aromatischen Früchten.

ROTE, GELBE, SCHWARZE BEEREN

Die Himbeere ist bereits seit dem Altertum als Heilpflanze bekannt. Der Gehalt an Vitamin C, Kalium und Fruchtsäuren soll die Abwehrkräfte und die Wundheilung fördern. Im Mittelalter wurde sie vor allem in Klöstern kultiviert.
Bereits 1601 kannte man verschiedene rot- und gelbfrüchtige Himbeersorten und heute gedeihen bei uns sogar schwarzfrüchtige, aus Nordamerika stammende Himbeeren. Diese starkwüchsigen Pflanzen sind allerdings eher zu behandeln wie die kletternden Brombeeren und ihre Triebe sollten wie diese geschnitten und aufgebunden werden. Himbeeren bevorzugen besonders warme und windgeschützte Plätze, ähnlich den sonnigen Lichtungen, die sie auch im Wald bewohnen. Die beste Pflanzzeit für Himbeeren ist der Herbst.
Brombeeren hingegen nehmen durchaus auch mit etwas mehr Schatten vorlieb. Um ans Licht zu gelangen, klettern diese »Spreizklimmer« mit ihren bestachelten Trieben mehrere Meter in die Höhe. Im Hausgarten lassen sie sich dementsprechend gut am Spalier kultivieren.
Stachellose Sorten zeigen sich hier äußerst »benutzerfreundlich«, Sorten mit Stacheln halten mit meist aromatischeren Früchten dagegen.
Die Brombeere ist eine der ältesten Heilpflanzen der Menschheit. Schon um 400 v. Chr. sammelte Hippokrates, der als Begründer der Medizinwissenschaft gilt, in den Wäldern Griechenlands Blätter und Früchte der Brombeere, weil er um ihre entzündungshemmende und magenberuhigende Wirkung wusste. In Mitteleuropa baute man Brombeeren zwar schon im 16. Jahrhundert in Klostergärten an, doch allgemein bekannt wurde sie erst im 19. Jahrhundert. Die systematische Züchtung wird seit dem 20. Jahrhundert betrieben. Ursprüngliche Heimat der schmackhaften Beeren sind die Wälder Eurasiens und Nordamerikas. Heutzutage ist die Brombeere eine weit verbreitete Wild- und Kulturpflanze, die vor allem in Europa, Asien, Nordamerika und Südamerika anzutreffen ist.
Pflanzen Sie Brombeeren am besten im Frühling, und bedecken Sie dabei die untersten 2 Basisknospen ca. 5 cm mit Erde. Gönnen Sie den Himbeeren eine etwa 5 cm dicke Mulchschicht aus Laub- oder Rindenkompost – dann fühlen sich die Sträucher so wohl wie draußen im Wald.

»KREUZUNGSPRODUKT« TAYBEERE

Nachdem Himbeere und Brombeere zu geschätzten Gartenpflanzen avanciert waren, lag es eigentlich ziemlich nahe, die beiden Arten miteinander zu kreuzen.
In der Folge kam 1962 die Taybeere als schottische Züchtung auf den Markt. Wuchskräftig, mit langen, bestachelten Trieben wie die Brombeere, ähneln ihre Früchte allerdings eher dunkelweinroten, länglichen Himbeeren.
Wie eine Mischung aus Himbeeren und Brombeeren schmecken die Taybeeren dann auch, wobei das Aroma der roh genossenen Früchte manchmal etwas fade sein kann. In Konfitüren, Gelees und Säften hingegen machen sich die länglichen Beeren, die meist in üppiger Anzahl an den Sträuchern hängen, hervorragend.

Reife Himbeeren versüßen Ihnen als Naschobst jede Gartenarbeit.

Himbeere

Rubus idaeus

J F M A M J J A S O N D

Höhe: 1,5–2 m | **Platzbedarf:** 1,5 × 1 m

Familie: Rosengewächse
Standort: Nährstoffreich, durchlässig, humos, feucht, nicht staunass.
Anbau/Pflege: An 2–3 waagerechten Drähten oder V-förmigem Spalier ziehen (Nord-Süd-Richtung); Kompost geben; Herbstsorten sonnig.
Bestäubung: Selbstbefruchtend, verschiedene Sorten besser.
Ernte: Juni–Oktober. Die Sommersorten tragen Früchte an 2-jährigen, Herbstsorten an 1-jährigen Trieben; abgetragene Triebe nach der Ernte jeweils bodennah abschneiden.
Verwendung: Früchte für Frischverzehr, Dessert, Kuchen, Gelee, Marmelade, Saft, Rote Grütze, Bowle, Likör, Rumtopf.
Sorten/Arten: **Sommersorten rot:** 'Elida', 'Schönemann', 'Rumiloba', 'Rubaca', 'Rutrago'; **gelb:** 'Golden Queen'; **schwarz:** *Rubus occidentalis* 'Black Jewel'. **Herbstsorten** (meist madenfrei) **rot:** 'Autumn Bliss', 'Polka', 'ZEFA 3'; **gelb:** 'Fallgold'.

Brombeere

Rubus fruticosus

J F M A M J J A S O N D

Höhe: 3–4 m | **Platzbedarf:** 1,5 × 1,5 m

Familie: Rosengewächse
Standort: Locker, humos, feucht, nicht zu nass, nährstoffreich, windgeschützt.
Anbau/Pflege: An Drähten/Spalier bis 1,6 m ziehen; im August Seitentriebe auf 3 Knospen kürzen; Kompost geben, mulchen.
Bestäubung: Selbstbefruchtend, trotzdem besser verschiedene Sorten pflanzen.
Ernte: Juli–Oktober. Früchte an den 2-jährigen Trieben, diese nach der Ernte abschneiden und als Winterschutz im Spalier hängen lassen.
Verwendung: Früchte für Frischverzehr, Gelee, Marmelade, Saft, Wein, Rumtopf, Likör.
Sorten: 'Navaho Early': Juli–Oktober, schmale Wuchsform, stachellos; 'Theodor Reimers': Juli–Oktober, stachelig; 'Chester Thornless' und 'Black Satin': August–Oktober, stachellos, geschmacklich nicht so gut wie 'Theodor Reimers'; 'Loch Ness': stachellos, gutes Aroma; 'Loch Tay': stachellos, früh reifend, ertragreich, guter Geschmack.

Vorkultur Aussaat Pflanzung Sonne Halbschatten Schatten lagerfähig

Taybeere

Rubus fruticosus × Rubus idaeus

J	F	M	A	M	J	J	A	S	O	N	D

Höhe: 1,5–2 m | **Platzbedarf:** 1 × 1,5 m

Familie: Rosengewächse
Standort: Locker, humos, nährstoffreich, windgeschützt, ausreichend feucht, keine Staunässe.
Anbau/Pflege: Bei Pflanzung Basisknospen 5 cm mit Erde bedecken, 5–6 kräftige Triebe an 2–3 Spanndrähten bis zur Höhe von 1,8 m ziehen; im August Seitentriebe der Ranken auf 3 Knospen einkürzen; mulchen, Kompost geben; in rauen Gegenden Winterschutz (Reisig) ratsam.
Bestäubung: Selbstbefruchtend, trotzdem besser verschiedene Sorten pflanzen.
Ernte: Juni–August. Wenn die Früchte an 2-jährigen Trieben sich weinrot ausfärben; ihr volles Aroma entfalten die Beeren erst, wenn sie vollreif sind; also unbedingt warten, bis sie sich wirklich dunkelrot verfärbt haben (ganz sicher können Sie sein, wenn sich das Fruchtfleisch einfach vom Zapfen abziehen lässt); idealerweise täglich ernten, da die Beeren sehr weich sind und überreife Exemplare schnell abfallen; abgeerntete Triebe bodennah abschneiden und als Winterschutz im Strauch lassen.
Verwendung: Früchte für Frischverzehr, Gelee, Marmelade, Fruchtsoße, Saft, Rumtopf; roh manchmal etwas fade schmeckend.
Werden die Früchte nicht sofort verzehrt oder verarbeitet, friert man sie am besten ein. Selbst im Kühlschrank halten sie nicht lange.
Sorten: 'Medana Tayberry': stachelig, hocharomatisch; 'Buckingham Tayberry': stachellos, hocharomatisch, starkwüchsig.

Heidelbeere & Co.

Kultur-Heidelbeere, Garten-Heidelbeere, Amerikanische Heidelbeere

Vaccinium corymbosum

J	F	M	A	M	J	J	A	S	O	N	D

Höhe: 1–1,5 m | **Platzbedarf:** 1 × 1,5 m

Heidel- oder Blaubeeren, die süß-säuerlichen Waldfrüchte, wurden früher zur Hochsommerzeit eimer- oder milchkannenweise gesammelt. Ganze Familien zogen hinaus und waren stundenlang in mühseliger Arbeit beschäftigt, ansehnliche Mengen der kleinen Beeren zu pflücken. Finger, Zähne, Sammelgerätschaften und nicht selten auch die Kleidung färbten sich dabei tief dunkelviolett. Da haben wir es heutzutage etwas einfacher.
Die Kultur-Heidelbeere, eine Züchtung aus der amerikanischen »Schwester« unserer heimischen Wald-Heidelbeere *(Vaccinium myrtillus)*, wird etwa seit dem Beginn des 20. Jahrhunderts auch bei uns angebaut. Die starkwüchsigen Sträucher gedeihen bei entsprechender Bodenvorbereitung auch im Hausgarten. Ihre Beeren sind größer, zahlreicher und ihr Saft ist nicht färbend. Ihr Aroma ist vorzüglich und lediglich der Gehalt an gesundheitswirksamen Inhaltsstoffen, wegen derer die Wald-Heidelbeere auch in der Heilkunde verwendet wurde, ist in den Kultur-Heidelbeerfrüchten deutlich geringer. Großmutters »Geheimrezept« gegen Durchfall bestand nämlich oft aus getrockneten Wald-Heidelbeeren, von denen mehrmals täglich ein Teelöffel voll gekaut werden sollte. Beide Heidelbeerarten sowie auch ihre Verwandten, die Preiselbeere *(Vaccinium vitis-idaea)* und die Rauschbeere *(Vaccinium uliginosum)*, lieben sauren Boden. Im Garten sorgen Sie daher am besten mit Rindensubstraten, Laub- und Nadelstreu oder -kompost und Rhododendron-Fertigdünger für die passenden Verhältnisse.

Familie: Heidekrautgewächse
Standort: Humos, nicht sehr nährstoffreich, gut durchlüftet, sandig, durchlässig, kalkarm, sauer (pH-Wert 4–5), ausreichend feucht.
Anbau/Pflege: Herbstpflanzung vorteilhaft, Gemisch aus Sand, Laub- oder Rindenkompost ins Pflanzloch geben, nicht zu tief pflanzen, Wurzelballen 1–2 cm aus der Erde ragen lassen, 10–15 cm mit Rindenmulch anhäufeln; mulchen; nach ersten 3–4 Jahren regelmäßig auslichten; Früchte erscheinen an 1-jährigen Trieben; im März oder nach der Ernte alte Triebe entfernen, 5–8 Triebe je Strauch sind günstig; im April und nach der Ernte mit Kompost und Rhododendrondünger (chloridfrei!) düngen; 3–5 Wochen vor Ernte gut wässern; werden Blätter gelb, ist der Boden zu basisch (weniger anspruchsvolle Sorte wählen).
Befruchtung: Selbstbefruchtend, aber ertragreicher, wenn mind. 2 Sorten gepflanzt werden.
Ernte: Juli–September. Früchte einzeln abpflücken, wenn sie sich am Stielansatz tiefblau färben. Hauptertrag nach ca. 5 Jahren Standzeit.
Verwendung: Früchte für Frischverzehr, Marmelade, Kuchenbelag, Saft, Wein.
Sorten: 'Reka', 'Berkeley', 'Goldtraube', 'Heerma', 'Ama', 'Bluetta': reichliche Ernte schon nach 1–2 Jahren; 'Sunshine Blue': schwachwüchsig, gut für Topfkultur, auch auf weniger sauren Böden; 'Blue Berry' und 'Bluecrop': starkwüchsige »Trauben-Heidelbeeren«, auch für normale Gartenböden.

Vorkultur Aussaat Pflanzung Sonne Halbschatten Schatten lagerfähig

Maibeere, Sibirische Blaubeere, Blaue Heckenkirsche, Blaue Honigbeere

Lonicera caerulea var. *kamtschatica*

J	F	M	A	M	J	J	A	S	O	N	D

Höhe: 1–1,5 m | **Platzbedarf:** 1 × 1,5 m

Familie: Geißblattgewächse
Standort: Humos, durchlässig, leicht bis (mittel-) schwer, leicht sauer bis leicht kalkhaltig.
Anbau/Pflege: Bei Pflanzung die Triebe auf etwa 5 Knospen/Trieb einkürzen; ca. 5-jährige Triebe im März oder nach Ernte bis zum Boden zurückschneiden; jedes Jahr 3–4 neue Triebe stehen lassen, 8–12 Triebe von 1–4 Jahren sind günstig; mulchen; im Frühling mit Kompost versorgen; extrem winterhart, frühblühend (März), Blüten bis –8 °C frosthart, Holz angeblich bis –45 °C.
Befruchtung: Teils selbstbefruchtend, aber besserer Ertrag, wenn 2 verschiedene Sorten gepflanzt werden.
Ernte: Mitte Mai–Mitte Juni. Beeren einzeln abpflücken.
Verwendung: Früchte für Frischverzehr, Gelee, Marmelade, Fruchtdesserts, Saft, Kompott, Kuchenbelag; Geschmack heidelbeerähnlich, sehr Vitamin-C-reich.
Sorten: 'Maistar', 'Mailon', 'Morena', 'Fialka', 'Amur'.

Schwarze Apfelbeere, Kahle Apfelbeere, Lenzbeere, Schwarze Eberesche

Aronia melanocarpa

J	F	M	A	M	J	J	A	S	O	N	D

Höhe: 1,5–2 m | **Platzbedarf:** 2 × 1 m

Familie: Rosengewächse
Standort: Humos, durchlässig, etwas feucht.
Anbau/Pflege: Pflanzung im Herbst oder Frühling; mulchen; im Frühling Kompost einarbeiten; bei Trockenheit wässern; alle 2–3 Jahre die kräftigsten Zweige um ein Drittel kürzen, alle 5 Jahre ältesten Trieb komplett entfernen; bildet viele Ausläufer, die zur Vermehrung abgetrennt werden können; anspruchslos, frosthart (angeblich bis –35 °C); schöne Herbstfärbung.
Befruchtung: Selbstbefruchtend, aber besserer Ertrag, wenn 2 verschiedene Sorten gepflanzt werden.
Ernte: August–Oktober. Herb-säuerliche Früchte vollreif glänzend; in ganzen Dolden.
Verwendung: Früchte für Kompott, Marmelade, Fruchtdesserts, Saft; vitaminreich.
Sorten/Arten: 'Viking', 'Hugin': ertragreich; 'Nero', 'Rubina': süßlich-frisch, ertragreich, etwas schwachwüchsiger; Filzige Apfelbeere *(Aronia arbutifolia)*: rotfrüchtig, für feuchtere Böden, geschützte Standorte.

Wein & Kiwi

Tafeltraube

Vitis vinifera

J F M A M J J A S O N D

Höhe: 2–6 m | **Platzbedarf:** 1,5 × 2 m

Familie: Weinrebengewächse
Standort: Humos, durchlässig, nicht staunass oder extrem trocken, nährstoffreich, etwas kalkhaltig, warm, (wind-)geschützt.
Anbau/Pflege: Gut als frei stehendes oder Wandspalier nach Süden, Südosten oder Südwesten ausgerichtet, Spalier mind. 20 cm Abstand von Wänden und Mauern; späte Frühlingspflanzung ratsam, schräg einpflanzen, Veredlungsstelle 3–4 cm über Bodenniveau, 2–3 kräftige Triebe belassen, jeweils auf 2–3 Augen einkürzen; Kompostdüngung; mulchen; im Juli nicht tragende Triebe und Laub kürzen, damit Früchte ausreichend besonnt werden, evtl. Früchte mit Netzen vor Vogelfraß schützen; regelmäßiger Schnitt im Februar/März (→ Seite 33).
Befruchtung: Selbstbefruchtend.
Ernte: August–Oktober. Erste Ernte ab 3. Standjahr. Ganze Trauben mit Stiel abschneiden.
Verwendung: Frischverzehr, Kuchen, Saft, Wein.
Sorten: **Blaue Tafeltrauben:** ‘Blauer Portugieser’: mittelgroße Früchte, süß, stark wachsend, ertragreich, für warme, trockene Lagen; ‘Regent’: mittelgroße Früchte, auch rauere Lagen, mehltautolerant; ‘Boskoop‘s Glorie’: auch rauere Lagen, mehltauresistent; ‘Dornfelder’: große, aromatische Beeren, stark wachsend, sehr ertragreich, nicht zu trocken; ‘Muskat Bleu’: fast kernlos, auch rauere Lagen, mehltauresistent; ‘Magdalena’: große, kernlose Beeren, mehltautolerant. **Weiße Tafeltrauben:** ‘Königin der Weingärten’: große, süße Beeren mit Muskat-Aroma, sehr stark wachsend, sehr ertragreich, nicht zu kalkhaltig; ‘Weißer Gutedel’: große, süße Beeren, würziges Aroma, mittelstark wachsend, ertragreich; ‘Bianca’: mehltauresistent, sehr ertragreich; ‘Zala Gyöngye’: mehltauresistent. **Rote Tafeltrauben:** Chamäleon-Traube ‘Piroschka’: Beeren zuerst rot, dann grün, dann wieder rosafarben; ‘Roter Gutedel’: mittelgroße, süße Beeren, sehr würzig, mittelstark wachsend, Standort nicht zu trocken. **Gelbe Tafeltrauben:** ‘Lakemont’: kernlos, besonders langtraubig, mehltautolerant; ‘Phoenix’: starkwüchsig, ertragreich, mehltauresistent, sehr frosthart.

Vorkultur Aussaat Pflanzung Sonne Halbschatten Schatten lagerfähig

Großfrüchtige Kiwi, Chin. Strahlengriffel

Actinidia chinensis, Syn. Actinidia deliciosa

J F M **A** M J J A S **O** **N** D

Höhe: 4–8 m | **Platzbedarf:** 3 × 5 m

Familie: Strahlengriffelgewächse
Standort: Humos, tiefgründig, nährstoffreich, ausreichend feucht, leicht sauer, nicht kalkhaltig, geschützt.
Anbau/Pflege: Für (wind-)geschützte SO- oder SW-Wände, späte Frühlingspflanzung ratsam; in den ersten Jahren Winterschutz mit Stroh/Fichtenreisig unbedingt notwendig; empfindlich gegen Sonnenbrand; Kompost im Frühling und Juni, Schnitt im März (→ Seite 34/35).
Befruchtung: Mindestens 2 Sorten pflanzen, da nicht selbstfruchtbar; für 6 weibliche reicht dann 1 männliche Pflanze.
Ernte: Oktober–November. Erste Ernte ab 4. Standjahr. Spätestens kurz vor dem Frost ernten.
Verwendung: Früchte für Frischverzehr, Marmelade, Kuchen, Bowle. Gut ausgereifte Früchte im Kühlschrank oder Lager 5–6 Monate haltbar.
Sorten: Weibliche Sorten: 'Bruno', 'Hayward': für Weinbauklima; **männliche Befruchter-Sorten:** 'Matua', 'Tomuri'; **selbstbefruchtend:** 'Oriental Delight', relativ winterfest; 'Jenny'.

Mini-Kiwi, Japanische Stachelbeere, Scharfzähniger Strahlengriffel

Actinidia arguta

J F **M** **A** M J J A S **O** **N** D

Höhe: 1,5–3 m | **Platzbedarf:** 1,5 × 2 m

Familie: Strahlengriffelgewächse
Standort: Humos, tiefgründig, leicht sauer bis leicht kalkhaltig, ausreichend feucht.
Anbau/Pflege: Robuster als Großfrüchtige Kiwi, gut an O- oder W-Wänden, extrem frosthart (bis –30 °C); späte Blüte nicht spätfrostgefährdet; Kompostgaben im Frühling; alle 2–3 Jahre auslichten, alte Triebe entfernen.
Befruchtung: Meistens nicht selbstbefruchtend, daher mindestens 2 Sorten pflanzen; dann gibt es auch bei selbstbefruchtenden Sorten einen besseren Fruchtansatz.
Ernte: September–Oktober. Erste Ernte ab 3./4. Standjahr; glattschalige, maximal walnussgroße Früchte direkt vom Strauch pflücken.
Verwendung: Früchte (un-)geschält für Frischverzehr, Kuchen, Fruchtdessert, Gelee, Marmelade, Saft, Wein, Bowle; bei 2–6 °C gelagert sind die Früchte 8–12 Wochen haltbar.
Sorten: Weibiche Sorten: 'Weiki': sehr frosthart, 'Maki': rote Früchte; **männliche Befruchter-Sorte**: 'Nostino'; **selbstbefruchtend:** 'Issai'.

Erdbeeren

Es gibt wohl kaum eine andere Frucht, die dermaßen den Inbegriff sommerlicher Süße repräsentiert, wie die Erdbeere. Und wer kennt nicht die Kindheitserinnerungen vom selbstvergessenen Naschen im sonnenwarmen Garten mit dem Geschmack zuckersüßer Erdbeeren auf der Zunge?

Im Juni und Juli ist Bücken gefragt – jetzt sind die Erdbeeren reif.

DIE BEERE, DIE GAR KEINE IST ...

Dabei ist die großfrüchtige Garten-Erdbeere, wie wir sie heute kennen und schätzen, erst um 1750 herum durch Kreuzung verschiedener amerikanischer Arten entstanden. Schon lange zuvor sammelte man jedoch die kleinen, wilden Wald-Erdbeeren, die schon während der Steinzeit auf dem Speiseplan standen. Im Mittelalter kultivierte man sie auf großen Flächen und praktizierte bereits Methoden zur Ernteverfrühung, um sie über einen möglichst langen Zeitraum hinweg genießen zu können. Ihr botanischer Name *Fragaria,* der sich vom lateinischen »fragare« – »duften« ableitet, ist um 1330 erstmals belegt. Wussten Sie, dass das, was Sie vom sommerlichen Erdbeerbeet naschen, gar keine Beere ist? Botanisch gesehen ist die Erdbeere eine »Sammelnussfrucht«. Was wir verzehren, ist der fleischig verdickte Blütenboden. Erdbeeren gedeihen auf den meisten Gartenböden, wenn Sie diese vor der Pflanzung mit reichlich Kompost (5 l/m²) düngen, denn die süßen Früchte sind hungrige Nährstoffvertilger. Haben Frühkartoffeln oder früher Lauch bis Ende Juli die Beete geräumt, setzen Sie dort Erdbeerpflanzen. Jungpflanzen ziehen Sie ganz leicht aus Ausläufern der letztjährigen Pflanzen (→ Seite 64/65).

DIE »GANZJAHRES-ERDBEERE«

Als Kulturform der wilden Wald-Erdbeere ist durch Züchtung die nahezu »dauertragende« Monats-Erdbeere entstanden, die kontinuierlich vom Frühsommer bis zum Herbst Früchte bildet. Die meisten Sorten treiben keine Ausläufer und sind weniger krankheitsanfällig als die Garten-Erdbeeren. Deren Früchte sind zwar deutlich größer, aber die der Monats-Erdbeeren sind dafür äußerst wohlschmeckend, mit dem einzigartigen Aroma wilder Wald-Erdbeeren. Sie können sie mehrere Jahre auf demselben Platz wachsen lassen, dann bilden sie bald einen dichten Teppich. Pflanzen Sie verschiedene Sorten von Garten- und Monats-Erdbeeren, dann haben Sie die ganze Vegetationsperiode über »Erdbeeren satt«!

Erdbeere

Fragaria × ananassa

J F M A M J J A S O N D

Saattiefe: 0,3 cm | **Pflanzabstand:** 40 × 25 cm

Familie: Rosengewächse
Standort: Humos, leicht sauer, nährstoffreich, feucht.
Anbau/Pflege: Pferdemist im Herbst vor dem Pflanzen einarbeiten; Boden tiefgründig lockern, zur Pflanzung und nach Ernte Kompost einarbeiten; Herzknospe hoch setzen; 2-mal tragende Sorten im September pflanzen; mulchen; Früchte mit Stroh unterlegen; im Juni/Juli Ausläufer abnehmen, nach der Ernte Blätter abschneiden; Herzknospe stehen lassen, gut gießen; Standort alle 2–3 Jahre wechseln; 4 Jahre Anbaupause.
Gute Partner: Buschbohne, Knoblauch, Lauch, Zwiebel.
Befruchtung: Meist selbstbefruchtend, besser jedoch 2 Sorten.
Ernte: Juni–Juli (Oktober). Früchte mit Kelchblättern.
Verwendung: Kuchen, Marmelade, Dessert.
Sorten: 'Elsanta': nur leichte Böden; 'Senga Sengana': fruchtbare Böden; 'Tenira': blüht über dem Laub, daher kaum Grauschimmel; 'Königin Luise': über 100 Jahre alte Sorte; 'Hummi': Klettererdbeere, bis 1,5 m hoch. 2-mal tragende Sorten: 'Evita', 'Mrak', 'Ostara', 'Thuriga'.

Monats-Erdbeere

Fragaria vesca var. semperflorens

J F M A M J J A S O N D

Saattiefe: 0,3 cm | **Pflanzabstand:** 25 × 30 cm

Familie: Rosengewächse
Standort: Nährstoffreich, humos, durchlässig, nicht zu trocken.
Anbau/Pflege: Bildet keine Ranken/Ausläufer, anspruchslos; gut als Beeteinfassung; nach Pflanzung gut wässern; mit Kompost düngen, auch nach der Ernte; mulchen; Laub nach der Ernte abschneiden.
Gute Partner: Buschbohne, Zwiebel, Dill, Knoblauch, Melde, Ringelblume, Petersilie, Lauch.
Befruchtung: Selbstbefruchtend, aber besserer Fruchtansatz und Ertrag bei 2 Sorten.
Ernte: Juni – Oktober. Reife Früchte mit Kelchblättern pflücken. (Mai–Juni. Junge Blätter für Tee verwenden.)
Verwendung: Früchte für Frischverzehr, Marmelade, Kuchenbelag, Bowle, Fruchtdesserts; Blätter frisch oder getrocknet für Teemischung.
Sorten/Arten: 'Rügen', 'Alexandria', 'Falstaff', 'Evita', 'Mara des Bois'. Rot blühende Sorten: 'Camara', 'Red Panda': bilden Ausläufer. Wald-Erdbeere 'Reine des Vallees' *(Fragaria vesca)* und Weißfrüchtige Wald-Erdbeere 'Fructo Alba': fruchten Mai–Juli.

Kernobst

Apfel

Malus domestica

J	F	M	A	M	J	J	A	S	O	N	D

Höhe: 5–8 m | **Platzbedarf:** 5 × 4 m

Familie: Rosengewächse
Standort: Humusreich, lehmig, feucht.
Anbau/Pflege: Bei wenig Platz schwach wachsende Sorten und niedrige Baumformen (Buschbaum) wählen oder als frei wachsendes Spalier ziehen; Boden vor der Pflanzung tiefgründig lockern; fachgerechte Schnittmaßnahmen durchführen (→ Seite 34/35); bei Hitze regelmäßig wässern; Baumscheibe mulchen.
Befruchtung: Eine andere Sorte als Pollenspender pflanzen, damit Blüten auch ausreichend befruchtet werden. Gute Pollenspender für viele andere Sorten sind z. B. 'Goldparmäne', 'Cox Orange', 'James Grieve', 'Gloster'.
Ernte: Juli–Oktober/November. Früchte mit Stiel, wenn sich dieser leicht löst, einzeln von Hand oder mit Apfelpflücker; für die direkte Verarbeitung zu Saft oder Wein auch vom Baum schütteln.
Verwendung: Früchte für Frischverzehr, Kuchen, Kompott, Apfelmus, Gelee, Saft, Wein, Bratäpfel, Dörrobst.
Sorten: Sommersorten 'Weißer Klarapfel': zum baldigen Verzehr, pflückreif Juli/August, robust; 'Piros': gut haltbar, pflückreif Juli/August; 'Jamba': zum baldigen Verzehr, pflückreif ab August; 'James Grieve': etwas haltbar, pflückreif ab August; 'Retina': gut haltbar, pflückreif September/Oktober, besonders krankheitsresistent; 'Summerred': für nährstoffreiche Böden und mildes Klima, pflückreif September/Oktober.
Herbstsorten 'Roter Herbstkalvill': »Erdbeer-/Himbeerapfel«, pflückreif ab Ende September, genussreif ab Oktober; 'Jakob Fischer': starkwüchsig, pflückreif ab September, haltbar bis November, robust; 'Geheimrat Oldenburg': pflückreif September, haltbar bis November; 'Gravensteiner': starkwüchsig, pflückreif ab September, haltbar bis Dezember; 'Elstar': pflückreif ab Ende September, genussreif ab Oktober, haltbar bis Januar; 'Florina': pflückreif ab Oktober, haltbar bis Januar; 'Prinz Albrecht von Preußen': pflückreif September, genussreif ab November, haltbar bis Januar, robust; 'Berner Rosenapfel': starkwüchsig, pflückreif ab Ende September, genussreif ab November, haltbar bis Februar.
Wintersorten 'Goldparmäne': pflückreif ab September, genussreif ab Oktober, haltbar bis Januar; 'Weißer Winterglockenapfel': für nährstoffreiche Böden und mildes Klima, pflückreif ab Oktober, genussreif ab Januar, haltbar bis Februar; 'Kaiser Wilhelm': pflückreif September/Oktober, genussreif ab Dezember, haltbar bis März, robust; 'Berlepsch': pflückreif ab Oktober, genussreif ab November, haltbar bis März; 'Bittenfelder': starkwüchsig, selbstfruchtbar, pflückreif Oktober/November, genussreif ab Dezember, haltbar bis März, gut für Apfelsaft, robust; 'Cox Orange': sehr guter Pollenspender, pflückreif ab Mitte September, genussreif ab Oktober, haltbar bis März; 'Roter Boskoop': starkwüchsig, pflückreif ab Oktober, genussreif ab Dezember, haltbar bis April; 'Jonagold': pflückreif ab Oktober, genussreif ab November, haltbar bis Mai; 'Korbiniansapfel': robust, pflückreif ab Ende Oktober, genussreif ab Dezember, haltbar bis Mai; 'Gloster': pflückreif Oktober, genussreif ab November, haltbar bis Mai; 'Rheinischer Bohnapfel': pflückreif ab Ende Oktober, genussreif ab November, haltbar bis Juni, gut für Apfelsaft.

Vorkultur   Aussaat   Pflanzung   Sonne   Halbschatten   Schatten   lagerfähig

Apfelvielfalt: 1. 'Berlepsch', 2. 'Klarapfel', 3. 'Jonagold', 4. 'Roter Boskoop', 5. 'James Grieve'.

Birne

Pyrus communis

J F M A M J J A S O N D

Höhe: 2–8 m | **Platzbedarf:** 3 × 4 m

Wie der Apfel ist die Birne ein alter Kulturbegleiter des Menschen, dessen Verwendung sich weit zurückverfolgen lässt. Vor bereits 7000 Jahren wurden in China Äpfel, Pfirsiche und Birnen angebaut und veredelt. Im großen Epos der griechischen Mythologie, der »Odyssee«, werden Birnen als »Geschenk der Götter« gepriesen. So entstanden bald viele verschiedene Birnensorten. Im antiken Rom kannte man rund 40 Sorten, im 17. Jahrhundert in Frankreich waren es schon an die 300, und im 19. Jahrhundert zählte man 1000 verschiedene Sorten. Die derzeitige Anzahl an Birnensorten weltweit wird auf etwa 5000 geschätzt.

Familie: Rosengewächse
Standort: Humos, tiefgründig, nährstoffreich, lehmig, warm, geschützt.
Anbau/Pflege: Bei wenig Platz schwach wachsende Sorten und niedrige Baumformen (Buschbaum) wählen oder als Wandspalier ziehen, am Spalier reifen die Früchte auch besser aus; Boden vor der Pflanzung tiefgründig lockern, fachgerechte Schnittmaßnahmen durchführen (→ Seite 32/33); bei Hitze regelmäßig wässern; Baumscheibe mulchen.
Befruchtung: Eine andere Sorte als Pollenspender pflanzen, damit die Blüten ausreichend befruchtet werden; gute Pollenspender für viele Sorten sind z. B. 'Frühe aus Trevoux', 'Köstliche aus Charneu', 'Madame Verte'.
Ernte: August–Oktober (November). Früchte mit Stiel, wenn sie sich bei leichter Drehung lösen, einzeln von Hand oder mit Apfelpflücker.
Verwendung: Früchte für Frischverzehr, Kompott, Früchtedessert, Saft, Kuchen, Dörrobst, Likör, Wein.
Sorten: Sommersorten 'Williams Christbirne': pflück-/genussreif ab Mitte August/Anfang September, bis Ende Oktober genussreif; 'Frühe aus Trevoux': pflück-/genussreif ab August, nur 2–3 Wochen haltbar; 'Stuttgarter Geißhirtle': pflückreif Ende August, genussreif bis September.
Frühherbstsorten 'Gellerts Butterbirne': pflückreif ab Anfang September, genussreif bis Oktober; 'Gute Luise': pflückreif ab Anf./Mitte September, genussreif ab Ende September, haltbar bis Januar.
Herbstsorten 'Conference': pflück-/genussreif ab September, etwas lagerfähig (bis Oktober), wenn sie noch hart gepflückt wird; 'Condo': pflückreif ab September, genussreif Oktober bis Dezember; 'Charles Ernest': pflückreif September/Oktober, haltbar bis November (→ Bild li.); 'Köstliche aus Charneu': pflück- und genussreif ab Mitte Oktober, haltbar bis Anfang November; 'Alexander Lucas': pflückreif ab September/Oktober, zum Lagern (bei ca. 0,5 °C) grün ernten, haltbar bis Januar; 'Jules d'Airolles': pflückreif ab Oktober, etwas lagerfähig, haltbar bis Dezember.
Wintersorten 'Pastorenbirne': pflückreif ab Oktober, genussreif Dezember/Januar, für warme Standorte; 'Gräfin von Paris': pflück-/genussreif November, haltbar bis Januar; 'Nordhäuser Forellenbirne': pflückreif ab Oktober, genussreif ab Ende November, haltbar bis Januar, auch für rauere Lagen; 'Madame Verte': pflückreif Oktober, genussreif ab Dezember, haltbar bis Februar.

Vorkultur Aussaat Pflanzung Sonne Halbschatten Schatten lagerfähig

Birnenvielfalt: 1. 'Conference', 2. 'Jules d'Airolles', 3. 'Williams Christbirne', 4. 'Nordhäuser Forellenbirne'.

Quitte & Mispel

Quitte

Cydonia oblonga

J F **M A** M J J A S **O N** D

Höhe: 2–5 m | **Platzbedarf:** 3 × 5 m

Die Nachweise für erste vom Menschen kultivierte Quittenbäume sind etwa 4000 Jahre alt und stammen aus dem Kaukasus. Auch in Griechenland kannte man das aromatische Obst und die Römer brachten es mit ins »wilde« Germanien. Bei unseren Großmüttern waren Quitten beliebt. Sie verarbeiteten die apfel- oder birnenförmigen Früchte zu aromatischen Produkten wie Likör, Gelee, Mus oder Quittenbrot. Zuvor erfüllten sie Keller und Kammern bis zu 10 Wochen lang mit ihrem Duft, den sie während des Nachreifens und Lagerns verströmten.

Familie: Rosengewächse
Standort: Humos, durchlässig, tiefgründig, leicht sauer, nicht zu trocken, etwas lehmig, warm.
Anbau/Pflege: Frühlingspflanzung vorteilhaft, Pflanzschnitt und gelegentliches Auslichten des alten Holzes ausreichend; Baumscheibe mit halb verrottetem Kompost mulchen, im Sommer mit Kapuzinerkresse bepflanzen. Eher kaliumarm düngen, sonst kann Fleischbräune (braune Flecken innen) auftreten.
Befruchtung: Einige Sorten selbstbefruchtend, andere nicht, daher im Bedarfsfall eine weitere Sorte pflanzen.
Ernte: September–Oktober. Rechtzeitig vor dem Frost, wenn sich die Früchte von gold- nach zitronengelb umfärben und einen Teil des filzigen Belags verlieren (glänzend werden); sollten bei der Ernte trocken sein; für Saft eher später ernten, für Marmelade, Gelee eher früher.
Verwendung: Früchte nur gekocht genießbar; 2–4 Wochen im Haus nachreifen, vor der Verarbeitung Flaum mit einem Tuch abreiben; gute Gelierfähigkeit; mit oder ohne Schale für Kompott, Mus, Marmelade, Gelee, Quittenbrot, Saft mit Äpfeln oder Birnen gemischt, Likör.
Sorten: **Apfelquitten** (frosthärter, Früchte aromatischer, härter, Fruchtfleisch trockener) 'Konstantinopeler': sehr aromatisch, gute Frosthärte, selbstunfruchtbar (→ Bild 2 o.); 'Riesenquitte von Leskovacz': sehr große, späte Früchte, weißfleischig, selbstunfruchtbar. **Birnenquitten** (Früchte weicher, saftiger, etwas weniger aromatisch) 'Champion': reift am frühesten, kleine Früchte, sehr frosthart (→ Bild 1 o.); 'Riesenquitte von Vranja': frühreifend, weißfleischig, selbstunfruchtbar; 'Bereczki-Quitte': frostempfindlich, starkwüchsig, reich tragend; 'Portugiesische': gelbfleischig, Fruchtfleisch wird beim Kochen rot, sehr aromatisch, frostempfindlich.

Vorkultur | Aussaat | Pflanzung | Sonne | Halbschatten | Schatten | lagerfähig

Mispel

Mespilus germanica

J F M A M J J A S O N D

Höhe: 2–6 m | **Platzbedarf:** 3 × 5 m

Die Mispel, ein mittlerweile nahezu unbekanntes Obst, war im Mittelalter in Süd- und Mitteleuropa weit verbreitet. Der kleine Baum mit den pelzig-braunen Früchten stammt aus Vorderasien, Südost- und Südeuropa. Im Zuge der römischen Besiedelung nach Mitteleuropa gebracht, eroberte das unproblematische Obstgehölz im Mittelalter Kloster- und Bauerngärten. Kaiser Karl der Große (742–814 n. Chr.) ordnete dessen Anbau auf seinen Landgütern an. Die Früchte, vor dem Frost hart und nahezu ungenießbar, wurden auch »Steinäpfel« genannt. Aufgrund ihres hohen Gerbstoffanteils waren sie begehrt, da sie die Trübung von Wein, Apfel- und Birnenmost verringerten und deren Haltbarkeit verbesserten.
Zum Rohgenuss oder zur Verarbeitung zu Marmelade oder Kompott eignen sich die bitter-herben Früchte erst nach den ersten Nachtfrösten oder einer »Nachreife«-Lagerung. Dabei werden die Gerbstoffe abgebaut und es entsteht ein weiches, aromatisch-fruchtiges Obst. Legen Sie die Mispelfrüchte zum Nachreifen mit der Kelchöffnung nach unten einschichtig in luftige Kisten und stellen sie an einen kühlen Ort. Ausgereift halten sie sich nur begrenzt und verlieren schnell wertvolle Inhaltsstoffe. Die Volksmedizin schätzte die braunen »Steinäpfel« ebenfalls. Aufgrund ihrer Inhaltsstoffe wirken sie harntreibend und adstringierend und galten als Heilmittel bei Verdauungsstörungen. Hildegard von Bingen (1098–1179) empfahl das spätreifende Obst roh oder gedünstet als »wärmende«, aufbauende Kost in der Rekonvaleszenz. Die Mispelbäume oder -sträucher wachsen oft etwas krumm und schief; Einzelexemplare erreichen dennoch zuweilen ein Alter von 100 Jahren und mehr. Zur Blütezeit ist der Strauch eine wahre Zierde, denn dann ist er mit zahlreichen weißen Blüten übersät, die im Durchmesser bis zu 5 cm groß sind.

Familie: Rosengewächse
Standort: Locker, durchlässig, warm, trocken, aber auch leicht feucht, lehmig, etwas kalkhaltig.
Anbau/Pflege: Frühlingspflanzung vorteilhaft; als Heckenstrauch bzw. kleiner Blütenbaum; sehr robust, anspruchslos; gelegentlich altes Holz etwas auslichten.
Befruchtung: Selbstbefruchtend
Ernte: Ende Oktober–November Braune, behaarte Früchte erst nach Frosteinwirkung pflücken; werden dann weich und süß-säuerlich; alternativ hart pflücken und 10–14 Tage lagern.
Verwendung: Früchte roh und gekocht für Kompott, Marmelade, Gelee, Saft, Mus, gut auch zusammen mit Äpfeln; Kuchen, Likör; sehr reich an Pektin, deshalb gute Gelierfähigkeit.
Sorten: 'Ungarische': Wuchs strauchartig, schwach, frühreifend (September), sehr ertragreich; 'Nottingham': mittelstark wachsend, frühreifend, gelbliche Früchte mit dunklem Fleisch, für feuchtere Böden; 'Holländische Großfruchtige': starkwüchsig, ertragreich, große, aromatische Früchte, lorbeerähnliche Blätter; 'Kernlose': mittelstark wachsend, ertragreich, kleine, wohlschmeckende, kernlose Früchte; 'Macrocarpa': starkwüchsig, großfrüchtig; 'Royal': Wuchs strauchartig, mittelstark, ertragreich.

Kirschen

Die süßesten Kirschen müssen nicht immer in Nachbars Garten wachsen, wie ein Sprichwort uns glauben machen will. Süß- und Sauerkirschbäume, die beide hinsichtlich ihrer Bodenansprüche recht genügsam sind, gedeihen auf fast jedem Grundstück. Süßkirschen verlangen allerdings viel Platz.

VON FRÜCHTEN UND KERNEN

Die Abkömmlinge der wild wachsenden Vogelkirsche können gut 10 m hoch und noch höher werden. Mittlerweile hat die Züchtung jedoch auch schwächer wachsende Süßkirschen-Unterlagen ('Gisela', 'Weiroot') entwickelt, auf denen die Bäume im »Hausgarten-geeigneten« Format bleiben. Weitere Vorteile der kleineren Gehölze: Schnittmaßnahmen, das Anbringen von Vogelschutznetzen und schließlich auch die Ernte gestalten sich damit wesentlich einfacher. Damit ein Baum ausreichend Kirschen ansetzt, muss eine geeignete Pollenspendersorte im Umkreis von etwa 30–50 m wachsen, die zur selben Zeit blüht. Sprechen Sie sich daher vor einer Neupflanzung mit den Nachbarn ab; im besten Fall können Sie dann auch von einem einzelnen Baum reichlich ernten. Unsere Großmütter sammelten zur Kirschenzeit nicht nur die reifen Früchte, sondern auch deren Kerne. Ausgekocht und getrocknet wurden sie für sogenannte Kirschkernkissen in etwa 30 × 20 cm große Stoffbeutel eingenäht. Diese können wie eine Wärmflasche benutzt werden, nachdem sie etwa 10–15 Minuten im Backofen bei maximal 150 °C aufgeheizt wurden. Umwickeln Sie das Kissen vorher mit Alufolie, dann wird der Stoff nicht braun.

Ein Meer von weißen bis zartrosa Blüten schmückt den Kirschbaum im Frühling.

DIE KIRSCHE FÜR DIE TORTE

Im Gegensatz zur Süßkirsche, die im mitteleuropäischen Raum schon während der Steinzeit verzehrt wurde, stammt die Sauerkirsche ursprünglich aus Südwestasien und wurde in Europa erst im Mittelalter bekannt. Daraufhin trat sie aber recht schnell ihren Siegeszug durch Kloster- und Bauerngärten an, da sie sich hervorragend zu aromatischem Saft, Wein, Kompott und verschiedenen Süßspeisen verarbeiten lässt. Auch für »die« deutsche Kuchenspezialität, die Schwarzwälder Kirschtorte, sind die aromatisch-säuerlichen Früchte unerlässlich. Wichtig beim Verarbeiten: Der stark färbende Saft mancher Sauerkirschsorten (Morellen) hinterlässt hartnäckige Flecken.

Für eine wohlverdiente Atempause im Garten: lauschiger Sitzplatz unter dem blühenden Kirschbaum.

Süßkirsche

Prunus avium subsp. *duracina* (Knorpelkirsche) und *Prunus avium* subsp. *juliana* (Herzkirsche)

J F M A M J J A S O N D

Höhe: 2–10 m | **Platzbedarf:** 4 × 5 m

Familie: Rosengewächse
Standort: Humos, locker, sandig-lehmig, durchlässig, warm, nahrhaft, tiefgründig, kalkhaltig, nicht staunass.
Anbau/Pflege: Sachgerechter Pflanzschnitt, gelegentlich kurz nach Ernte auslichten; Holz und Blüte spätfrostempfindlich, Stämme im Winter gegen Frostrisse kalken, für Frostlagen spätblühende Sorten wählen.
Befruchtung: Gute Pollenspender für andere Sorten: 'Hedelfinger', 'Schneiders Späte Knorpelkirsche', 'Van'.
Ernte: Mai–Juli. Früchte mit Stiel.
Verwendung: Früchte für Frischverzehr, Gelee, Kuchen, Saft; knackige »Knorpelkirschen« platzen bei viel Regen eher als weiche »Herzkirschen«.
Sorten: 'Kassins Frühe Herzkirsche': dunkel, Mai/Juni; 'Burlat': rote Knorpelkirsche, Mai/Juni; 'Frühe Rote Meckenheimer': dunkle Herzkirsche, Juni; 'Große Schwarze Knorpel': schwarzrot, Juli; 'Van': dunkle Knorpelkirsche, Juli; 'Dönissens Gelbe Knorpelkirsche': Juli/August.

Sauerkirsche, Weichsel

Prunus cerasus

J F M A M J J A S O N D

Höhe: 2–10 m | **Platzbedarf:** 2,5 × 5 m

Familie: Rosengewächse
Standort: Durchlässig, sandig-lehmig, nicht staunass, warm, tiefgründig.
Anbau/Pflege: Platzsparend als Spalier oder Buschbaum; Herbstpflanzung vorteilhaft, sachgerechter Pflanzschnitt; regelmäßig dünne, nach innen wachsende und abgeerntete, herabhängende Zweige nach der Ernte entfernen; Baumscheiben mulchen; sehr frosthart.
Befruchtung: Die meisten Sorten sind selbstbefruchtend; ein guter Pollenspender für viele selbstunfruchtbare Sorten ist 'Schattenmorelle'.
Ernte: Juli–August. Früchte ohne Stiel pflücken oder Stiele mit einer Schere abschneiden.
Verwendung: Früchte für Frischverzehr, Gelee, Kuchen, Saft, Rote Grütze, Likör, Wein; Fruchtfleisch weich, daher bei Regen kaum aufplatzend.
Sorten: 'Ludwigs Frühe': hellrot, Mai/Juni, Saft färbt nicht; 'Morellenfeuer': schwarzrot, Juli; 'Karneol': dunkelrot, Juli; 'Köröser Weichsel': rotbraun, Juli/August; 'Schattenmorelle': dunkelrot, Juli/August, moniliaanfällig (Monilia bewirkt Fruchtfäule und/oder Spitzendürre).

Vorkultur · Aussaat · Pflanzung · Sonne · Halbschatten · Schatten · lagerfähig

Erntezeit: Kirschen gehören zu den größten Köstlichkeiten des Sommers.

Pflaume & Co.

Haben Sie sich das beim Anblick der süßen Frucht auch schon manchmal gefragt: Pflaume oder Zwetschge, oder ist es vielleicht sogar eine Reneklode? Die Früchte dieser eng miteinander verwandten Rosengewächse sind nicht immer leicht auseinanderzuhalten.

DIE UNTERSCHIEDE

Pflaumen haben eine gelbe, rot- oder blauviolette Haut, sind meist groß und rund und haben immer eine »Fruchtnaht«, eine Art Längskerbe auf einer Seite der Frucht.

Ein gutes »Zwetschgenjahr« bedeutet fleißig sammeln und verarbeiten.

Die blauen Zwetschgen hingegen sind länglich und kleiner als Pflaumen. Ihr Fleisch ist meist fest, weniger schmelzend und sie haben keine »Naht«. Mirabellen sind gelb, kugelrund und etwa kirschgroß. Sie sind oft auf der Sonnenseite leicht rötlich. Auch Renekloden sind rund, aber deutlich größer als Mirabellen und ihre Haut ist gelbgrün bis violettrot.

Alle Pflaumenverwandten sind relativ anspruchslos, was den Boden betrifft, mögen aber gerne warme und etwas windgeschützte Plätze. Stammen sie doch vermutlich aus Kleinasien, von wo die Früchte etwa 150 v. Chr. mit den Römern auf deren Kriegszügen nach Italien kamen. Von dort verbreiteten sie sich in ganz Europa. Ein römischer Dichter empfahl: »Nimm Pflaumen für des Alters morsche Last, denn sie pflegen zu lösen den hart gespannten Bauch.«

Pflaumen gelten schon seit jeher als gesundes Abführmittel. Denn sie enthalten reichlich an den wasserlöslichen Pflanzenstoffen Pektin und Zellulose. Jedoch sollten Sie die süßen Sommerfrüchte auch nicht im Übermaß verspeisen: Ein Zuviel an Pektin und Zellulose kann den Genuss mit Magendrücken und Blähungen verderben.

Pflaumen und ihre Verwandten enthalten viele wichtige Mineralien und Spurenelemente wie beispielsweise Calcium, Eisen, Kalium, Zink und Phosphor. Sie gehören zwar nicht zu den wichtigsten Vitaminlieferanten, doch weisen sie neben Provitamin A die Vitamine B1, B2, C und E auf. Außerdem enthalten die Früchte Flavonoide, Fruchtsäure und Pektin.

Pflaume

Prunus domestica subsp. *italica*

J F **M A** M J J A S **O N** D

Höhe: 3–8 m | **Platzbedarf:** 4 × 5 m

Familie: Rosengewächse
Standort: Humos, mittelschwer, sandig-lehmig, etwas feucht, warm.
Anbau/Pflege: Herbstpflanzung vorteilhaft; sachgerechter Pflanzschnitt; gelegentlich direkt nach Ernte oder im März/April auslichten.
Befruchtung: Viele Sorten selbstbefruchtend; Schlehen, Zierpflaumen und 'Mirabelle von Nancy' können ebenfalls als Pollenspender dienen.
Ernte: Juli–September. Etwa 2 Wochen nach der Blaufärbung Früchte einzeln ohne Stiel pflücken.
Verwendung: Früchte für Frischverzehr, Kompott, Pflaumenmus, Saft.
Sorten: 'Ruth Gerstetter': groß, oval, dunkelblau, Juli, warmer Standort; 'Ontariopflaume': rund, grüngelb, August, selbstbefruchtend; 'The Czar': groß, oval, schwarzblau, sehr saftig und süß, August, selbstbefruchtend; 'Opal': rotviolett, hellblau bereift, August, selbstbefruchtend (→ Bild li. u.); Königin Victoria: Sehr groß, gelb, aromatisch und saftig, August/September, selbstfruchtbar.

Zwetschge, Zwetsche

Prunus domestica subsp. *domestica*

J F **M A** M J J A S **O N** D

Höhe: 3–8 m | **Platzbedarf:** 4 × 5 m

Familie: Rosengewächse
Standort: Humose, sandig-lehmige, durchlässige, warme, gut durchlüftete, etwas feuchte Böden.
Anbau/Pflege: Sachgerechter Pflanzschnitt, gelegentlich auslichten.
Befruchtung: Viele Sorten sind selbstbefruchtend; Schlehen können als Pollenspender dienen.
Ernte: Juli–Oktober. Früchte einzeln ohne Stiel pflücken/abschütteln.
Verwendung: Früchte für Frischverzehr, Kuchen, Kompott, Dörrobst, Saft. Frühsorten meist nur für Frischverzehr.
Sorten: 'Ersinger Frühzwetsche': mittelgroß, länglich-oval, blau, süß-säuerlich, Juli/August; 'Hanita': sehr groß, ertragreich, August/September; 'Hauszwetschge': oval, süß, ideal für jede Verwendung, selbstfruchtbar, nur in Scharka-freien (Viruserkrankung) Gebieten pflanzen, September (→ Bild re. u.); 'Anna Späth': rundlich-oval, groß, süß, September/Oktober; 'President': sehr groß, oval, blaurot, Oktober, nur sehr warme Standorte.

kann man einfrieren | kann man trocknen | kann man einmachen und einlegen | Topfkultur möglich

Mirabelle

Prunus domestica subsp. *syriaca*

J F M A M J J A S O N D

Höhe: 2–6 m | **Platzbedarf:** 4 × 5 m

Familie: Rosengewächse
Standort: Sandig-lehmig, durchlässig, gut durchlüftet, leicht, etwas feucht; geschützter, wärmer als Pflaumen.
Anbau/Pflege: Herbstpflanzung vorteilhaft, sachgerechter Pflanzschnitt notwendig; gelegentlich direkt nach der Ernte oder im März/April auslichten.
Befruchtung: Die Sorten sind zum Teil selbstbefruchtend.
Ernte: August–September. Bei viel Regen können die Früchte platzen.
Verwendung: Die Früchte eignen sich für den Frischverzehr sowie für Kompott, Marmelade, Gelee, Chutney, Kuchen, Saft und Likör. Mirabellen enthalten viel Betacarotin – die Vorstufe vom Vitamin A – sowie Vitamin C und B-Vitamine und Kalium.
Sorten: 'Mirabelle von Nancy': süß, groß, gelb, selbstbefruchtend, guter Pollenspender (→ Bild u.); 'Miragrande': saftig, groß, robust, September.

Reneklode, Reneclaude, Ringlotte

Prunus domestica var. *claudiana*

J F M A M J J A S O N D

Höhe: 2–8 m | **Platzbedarf:** 4 × 5 m

Familie: Rosengewächse
Standort: Humos, sandig-lehmig, durchlässig, etwas feucht; wärmer als Pflaumen.
Anbau/Pflege: Herbstpflanzung vorteilhaft, sachgerechter Pflanzschnitt; gelegentlich auslichten; Baumscheiben jährlich mit Kompost mulchen (5–8 cm).
Befruchtung: Teils selbstbefruchtend; Schlehen, (Zier-)Pflaumen und Zwetschgen können als Pollenspender dienen.
Ernte: August–September. Bei viel Regen können die Früchte platzen.
Verwendung: Früchte hauptsächlich für Frischverzehr, Kompott, Marmelade, Saft.
Sorten: 'Oullins Reineclaude': groß, saftig, süß, gelb bis grünlich-gelb, selbstbefruchtend, frosthart, auch ungünstige Lagen, August; 'Große Grüne Reneclaude': groß, rund, gelbgrün, sehr aromatisch, fest, saftreich, frosthart, August/September; 'Graf Althanns': groß, rund, gelbgrün, saftig, würzig, süß, August/September.

Die pflegeleichte Reneklode 'Graf Althanns' begeistert mit ihren aromatischen Früchten.

Aprikose & Pfirsich

Pfirsiche und Aprikosen in unseren Breiten aus dem eigenen Garten zu ernten war schon immer etwas Besonderes. Kein Wunder, denn die wärmeliebenden Bäume bevorzugen Weinbauklima oder ausgesprochen geschützte Gartenplätze. Doch zum Glück gibt es auch einige äußerst robuste Sorten.

»EINE HAUT WIE EIN PFIRSICH ...«

Pfirsiche stammen ursprünglich aus China, wo man sie bereits vor 4000 Jahren kultivierte. Sie galten dort als Symbol der Unsterblichkeit. Ob daher wohl der Vergleich jugendlich-frischer Haut mit der eines Pfirsichs stammt? Über Persien und Griechenland gelangte die süße, weichhäutige, samtige Frucht nach Mitteleuropa. Es gibt Sorten mit gelbem, weißem oder mit rötlichem Fruchtfleisch, wobei viele weißfleischige Pfirsiche in klimatisch weniger begünstigten Gegenden robuster und gesünder sind. Im Gegensatz zum Pfirsich ist man sich bei der Aprikose nicht so sicher, woher sie ursprünglich stammt. Vielleicht wurde auch sie zuerst in China angebaut und kultiviert, aber auch Indien oder Armenien kommen als mutmaßliche Heimat in Betracht. So bedeutet ihr botanischer Name übersetzt auch »Armenische Pflaume«. Große, typische Anbaugebiete gibt es schon seit Langem in der Ungarischen Tiefebene. Aus Aprikosen oder Marillen, wie sie auch genannt werden, werden verschiedene, insbesondere traditionell ungarisch-österreichische kulinarische Spezialitäten hergestellt wie Marillenknödel, Marillenschnaps, Marillenessig oder die mit Marillengelee gefüllte Sachertorte.

Zuckersüß werden Pfirsiche und Aprikosen an warmen Plätzen.

»MARZIPAN« AUS APRIKOSENKERNEN?

Selbst die Kerne von Pfirsich und Aprikose werden nicht verschmäht. Im Inneren der Steinkerne der Früchte befinden sich nämlich mandelförmige Samen mit bittermandelähnlichem Geschmack. Da diese Samen relativ viel giftige Blausäure enthalten, sollte man sie nur in Maßen verwenden. Jedoch ein oder zwei zerstoßene Kerne zu Kompott, eingelegten Pfirsichen oder auch Aprikosen hinzugefügt, verleihen den Erzeugnissen ein einzigartiges, an Marzipan erinnerndes Aroma. Als Zutat für verschiedenes Gebäck wird – ähnlich wie Marzipan – sogar eine eigens aus Pfirsich- oder Aprikosenkernen und Zucker hergestellte Masse verwendet, das sogenannte Persipan.

Aprikose, Marille

Prunus armeniaca

J F M A M J J A S O N D

Höhe: 2–4 m | **Platzbedarf:** 3 × 5 m

Familie: Rosengewächse
Standort: Humos, tiefgründig, sandig-lehmig, ausreichend feucht, durchlässig; warm, windgeschützt.
Anbau/Pflege: Gut an leicht geneigten Nordhängen, vor Mauern, Wänden und als Spalier; Frühlingspflanzung vorteilhaft, kräftiger Rückschnitt nach der Pflanzung, ansonsten wenig schneiden; mit reichlich Kompost mulchen; im Winter Stämme kalken, Blüte frostgefährdet; bei Wandspalieren im Frühling Sonnenschutz, damit sie nicht so früh austreiben.
Befruchtung: Meist selbstbefruchtend.
Ernte: Juli–August. Die Früchte einzeln von Hand pflücken.
Verwendung: Früchte für Frischverzehr, Kuchen, Kompott, Marmelade, Gelee, Saft, Likör.
Sorten: 'Mombacher Frühe': mittelgroß, goldgelb, saftig, Juli; 'Aprikose von Nancy': groß, länglich, rotbackig, gelb, selbstbefuchtend, relativ frosthart, August; 'Ungarische Beste': mittelgroß, rund, gelb mit roten Backen, sehr frosthart, August; 'Mino': rotfrüchtig, platzfest, robust, relativ frosthart, August.

Pfirsich

Prunus persica

J F M A M J J A S O N D

Höhe: 2–6 m | **Platzbedarf:** 3 × 5 m

Familie: Rosengewächse
Standort: Humos, durchlässig, tiefgründig, nahrhaft, kalkreich, ausreichend feucht; warm, windgeschützt.
Anbau/Pflege: Frühlingspflanzung vorteilhaft; regelmäßiger Schnitt im Frühling, da Früchte an letztjährigen Trieben; Blüte frostgefährdet, bei Spalieren im Frühling Sonnenschutz, damit sie nicht so früh austreiben; Kompostgaben, wässern zur Fruchtausbildung; weißfleischige Sorten weniger anfällig für Kräuselkrankheit.
Befruchtung: Meist selbstbefruchtend, besser 2 Sorten.
Ernte: Juli–September. Früchte einzeln von Hand pflücken, wenn sie duftend, ausgefärbt und weich sind.
Verwendung: Früchte für Frischverzehr, Marmelade, Kompott, Saft.
Sorten: 'Früher Roter Ingelheimer': weißfleischig, auch raue Lagen, Juli; 'Dixired': gelbfleischig, August. Weißfleischig, robust, selbstbefruchtend: 'Revita': August/September; 'Roter Ellerstädter', Syn. 'Kernechter vom Vorgebirge': September.

kann man einfrieren | kann man trocknen | kann man einmachen und einlegen | Topfkultur möglich

Wildobst

Wildfrüchte, wie Kornelkirschen und Ebereschen, stellten früher eine willkommene Bereicherung des Speiseplans dar, selbst wenn es oft viel Zeit in Anspruch nahm, die kleinen Früchte zu pflücken oder an schwer zugänglichen Orten zu sammeln. Manche wurden roh verzehrt, andere musste man erst verarbeiten.

Im Frühjahr hüllt sich die Felsenbirne in ein weißes Blütenkleid.

»KORNELLEN« UND VOGELBEEREN

Kornelkirschen begegnet man häufig in Gärten, Parks, Grünanlagen oder Feldhecken. Ihre Verwendung als schmackhaftes Wildobst ist uralt, wie ihre Kerne, die man in stein- und bronzezeitlichen Pfahlbauten in Südeuropa entdeckte, deutlich belegen.

Im Altertum diente ihr hartes Holz zur Herstellung von Lanzen und Speeren und auch das sagenhafte »Trojanische Pferd« wurde angeblich aus Kornelkirschholz gebaut.

In Deutschland kultiviert man den Strauch seit dem Beginn des Mittelalters, insbesondere in den Gärten der Benediktinerklöster. Dort wurden die süßsauren »Kornellen« nicht nur zu Kompott und Saft verarbeitet, sondern bei Gicht als Heilmittel empfohlen und aus den Kernen Rosenkränze gefertigt.

Die eingekochten Früchte der Eberesche hingegen schätzte man vor allem aufgrund ihres hohen Vitamin-C-Gehalts als bewährtes Mittel gegen Skorbut, einer bereits im Altertum gefürchteten Vitaminmangelkrankheit.

Die Vogelbeeren dürfen allerdings nicht roh verzehrt werden, da die in ihnen enthaltene Parasorbinsäure Magenschmerzen auslöst. Gekocht wird dieser Stoff allerdings abgebaut und die Früchte sind dann problemlos genießbar. In der Pflanzenmagie diente die Eberesche als Schutz vor Behexung und Unwetter.

Kornelkirsche, Herlitze, Dürlitze, Tierlibaum

Cornus mas

J	F	M	A	M	J	J	A	S	O	N	D

Höhe: 3–5 m | **Platzbedarf:** 3 × 3 m

Familie: Hartriegelgewächse
Standort: Locker, durchlässig, kalkhaltig, sandig-kiesig, Lehm/Ton.
Anbau/Pflege: Für gemischte Hecken oder einzeln; Frühlingspflanzung günstig; kein regelmäßiger Schnitt nötig, gelegentlich alte Äste auslichten.
Befruchtung: Die Kornelkirsche ist selbstbefruchtend.
Ernte: August–September. Früchte vollreif ernten, wenn sie dunkelrot geworden sind; einzeln pflücken oder abschütteln.
Verwendung: Säuerliche Früchte für Frischverzehr, für Marmelade, Gelee, Kompott, Kuchen, Saft und Eis. Getrunken wird der Saft der Kornelkirsche übrigens vorwiegend in Südosteuropa, wo er unter den Namen »Scherbet« oder »Hoschaf« bekannt ist.
Sorten: 'Alba': weißfrüchtig; 'Flava': gelbfrüchtig; 'Macrocarpa', 'Devin' und 'Jolico': besonders großfrüchtig.

Eberesche, Vogelbeerbaum

Sorbus aucuparia

J	F	M	A	M	J	J	A	S	O	N	D

Höhe: 8–15 m | **Platzbedarf:** 3 × 4 m

Familie: Rosengewächse
Standort: Mager bis nährstoffreich, trocken bis feucht, sauer, humos.
Anbau/Pflege: Als mehrstämmiger Baum oder Kronenform (Hochstamm) erhältlich; kein regelmäßiger Schnitt nötig, höchstens gelegentlich alte Äste auslichten.
Befruchtung: Selbstbefruchtend.
Ernte: September–Oktober. Orangerote Beeren in ganzen Dolden; erst nach Frosteinwirkung, vorher säuerlich-bitter.
Verwendung: Früchte mit einer Gabel von den Dolden streifen; nur gekocht verwenden, für Saft, Gelee, Konfitüre, ähnlich wie Preiselbeergelee zu Wildgerichten.
Sorten/Arten: 'Rosina': großfrüchtig; 'Konzentra': Vitamin-C-reich; Mährische Eberesche *(Sorbus aucuparia* var. *moravica)*: kaum bitter, sehr Vitamin-C-reich und säurearm, auch für Rohgenuss; Speierling *(S. domestica)*: wärmeliebend, verwandte Art mit sehr gerbstoffreichen Früchten.

Schwarzer Holunder, Holler, Holderbusch, Flieder

Sambucus nigra

J F M A M J J A S O N D

Höhe: 4–10 m | **Platzbedarf:** 4 × 4 m

Früher drohten in manchen Gegenden drastische Strafen, wenn man ohne Not einen Holunder fällte. Wahrscheinlich, weil der Busch als Wohnstatt der guten Hausgeister angesehen wurde, die Haus und Hof beschützten.
Man glaubte, im Holunder, der am Zaun wuchs, auch die Grenze oder ein Tor zur »Anderswelt«, dem Reich der Geister und Fabelwesen, zu erkennen. Den Baum der »Frau Holle« nannte man ihn, deren Beschreibung in Grimms Märchen möglicherweise auf eine germanisch-keltische Göttin zurückgeht. Noch viele weitere Geschichten ranken sich um den Holunder, in denen er den Menschen immer wohlgesinnt ist. Nicht zuletzt kommt dies in den schmackhaften und gesunden »Produkten« zum Ausdruck, die aus seinen Blüten und Früchten hergestellt werden können. Vorsicht beim Verarbeiten: Der Saft der Beeren hinterlässt dauerhafte Flecken auf Kleidungsstücken!
Die Samen der reifen Beeren enthalten den Stoff Sambunigrin, der in größeren Mengen gesundheitsschädlich wirkt. Essen Sie die Früchte daher nicht roh und halten Sie bei der Verarbeitung unbedingt die angegebenen Temperaturen und Kochzeiten ein.

Familie: Moschuskrautgewächse
Standort: Lehmig-tonig, mittelschwer, stickstoffreich, kalkhaltig, etwas feucht.
Anbau/Pflege: Gut in gemischten, frei wachsenden Hecken oder einzeln; alle 3–4 Jahre alte starke Äste an der Basis abschneiden; regelmäßig mit Kompost versorgen.
Befruchtung: Selbstfruchtbar.
Ernte: Mai–Juli. Ganze Blütendolden mit Stiel. August–September. Dunkel gefärbte Beeren als Dolde mit Stiel.

Verwendung: Blütendolden für Limonade, Sekt, Sirup, in Teig ausgebacken, getrocknet für einen schweißtreibenden Erkältungstee. Beeren mit einer Gabel von den Dolden streifen, für Saft, Kompott, Gelee, immer ausreichend lange erhitzen, keine größeren Mengen roh verzehren.
Sorten/Arten: 'Haschberg': großfrüchtig; 'Black Beauty': dunkles, rotbraunes Laub und rosafarbene Blütendolden; 'Laciniata': geschlitztblättrig, schwachwüchsiger als die Art; *Sambucus nigra* var. *albida*: weißfrüchtig, Beeren ohne färbenden Saft; Roter Holunder *(Sambucus racemosa)*: rote Beeren, die wie die Beeren des Schwarzen Holunders verwendet werden können; Hirsch-, Zwergholunder/Attich *(Sambucus ebulus)*: schwarze, giftige Beeren.

Hundsrose, Hagrose, Heckenrose

Rosa canina

J F M A M J J A S O N D

Höhe: 2–3 m | **Platzbedarf:** 3 × 3 m

In vielen Kulturen galten Rosen als Pflanzen der Liebe, der Frauen und der Schönheit. Sie waren die Blumen der Göttinnen wie Aphrodite, Venus oder Freya. Einst war es auf dem Land Brauch, nach einer gut verlaufenen Geburt die Nachgeburt unter einem wilden Rosenbusch zu vergraben, der der Fruchtbarkeitsgöttin Freya geweiht war. Die Früchte der Wildrose sollten vor Behexung schützen. Wenn Milch aus unerklärlichen Gründen sauer wurde – »verhext« war –, schlug die Bauersfrau mit einem Zweig voller Hagebutten ins Feuer, um den Zauber zu bannen.
Später wurde die Rose Begleiterin und Symbol der Gottesmutter Maria und schmückte Kirchen und Altäre. Auch der angeblich tausendjährige Rosenstock am Hildesheimer Dom ist eine Hundsrose. Da eine Einzelpflanze aus dem Wurzelstock immer wieder neue Triebe bilden kann, kann sie tatsächlich mehrere Hundert Jahre alt werden.
Nicht zuletzt schätzte man die Wildrose wegen ihrer vitaminreichen Früchte. Das Vitamin C der Hagebutten liegt in stabiler Form vor, die beim Erwärmen nicht so leicht zerstört wird. Daher ist

Hagebuttentee aus den getrockneten Früchten ein bewährtes Mittel gegen Erkältungskrankheiten und zur Stärkung des Immunsystems.

Familie: Rosengewächse
Standort: Tiefgründig, steinig bzw. sandig, gerne lehmig.
Anbau/Pflege: Gut in gemischten, frei wachsenden Blütenhecken, auch einzeln; im Februar/März vor dem Austrieb starke alte Triebe auslichten, d. h. bodennah abschneiden; regelmäßig mit Kompost versorgen.
Befruchtung: Selbstfruchtbar.
Ernte: Mai–Juni. Blüten. September–Oktober. Rote Hagebutten.
Verwendung: Früchte roh, gekocht oder getrocknet für Gelee, Konfitüre (»Hiffenmark«), Saft, Likör, Wein, Tee; auch Blüten frisch oder getrocknet für Sirup und Tee.
Sorten/Arten: ‘Kiese’: kräftig dunkelrosafarbene Blüten mit gelber Mitte; Pillnitzer Vitaminrose ‘PI-RO 3’: einfache, große, rosafarbene Blüten, länglich-ovale Früchte, Vitamin-C-reich, üppiger Fruchtansatz; Apfel-/Kartoffelrose ‘Hansa’ *(Rosa rugosa)*: große, gefüllte, pinkfarbene Blüten, breitrunde, fleischige Früchte (→ Bild, Seite 290); Schottische Zaunrose/Weinrose *(Rosa rubiginosa)*: große, einfache, rosafarbene Blüten, längliche, borstige Früchte.

Die kugeligen, fleischigen Früchte der Kartoffelrose sind schmackhaft und enthalten viel Vitamin C.

Kupfer-Felsenbirne

Amelanchier lamarckii

J F M A M J J A S O N D

Höhe: 3–8 m | **Platzbedarf:** 3 × 3 m

KENNEN SIE DEN »ROSINENBAUM«?

Während Kornelkirsche und Eberesche typisch europäische Gewächse sind, stammt die Kupfer-Felsenbirne ursprünglich aus Nordamerika. Ihre Früchte und die einer weiteren, nahe verwandten Art nutzen die kanadischen Indianer schon seit mindestens 3000 Jahren als Wildobst. Im 18. Jahrhundert führte man die Pflanze in unseren Breiten ein. Bald wurde sie als Obstgehölz recht häufig angebaut. Es dauerte nicht lange und der Strauch eroberte vielerorts auch die heimische Natur, wo er neben der kleineren Europäischen Felsenbirne *(Amelanchier ovalis)* auch wild wachsend anzutreffen ist. Die Früchte lassen sich sehr gut trocknen, was dem Gewächs den Namen »Rosinenbaum« eingebracht hat.

Familie: Rosengewächse
Standort: Humos, trocken bis leicht feucht, sandig-kiesig, kalkhaltig.
Anbau/Pflege: Meist als mehrstämmiger Strauch, aber auch als Kronenform (Hochstamm) erhältlich; gut in gemischten, locker wachsenden Hecken oder einzeln stehend; kein regelmäßiger Schnitt nötig, höchstens gelegentlich alte Äste auslichten; evtl. Beeren mit Netzen vor Vögeln schützen; sehr attraktive Herbstfärbung.
Befruchtung: Selbstbefruchtend.
Ernte: Juli–August. Blauschwarz ausgefärbte Beeren einzeln abzupfen.
Verwendung: Früchte frisch als Naschobst, für Kuchen, Marmelade. Geschmack ähnlich wie Heidelbeeren.
Sorten/Arten: 'Ballerina': großfrüchtig; 'Rubescens': weiß-rosafarbene Blüten; Kanadische Felsenbirne *(Amelanchier canadensis)* und Kahle Felsenbirne *(A. laevis)*: Gartenziergehölze, essbare Früchte; Gewöhnliche Felsenbirne *(A. ovalis)*: heimisches Wildgehölz.

Nüsse

Haselnuss

Corylus avellana

J F M A M J J A S O N D (Pflanzung: M, A, O, N) | Sonne | lagerfähig

Höhe: 5–7 m | **Platzbedarf:** 3 × 4 m

Vor 8000 bis 9000 Jahren, während der Mittleren Steinzeit, war der Haselstrauch das vorherrschende Gehölz in Mitteleuropa. Jäger und Sammler entdeckten die fettreichen, haltbaren Früchte, die zum wichtigen Bestandteil ihrer Ernährung wurden.
Auch die Germanen begegneten dem Strauch mit Hochachtung und fällten ihn nicht ohne Not. Haselruten wurden zu Zauberzwecken, zum Bannen böser Geister, als Grenzmarkierungen und Wünschelruten benutzt. Junge Brautpaare bewarf man mit Haselnüssen, um der Ehe Glück und viele Kinder zu wünschen.

Familie: Birkengewächse
Standort: Tiefgründig, nahrhaft, kiesig bis lehmig, leicht kalkhaltig, mäßig feucht.
Anbau/Pflege: Herbstpflanzung vorteilhaft; ca. alle 3 Jahre auslichten, starke alte Äste bodennah abschneiden, jeweils 5–8 Jungtriebe belassen, auch ein gelegentlicher Total-Rückschnitt auf den Stock wird vertragen. Flachwurzelnd. Gut als Schattenspender am Kompost.
Befruchtung: Nicht selbstbefruchtend; Befruchtung jedoch meist durch häufig vorkommende Wildhaselsträucher gesichert; bei Pflanzung von 2–3 Sorten ist reiche Fruchternte garantiert.
Ernte: September–Oktober. Früchte an den einjährigen Trieben; Nuss mit grünen Hüllblättern pflücken oder abschütteln, wenn die untere, unbedeckte Schalenhälfte braun wird; zum Lagern vollreif ernten (Nüsse lösen sich aus den Hüllen).
Verwendung: Grüne Hüllblätter entfernen und etwa 4 Wochen durchtrocknen, dann trocken lagern; Nüsse für Frischverzehr, Gebäck, Müsli.
Sorten/Arten: 'Wunder aus Bollweiler': sehr ertragreich, besonders in warmen Lagen (→ Bild, re. o.); 'Hall'sche Riesen': Früchte sehr groß, ertragreich; 'Rote Zellernuss': rotblättrig/-früchtig, groß, länglich (→ Bild, li. u.); Lambertsnuss 'Webb's Preisnuss' *(Corylus maxima)*: rotblättrig, Früchte sehr groß und länglich, mit langen Hüllblättern; Baumhasel *(C. colurna)*: baumförmig, die Nüsse in Büscheln.

Vorkultur | Aussaat | Pflanzung | Sonne | Halbschatten | Schatten | lagerfähig

Walnuss, Welschnuss

Juglans regia

J	F	M	A	M	J	J	A	S	O	N	D

Höhe: 12–25 m | **Platzbedarf:** 10 × 10 m

Die Walnuss oder »Welsche Nuss« gelangte vermutlich im Gepäck der Römer nach Mitteleuropa. Im Mittelalter wuchs der imposante Baum nahezu an jedem Gehöft, in jedem Kloster- und Obstgarten. Im Volksbrauchtum galt die Walnuss als Symbol der Fruchtbarkeit. Bei Hochzeiten warf der Bräutigam Walnüsse unter die Gäste, um damit den Kinderreichtum der Ehe zu sichern. Man pflanzte die Walnuss gerne als Hofbaum, konnte man doch unter ihrer ausladenden Krone im Sommer im Schatten sitzen und war dort meist auch unbehelligt von Insekten. Diese insektenabwehrende Wirkung wird den gerbstoffreichen Blättern zugeschrieben. Aus denen stellte man bereits in der Antike heilkundliche Extrakte her, die bei Durchfall, Wurmbefall, Wunden und Hautgeschwüren helfen sollten. Auch die äußere grüne, fleischige Fruchthülle der Nüsse wurde verwendet. Der in ihr enthaltene Stoff Juglon kann Stoff oder Holz eine dunkle bis schwarze Färbung verleihen. Zu Zeiten unserer Großmütter färbte man sich mit einem Sud aus grünen Walnussschalen sogar die Haare! Tragen Sie daher am besten Gummihandschuhe, wenn Sie grüne Walnüsse verarbeiten oder die grünen Hüllen von reifen Früchten entfernen. Ansonsten bleiben Ihre Hände und Finger tagelang schwarz!

Familie: Walnussgewächse
Standort: Humos, tiefgründig, nährstoffreich, kalkhaltig, ausreichend feucht, nicht staunass, warm.
Anbau/Pflege: Frühlingspflanzung vorteilhaft, sobald nicht mehr mit starken Frösten zu rechnen ist; veredelte Bäume pflanzen, da bessere Fruchtqualität und früherer Ertragsbeginn; gerne Südlagen, Blüte spätfrostgefährdet; Kompostdüngung; nur gelegentlicher Auslichtungsschnitt im Juli/August, da Bäume sonst stark »bluten«.
Befruchtung: Meist selbstbefruchtend.
Ernte: September–Oktober. Erste Ernte bei unveredelten Bäumen ab 15–20 Jahren, bei veredelten Sorten ab 3 Jahren; Nüsse nicht abschütteln, sondern warten, bis die grüne Hülle aufplatzt und sie abfallen; für Grünen Nusslikör um den 24. Juni mit grüner Fruchthülle ernten.
Verwendung: 3–5 Wochen lang trocknen, bis die Reste der grünen Fruchthülle gänzlich abgefallen sind; Nüsse für Frischverzehr, Gebäck, Müsli, Walnusslikör (Rezept, → Seite 69).
Sorten: 'Weinheimer Walnuss' (Klon Nr. 139): Ertrag früh einsetzend, für alle Lagen; 'Mars' ('Klon Nr. 26'): mittelstark wachsend, warme Lagen; 'Esterhazy II': guter Geschmack, sehr stark wachsend, warme Lagen; 'Weinsberg 1': schwächer wachsend, Ertrag früh einsetzend.

Ein wunderschöner Anblick: Dieser Nutzgarten ist nicht nur praktisch, sondern auch ein zauberhafter Blickfang.

So wehren Sie Schädlinge ab

SCHÄDLING	VORKOMMEN	SCHADBILD	MASSNAHMEN
APFELWICKLER	Apfel, Birne, Quitte	kleine rötliche Maden in den Früchten	▪ Obstmaden-Fanggürtel im Juni 20 cm über dem Boden um Stamm und Baumpfahl legen, im Oktober entfernen und entsorgen ▪ Pheromonfalle, die die Männchen anlockt, ab Anfang Juni zum Bestimmen der Schädlinge anbringen; anschließend Nützlinge einsetzen (Bacillus-thuringiensis-Präparate oder Trichogramma-dendrolimi-Schlupfwespe) ▪ ab Juni Fallobst aufsammeln und entsorgen
BLATTLÄUSE	Gemüse, Obstbäume	Befall meist an Triebspitzen, Blättern und Knospen; eingerollte, gekräuselte Blätter, verkrüppelte Früchte; kebrige Honigtauabsonderung, in der Folge oft Rußtaupilze (schwarzer Belag auf den Blättern)	▪ im Frühjahr mit scharfem Strahl kalten Wassers abspritzen ▪ mit unverdünntem Brennnessel-Kaltwasser-Auszug im Frühjahr und Sommer spritzen ▪ Schmierseifen-Spiritus-Lösung (Vorsicht: auch nützliche Insekten werden getötet!) von Frühjahr bis Herbst ▪ bei Befall mit Neem-Öl-Präparaten spritzen ▪ Nützlinge (Vögel, Raubkäfer, Schlupfwespen, Marienkäfer, Raubmilben, Flor-, Schweb- und Raupenfliegen) fördern!
ERDFLÖHE (bis zu 4 mm große, schwarz-gelb gestreifte Käfer)	Kreuzblütler wie z. B. Kohl, Kohlrabi, Radieschen, Rettich	1–2 mm große Löcher in den Blättern	▪ sofort nach dem Pflanzen (und nach jedem Regen erneut) Pflanzen mit Steinmehl bestäuben ▪ sofort nach dem Pflanzen Rainfarn-Brühe auf Pflanzen und Boden spritzen ▪ im April Beete mit Holunderblättern mulchen ▪ während der ganzen Kulturdauer Beete regelmäßig wässern, hacken, jäten, mulchen ▪ vorbeugend Mischkultur mit Spinat ▪ Nützlinge (Laufkäfer, Schlupfwespen, Spitzmaus) fördern!
FROSTSPANNER	Obstbäume	Kahlfraß durch grüne Raupen	▪ Ende September Leimringe in ca. 80–100 cm Höhe an Stamm und Baumpfahl anbringen, Mitte/Ende März entfernen und entsorgen ▪ Bacillus-thuringiensis-Präparate ab Ende April/Anfang Mai einsetzen (ab 15 °C) ▪ Nützlinge (Vögel, Laufkäfer, Raupenfliegen, Schlupfwespen) fördern!
KOHLFLIEGEN (ca. 1 cm lange, weiße Maden)	Kreuzblütler wie z. B. Kohl, Kohlrabi, Radieschen, Rettich	Fraßschäden an Wurzeln, Fraßgänge in Kohlstrünken und Rettichen	▪ nicht während der Eiablage Ende April bis Mitte Mai und Ende August bis Mitte September pflanzen ▪ Kohlpflanzen tief setzen und anhäufeln ▪ sofort nach dem Pflanzen um den Wurzelhals Kohlkragen anbringen oder einen Ring aus Holzasche oder Steinmehl ausstreuen ▪ Kulturschutznetze vor dem Auflaufen der Saat bzw. sofort nach dem Pflanzen anbringen ▪ Mischkultur mit Tomate und Sellerie
KOHLWEISSLING (Raupen)	Kohlarten	Blattfraß, die Blattrippen bleiben stehen	▪ Kulturschutznetze sofort nach dem Pflanzen (von April bis Sept.) anbringen ▪ Mischkultur mit Sellerie ▪ Anfang Juni Kapuzinerkresse als Abfangpflanze pflanzen ▪ Wermut-Tee vorbeugend von April bis September auf die Pflanzen spritzen, ebenso Steinmehl auf die Pflanzen stäuben

SCHÄDLING	VORKOMMEN	SCHADBILD	MASSNAHMEN
			▪ von April bis September Absammeln von Eiern (blattunterseits) und Raupen
LAUCHMOTTEN (ca. 8 mm große, gelbgrüne Raupen)	Lauch, Zwiebeln, Schnittlauch	Fraßgänge und -spuren an den Blättern	▪ im Mai/Juni Kulturschutznetze anbringen ▪ Mischkultur mit Möhren ▪ Rainfarn-Brühe ab Mai/Juni auf die Pflanzen gießen ▪ befallene Pflanzen und umgebende Erde sofort entfernen
MÖHRENFLIEGEN (ca. 8 mm große, gelbliche Maden)	Möhren, Pastinaken, Sellerie	Fraßgänge in den Wurzeln	▪ Aussaaten mit Rainfarn-Tee oder -Brühe gießen ▪ Mischkultur mit Zwiebeln oder Lauch ▪ Kulturschutznetze von April bis Juli anbringen ▪ Knoblauch-Zwiebel-Brühe von April bis Juli auf die Pflanzen spritzen ▪ Nicht mit Mist düngen!
NEMATODEN ODER WURZEL-ÄLCHEN (mikroskopisch kleine Fadenwürmer im Boden)	Kreuzblütler wie z. B. Kohl und Radieschen, Kartoffeln, Möhren, Tomaten, Erdbeeren	Tiere saugen an den Wurzeln und dringen in diese ein; Missbildungen an Wurzeln, Stängeln und Blättern	▪ bei Befall bzw. vorbeugend Studentenblumen und Ringelblumen zwischen die Kulturen pflanzen ▪ bei Befall Gründüngungsmischung »Gartendoktor« im Folgejahr auf befallenen Kulturflächen ansäen ▪ Anbaupausen (→ Porträts, ab Seite 146) einhalten, insbesondere bei Kreuzblütlern
SPINNMILBEN (Rote Spinne)	Auberginen, Gurken, Paprika, Bohnen, Obstbäume	Tiere auf der Blattunterseite; feines Gespinst; ausgesaugte Blätter sterben ab	▪ für hohe Luftfeuchtigkeit und gute Durchlüftung im Gewächshaus sorgen ▪ vorbeugend Pflanzen mit Zwiebelschalensud spritzen (wichtig: v. a. die Blattunterseiten behandeln!) ▪ bei Befall Pflanzen mit hartem Wasserstrahl abspritzen, anschließend mit Seifen-Spiritus-Lösung, Wermut- oder Rainfarn-Brühe oder mit Neem-Öl-Präparaten spritzen (wichtig: v. a. die Blattunterseiten behandeln!), Anwendung mehrmals im Laufe der folgenden 6 Wochen wiederholen ▪ befallene Pflanzenteile vernichten! ▪ Nützlinge (Raubwanzen, Schlupfwespen, Gallmücken, Florfliegen, Marienkäfer) fördern!
SCHILDLÄUSE	Obstbäume	braune (runde oder längliche) Schilde der Läuse auf Blättern und Ästen	▪ befallene Pflanzenteile abbürsten oder wegschneiden und entsorgen ▪ Nützlinge (Prospaltella-Zehrwespe) ausbringen ▪ Winter- oder Sommer-Öl (Paraffinöl) bei Temperaturen über 10 °C spritzen, wenn die Blätter gerade beginnen, sich zu entfalten ▪ Nützlinge (Marienkäfer, Schlupfwespen, Ohrenkneifer) fördern!
WEISSE FLIEGE (Mottenschildlaus)	Kohl, Tomaten	winzige weiße Insekten in Kolonien auf den Blattunterseiten; fliegen bei Berührung auf; Blätter klebrig	▪ Kulturschutznetze sofort nach dem Pflanzen anbringen ▪ bei Befall mehrmals mit Seifen-Spiritus-Lösung, Rainfarn-Brühe oder Neem-Öl-Präparaten spritzen (v. a. auch blattunterseits!) ▪ im Gewächshaus Nützlinge (Encarsia-Schlupfwespe) ausbringen
ZWIEBELFLIEGE (weiße Maden)	Knoblauch, Lauch, Zwiebeln	Fraßgänge bis ins Innere der Zwiebelknollen	▪ Kulturschutznetze von April bis September anbringen ▪ Mischkultur mit Möhren ▪ befallene Pflanzen vernichten!

Der Gemüse-Fahrplan

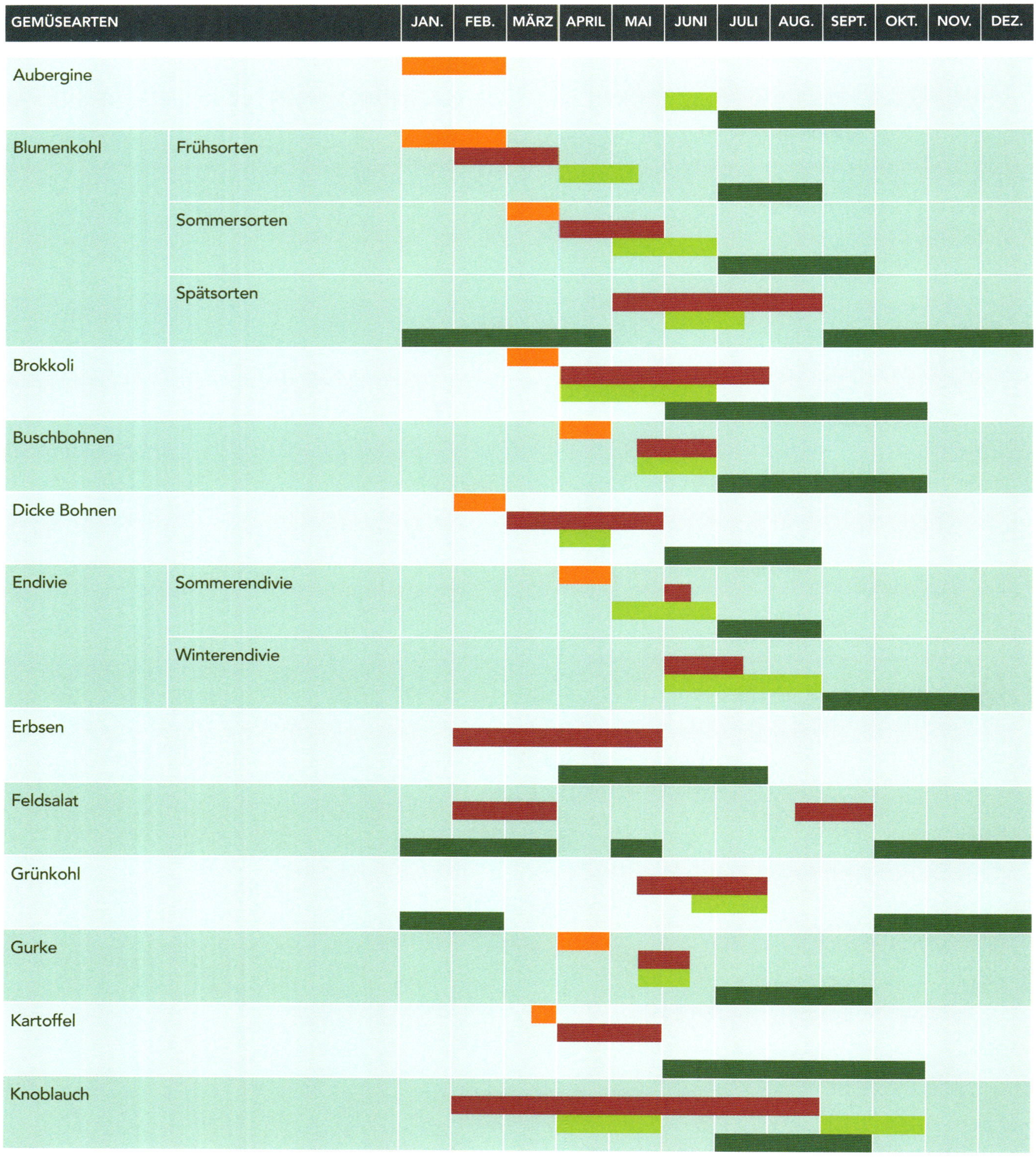

Vorkultur ■ möglicher Aussaatzeitraum ■ möglicher Pflanzzeitraum ■ möglicher Erntezeitraum

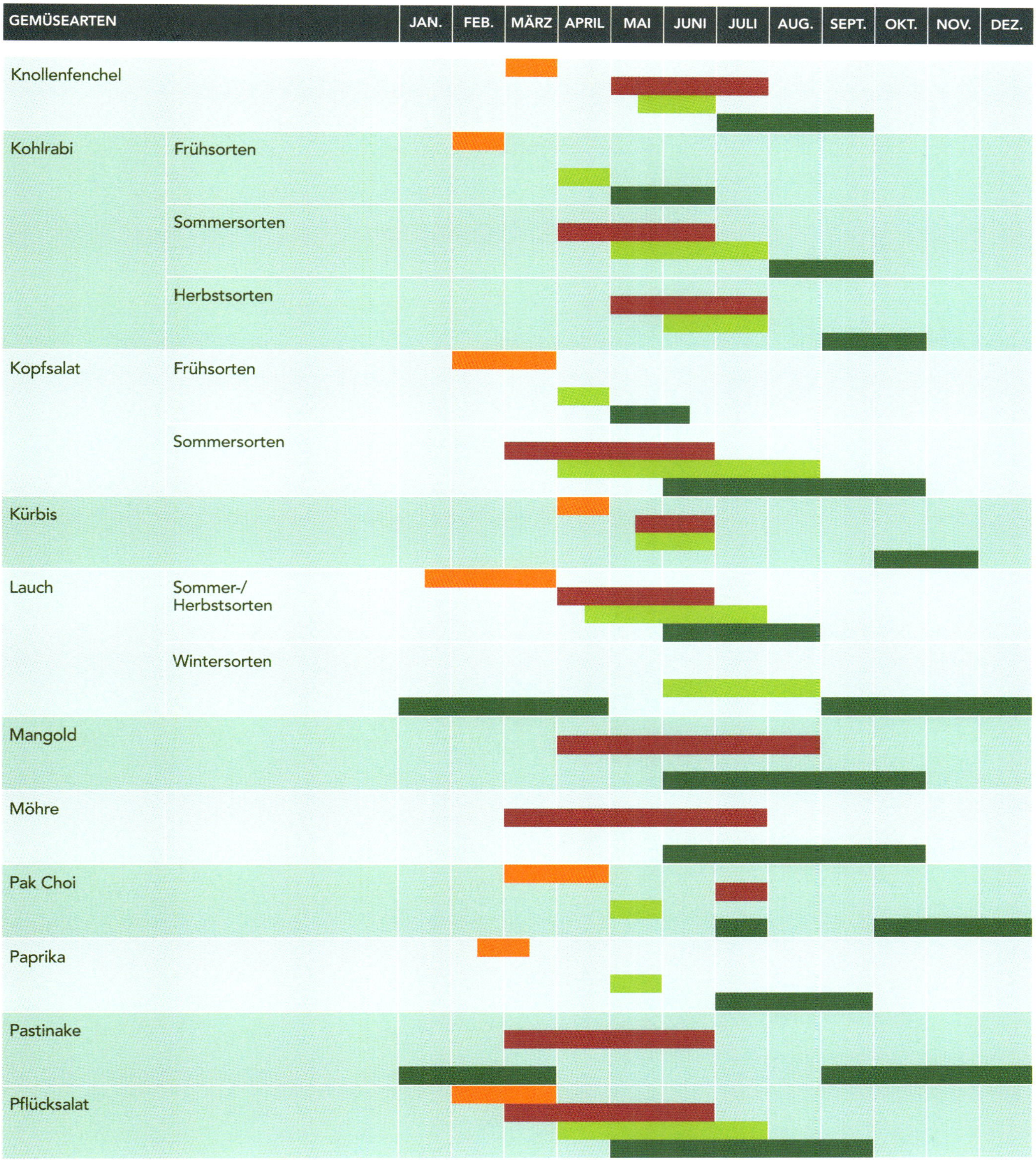
GEMÜSEARTEN
JAN.
FEB.
MÄRZ
APRIL
MAI
JUNI
JULI
AUG.
SEPT.
OKT.
NOV.
DEZ.
Knollenfenchel
Kohlrabi
Frühsorten
Sommersorten
Herbstsorten
Kopfsalat
Frühsorten
Sommersorten
Kürbis
Lauch
Sommer-/
Herbstsorten
Wintersorten
Mangold
Möhre
Pak Choi
Paprika
Pastinake
Pflücksalat

Der Gemüse-Fahrplan

■ Vorkultur ■ möglicher Aussaatzeitraum ■ möglicher Pflanzzeitraum ■ möglicher Erntezeitraum

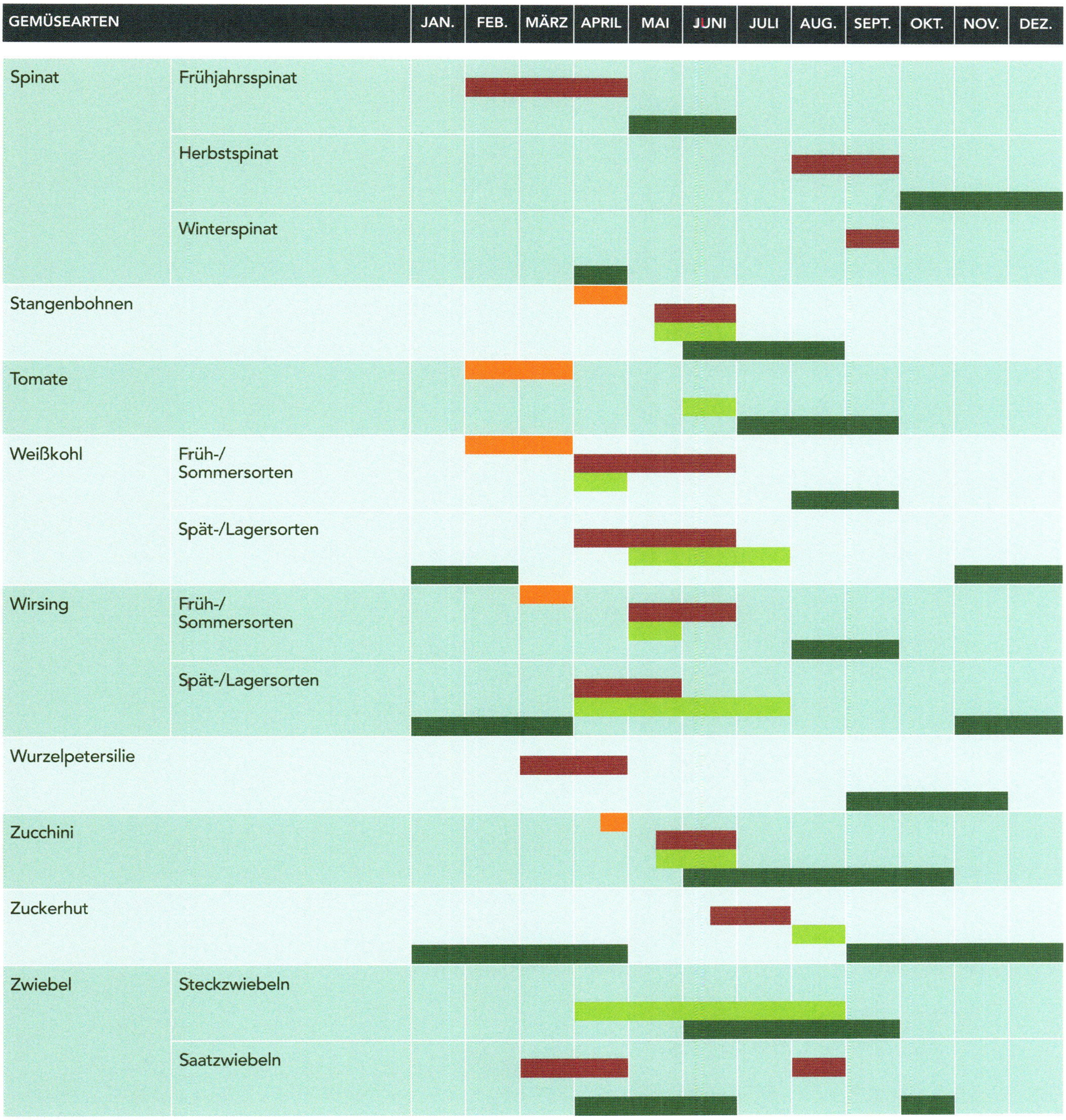
GEMÜSEARTEN
JAN.
FEB.
MÄRZ
APRIL
MAI
JUNI
JULI
AUG.
SEPT.
OKT.
NOV.
DEZ.
Spinat
Frühjahrsspinat
Herbstspinat
Winterspinat
Stangenbohnen
Tomate
Weißkohl
Früh-/ Sommersorten
Spät-/Lagersorten
Wirsing
Früh-/ Sommersorten
Spät-/Lagersorten
Wurzelpetersilie
Zucchini
Zuckerhut
Zwiebel
Steckzwiebeln
Saatzwiebeln

Gute Partner, schlechte Partner

GEMÜSEARTEN	AUBERGINE	BUSCHBOHNEN	ENDIVIEN	ERBSEN	ERDBEEREN	FELDSALAT	GARTENKRESSE	GURKE	KNOBLAUCH	KNOLLENFENCHEL	KOHLGEWÄCHSE	KOHLRABI	KOPFSALAT	LAUCH	MANGOLD	MÖHREN	PAK CHOI	PAPRIKA	PASTINAKE	PFLÜCKSALAT	RADIESCHEN/RETTICH	ROTE BETE	SCHWARZWURZEL	SELLERIE	SPINAT	STANGENBOHNEN	TOMATE	ZUCCHINI	ZUCKERHUT	ZWIEBEL
Aubergine												✓						x			✓				✓		x			
Buschbohnen			✓	x	✓			✓	x	x	✓	✓	✓	x	✓		✓	x		✓	✓	✓	✓	✓		x	✓	✓		x
Endivien		✓								✓	✓			✓												✓				
Erbsen		x						✓	x	✓	✓	✓	✓	x	✓	✓	✓	x	✓		✓	✓		✓		x	x	✓		x
Erdbeeren		✓				✓			✓		✓		✓	✓							✓	✓			✓					✓
Feldsalat					✓					✓	✓	✓		✓							✓	✓			✓	✓				✓
Gartenkresse													✓			✓					✓				✓		✓			
Gurke		✓		✓					✓	✓	✓	✓	✓	✓			✓	✓			x	✓		✓	✓	✓	x			✓
Knoblauch		x		x	✓			✓			x					✓		✓				✓				x	✓			
Knollenfenchel		x	✓	✓		✓		✓					✓							✓		✓		✓	✓	x	x		✓	
Kohlgewächse		✓	✓	✓	✓	✓		✓	x		x	x	✓	✓	✓		x	✓		✓	✓		✓	✓	✓	✓	✓			x
Kohlrabi		✓		✓		✓		✓			x		✓	✓			x	✓			✓	✓	✓	✓	✓	✓	✓			
Kopfsalat	✓	✓		✓	✓		✓	✓		✓	✓			✓		✓	✓	✓	✓		✓		✓	x		✓	✓	✓	✓	✓
Lauch		x	✓	x	✓	✓		✓	✓		✓	✓	✓		✓	✓	x	✓				x	✓	✓		x	✓			
Mangold		✓		✓						✓	✓			✓		✓					✓							✓		

✓ günstig x ungünstig Starkzehrer Mittelzehrer Schwachzehrer

GEMÜSEARTEN	AUBERGINE	BUSCHBOHNEN	ENDIVIEN	ERBSEN	ERDBEEREN	FELDSALAT	GARTENKRESSE	GURKE	KNOBLAUCH	KNOLLENFENCHEL	KOHLGEWÄCHSE	KOHLRABI	KOPFSALAT	LAUCH	MANGOLD	MÖHREN	PAK CHOI	PAPRIKA	PASTINAKE	PFLÜCKSALAT	RADIESCHEN/RETTICH	ROTE BETE	SCHWARZWURZEL	SELLERIE	SPINAT	STANGENBOHNEN	TOMATE	ZUCCHINI	ZUCKERHUT	ZWIEBEL
Möhren		✓	✓	✓			✓		✓				✓	✓	✓		✓		✓	✓	✓		✓	X			✓		✓	✓
Pak Choi		✓		✓				✓			X	X	✓	X		✓					X	✓			✓					
Paprika	X	X		X				✓	✓		✓	✓		✓										✓		X	✓			✓
Pastinake				✓									✓	✓		✓				✓	✓	✓		X	✓					✓
Pflücksalat		✓								✓	✓					✓			✓		✓	✓	✓		✓		✓			
Radieschen/Rettich	✓	✓		✓	✓	✓	✓	X			✓	✓	✓		✓	✓	X		✓	✓					✓	✓	✓	✓		X
Rote Bete		✓		✓	✓	✓		✓	✓	✓		✓		X					✓	✓					X	✓		✓		✓
Schwarzwurzel		✓									✓	✓	✓	✓		✓				✓					✓					✓
Sellerie		✓		✓				✓		✓	✓	✓	X	✓		X		✓	X						✓	✓	✓			✓
Spinat	✓				✓	✓	✓			✓	✓	✓					✓		✓	✓	✓	X	✓	✓		✓	✓			
Stangenbohnen		X	✓	X		✓		✓	X	X	✓	✓	✓	X				X			✓	✓		✓	✓			✓		X
Tomate	X	✓		X			✓	X	✓	X	✓	✓	✓	✓		✓		✓		✓	✓			✓	✓				✓	
Zucchini		✓		✓									✓		✓						✓	✓				✓				✓
Zuckerhut										✓			✓			✓											✓			
Zwiebel		X		X	✓	✓		✓			X		✓			✓		✓	✓		X	✓	✓	✓	✓	X		✓		

Register

Die **halbfett** gesetzten Seitenzahlen verweisen auf Abbildungen.

S

T

U

V

Adressen

Bodenuntersuchungen

Auskunft über Institutionen in Ihrer Nähe erteilen die regional zuständigen Stellen der Landwirtschaftskammern:

Verband der Landwirtschafts-kammern e.V.
Haus der Land- und Ernährungswirtschaft
Claire-Waldoff-Straße 7
10117 Berlin
www.landwirtschaftskammern.de

Pflanzenschutz

Julius-Kühn-Institut
Bundesforschungsinstitut für Kulturpflanzen (JKI)
Erwin-Baur-Straße 27
06484 Quedlinburg
www.jki.bund.de

Bundesamt und Forschungszentrum für Landwirtschaft
Spargelfeldstraße 191
A–1226 Wien
www.ages.at

Verbände

Bund Deutscher Baumschulen e.V. (BdB)
Kleine Präsidentenstraße 1
10178 Berlin
www.gruen-ist-leben.de

Deutsche Gartenbaugesellschaft 1822 e.V.
Kleine Präsidentenstraße 1
10178 Berlin
www.dgg1822.de

Verein zur Erhaltung der Nutzpflanzenvielfalt e.V. (VEN),
Geschäftsstelle
Walburgerstraße 2
37213 Witzenhausen
www.nutzpflanzenvielfalt.de

Österreichische Gartenbaugesellschaft
Siebeckstraße 14
A–1220 Wien
www.garten.or.at

Verein ARCHE NOAH
Obere Straße 40
A–3553 Schiltern
www.arche-noah.at

ProSpecieRara
Unter Brüglingen 6
CH–4052 Basel
www.prospecierara.ch

Literatur

BdB Handbuch Obstgehölze. Fördergesellschaft »Grün ist Leben« Baumschulen mbH, Pinneberg

Haas, Hans-Jörg: Obstgehölze schneiden. Gräfe und Unzer Verlag, München

Heistinger, Andrea/Arche Noah: Handbuch Bio-Gemüse. Ulmer Verlag, Stuttgart

Hudak, Renate: Kräuter selbst anbauen. Gräfe und Unzer Verlag, München

Hudak, Renate: Obst & Gemüse selbst anbauen. Gräfe und Unzer Verlag, München

Riess, Hans W.: Obstbaumschnitt in Bildern. Obst- und Gartenbauverlag, München

Bildnachweis

Cover: Getty Images/Hinterhaus Productions.

AdobeStock: 38, 39-1, 59-1, 66, 67, 76, 86, 99, 119-1, 130-2, 134-2, 169-4, 172-1, 174-2, 176, 177-2, 177-3, 192-2, 195-2, 203, 206-1, 217-1, 217-2, 222-1, 244, 257, 271-4, 281-2, 293-2;
Alamy: 83, 137, 150, 157-1, 173-2, 177-1, 190-1, 269-2;
Christine Bauer: 75, 261;
Dorothea Baumjohann: 18, 19, 50, 59-2, 61, 89, 93, 94, 106-2, 107-1, 111, 118-1, 118-2, 118-3, 119-2, 126-1, 126-2, 126-3, 127-1, 127-2, 127-3;
Biosphoto: 62, 160;
Blickwinkel: 291;
Elke Borkowski: 21, 109, 119-3, 169-2, 169-3, 198, 214-2, 218, 256, 280;
Ursel Borstell: 14-1, 130-1;
Botanikfoto: U4 li, 162, 165-2, 180, 183, 190-2, 193-2, 206-2, 213, 228, 232, 258, 265-2, 266, 267-2, 269-1, 275, 278-1, 285-1;
F1 online: 152-2, 174-1, 175-2, 178-2, 197-1, 271-2, 293-1;
FloraPress: 24, 28, 30, 45, 53, 70-2, 72, 78, 88, 90, 103, 130-3, 134-1, 141, 146, 161-1, 170-2, 193-1, 209, 219-2, 250-2, 276, 284, 286;
Flowers&Green: 184;
Friedrich Strauss: 20, 32, 34, 48, 82, 120, 133, 148, 153-2, 165-1;
G&U: 40-1, 41-1, 70-1, 71-2, 100-2, 279;
GAP Photos: 5, 12, 22-1, 25, 27, 33, 37, 52, 58, 80, 85, 87, 92, 95, 98, 105, 106-1, 106-3, 107-2, 107-3, 122-2, 122-3, 135-1, 151, 152-1, 155-1, 156-1, 156-2, 158, 159, 161-2, 164-1, 164-2, 166, 177-4, 178-1, 179, 181, 182, 188, 189, 192-1, 195-1, 196, 197-2, 199-1, 200-1, 200-2, 201-1, 201-2, 202, 205-1, 205-2, 205-4, 205-5, 205-6, 207, 208, 210, 211-1, 215, 220, 222-2, 223-1, 224, 225, 226, 227-1, 227-2, 231-2, 233-2, 234, 235, 237, 239-1, 239-2, 241, 242, 245-1, 245-2, 246, 247, 248, 249-1, 251-1, 251-2, 252, 253, 254, 262-1, 262-2, 263, 264, 271-5, 272, 273-1, 273-2, 273-4, 287-1, 287-2, 292-1;
Garden World Images: 22-2, 154-2, 155-2, 191, 214-1;
Das Gartenarchiv: 153-1, 154-1, 171-1, 172-2, 173-1, 259, 274-1, 281-1, 285-2;
Gartenfoto: 110-3;
Getty Images: 2, 51, 60, 68, 81, 97, 113, 132, 205-3;
Britta Henseler: 131-2;
Renate Hudak/Harald Harazim: 54, 55, 77, 138-1, 138-2, 138-3, 139, 142-1, 142-2, 142-3, 143-1, 143-2, 143-3, 312;
Imago: 131-3, 231-1;
Istock: 26, 125, 167, 289-2, 292-2;
Jahreszeiten Verlag: 41-2, 100-1;
Juniors@wildlife /A.Vigne: 169-1, **Juniors@wildlife/D. Harms:** 271-1, 278-2, 282;
Masterfile: 135-2;
Mauritius images: 157-2, 163, 171-2, 194-1, 236, 273-3, 283;
Volker Michael: 129, 144, 294;
MMGI/Marianne Majerus: 6, 8, 42, 117, 123, 212, 216, 219-1, 230, 277;
Clive Nichols: 240;
Marion Nickig: 56, 223-2, 229, 233-1, 238, 249-2;
Okapia: 39-2, 96, 115-2, 134-3, 135-3, 175-1, 185-1, 265-1, 271-3;
Plainpicture: 11, 47;
Reinhard Tierfoto: 36-1, 194-2, 211-2;
Jutta Schneider/Michael Will: 57, 64, 110-1, 110-2, 122-1;
Shutterstock: 84, 199-2, 243, 250-1, 268, 274-2, 288, 289-1, 290;
Stockfood: 71-1, 101-1, 101-2, 185-2, 186, 187;
STOCK4B/Arne Pastoor: 121;
Annette Timmermann: U4 re, 16, 65, 114-1, 114-2, 114-3, 115-1, 115-3, 131-1;
Your Photo Today: 35, 170-1, 267-1.

Alle Illustrationen von Claudia Lieb: 14-2, 15, 17-1, 17-2, 19, 36-2, 51, 82, 85, 95.

DIE AUTOREN

Renate Hudak, Diplom-Ingenieurin für Gartenbau, ist am Botanischen Garten Augsburg für Öffentlichkeitsarbeit, Umweltbildung und Gartenfachberatung zuständig. Seit mehreren Jahren arbeitet sie als freie Gartenautorin und Referentin für Gartenfachvorträge und -seminare. Gemeinsam mit ihrem Mann, Harald Harazim, bietet sie ein natur- und umweltpädagogisches Programm an.

Harald Harazim absolvierte am Institut für Hydromechanik der TU Braunschweig eine Ausbildung zum Maschinenbauer. Im Anschluss daran studierte er Europarecht und war als Referent im Bereich transnationaler Teambildung und Kommunikation tätig. Nach einigen Jahren bei einem Energieunternehmen machte er seine Liebe zur Natur zu seinem Beruf und arbeitet inzwischen als Wald- und Naturlehrer und freier Umweltpädagoge.

IMPRESSUM

Sonderausgabe von Gartenschätze, 2012, ISBN 978-3-8338-2473-9, GRÄFE UND UNZER VERLAG GmbH, München

Projektleitung: Angelika Holdau, Elena Gabler, Anita Zellner
Lektorat: Silke Kluth, Barbara Kiesewetter, Gabriele Linke-Grün
Bildredaktion: Caroline Pesarese, Adriane Andreas, Hannah Crawford, Natascha Klebl (Cover)
Umschlaggestaltung: independent Medien-Design, Horst Moser, München
Layout und Satz: Ludger Vorfeld
Produktion: Martina Koralewska
Reproduktionen: Longo AG, Bozen
Druck: Firmengruppe APPL, aprinta, Wemding
Bindung: Conzella, Pfarrkirchen

Printed in Germany

ISBN 978-3-8338-7484-0
2. Auflage 2020

Umwelthinweis: Dieses Buch ist auf PEFC-zertifiziertem Papier aus nachhaltiger Waldwirtschaft gedruckt.

www.facebook.com/gu.verlag

QUALITÄTS G|U GARANTIE

LIEBE LESERINNEN UND LESER,
wir wollen Ihnen mit diesem Buch Informationen und Anregungen geben, um Ihnen das Leben zu erleichtern oder Sie zu inspirieren, Neues auszuprobieren. Wir achten bei der Erstellung unserer Bücher auf Aktualität und stellen höchste Ansprüche an Inhalt und Gestaltung. Alle Anleitungen und Rezepte werden von unseren Autoren, jeweils Experten auf ihren Gebieten, gewissenhaft erstellt und von unseren Redakteuren/innen mit größter Sorgfalt ausgewählt und geprüft.

Haben wir Ihre Erwartungen erfüllt? Sind Sie mit diesem Buch und seinen Inhalten zufrieden? Haben Sie weitere Fragen zu diesem Thema? Wir freuen uns auf Ihre Rückmeldung, auf Lob, Kritik und Anregungen, damit wir für Sie immer besser werden können. Und wir freuen uns, wenn Sie diesen Titel weiterempfehlen, in ihrem Freundeskreis oder bei Ihrem online-Kauf.

Sollten wir Ihre Erwartungen so gar nicht erfüllt haben, tauschen wir Ihnen Ihr Buch jederzeit gegen ein gleichwertiges zum gleichen oder ähnlichen Thema um.

KONTAKT
GRÄFE UND UNZER VERLAG
Leserservice
Postfach 86 03 13
81630 München
E-Mail: leserservice@graefe-und-unzer.de

Telefon: 00800 / 72 37 33 33*
Telefax: 00800 / 50 12 05 44*
Mo-Do: 9.00 – 17.00 Uhr
Fr: 9.00 bis 16.00 Uhr
(*gebührenfrei in D,A,CH)

GRÄFE UND UNZER

Ein Unternehmen der
GANSKE VERLAGSGRUPPE